海上丝绸之路
南京史迹

南京市文化和旅游局
南京大学文化与自然遗产研究所
南京市海上丝绸之路遗产研究中心 编著

南京出版传媒集团
南京出版社

图书在版编目（CIP）数据

海上丝绸之路·南京史迹 / 南京市文化和旅游局，南京大学文化与自然遗产研究所，南京市海上丝绸之路遗产研究中心编著. -- 南京：南京出版社，2019.4

ISBN 978-7-5533-2538-5

Ⅰ. ①海… Ⅱ. ①南… ②南… ③南… Ⅲ. ①海上运输—丝绸之路—历史—南京 Ⅳ. ①K295.31

中国版本图书馆CIP数据核字（2019）第051428号

书　　名： 海上丝绸之路·南京史迹
作　　者： 南京市文化和旅游局
南京大学文化与自然遗产研究所
南京市海上丝绸之路遗产研究中心
出版发行： 南京出版传媒集团
南 京 出 版 社

社址：南京市太平门街53号　　邮编：210016
网址：http://www.njcbs.cn　　电子信箱：njcbs1988@163.com
天猫1店：https://njcbcmjtts.tmall.com/　　天猫2店：https://nanjingchubanshets.tmall.com/
联系电话：025-83283893、83283864（营销）　025-83112257（编务）

出 版 人： 项晓宁
出 品 人： 卢海鸣
责任编辑： 杨传兵　余世瑶
装帧设计： 王　俊
责任印制： 杨福彬

排　　版： 南京新华丰制版有限公司
印　　刷： 南京鸿润印刷有限公司
开　　本： 787毫米×1092毫米　1/16
印　　张： 19.5
字　　数： 310千
版　　次： 2019年4月第1版
印　　次： 2019年4月第1次印刷
书　　号： ISBN 978-7-5533-2538-5
定　　价： 69.00元

天猫1店

天猫2店

编委会

序　一

金卫东

两千多年前形成的“海上丝绸之路”，跨越浩瀚大海，把中国与世界连接起来，促进了中外文化的交流，增进了中外人民的友谊，丰富了中国文化的内涵，推动了世界文明的进程。

在中国漫长的对外交流史中，曾有许多城市与海上丝绸之路密切相关，而南京如一颗璀璨的明珠点缀其间，穿越时空，光耀至今。

这一切，得益于南京得天独厚的地理位置。

古代的南京与今天的情况完全不同，当时的长江口位于今扬州以东不远处，所以海潮可以直溯南京，隋唐以前海外船舶可以经由长江直接驶入南京城域。从这个意义上说，南京是一座通江达海的城市。

正是因为南京在空间上的特殊性，当我们从宏观角度探究海上丝绸之路兴衰深层原因时，南京就是一个十分重要的着眼点。南京在海上丝绸之路上的地理优势也有了更加深刻的意义：南京是一个南北相交，东西连通的文化交汇点。

著名考古学家苏秉琦先生曾明确指出“以南京为中心，包括宁镇地区，连接皖南与皖北的江淮之间以及赣东北部一角。这一地区……对于在我国西北、东南两大地区文化之间的交流，曾经起过独特的作用”。

南京地处“面向海洋的东南部地区”与“面向亚洲大陆腹地的西北部地区”的交界处，不仅仅在地理上是两大地区之间沟通的桥梁，其特殊的历史地位也发挥着作用。

秦汉时期，南京地区属于丹阳郡，大致上南北分属秣陵和江乘两县，江乘县的治所在今天的南京大学仙林校区一带，也就是今天南京市中心的东北方向。这个位置距离当时的长江江岸很近，可以想见治所位置的选择正是看中了宁镇地区“通江达海”的地理优势。这一时期，南京在水路方面的地理优势已经逐渐显露，随着汉代到六朝时期船舶制造技术的成熟，南京地区的水路交通也越来越便利。

这时的南京与海丝关系虽然还未达到六朝时期的高峰，但东南地区的海上丝绸之路事实上已经形成，许多海外的物产、宗教等等逐渐向内地传播，这一切都为日后以南京为核心的整个南方地区的兴起奠定了基础，也为六朝时期官方开始航海提供了必要的前提。

六朝时期是南京海丝的第一个高潮，同时也是整个海上丝绸之路发展的重要时期，它的到来既是历史发展的必然，也与南京在空间和时间上的特殊地位密不可分。

六朝时期从海上来到南京的使臣达到60多批次，涉及国家有位于海上丝路南海线的扶南国、林邑国、师子国、天竺国、诃罗单国、波斯国、婆达国等和东海线的高句丽国、百济国、新罗国、倭国等。此外，还有不少的南亚及东南亚地区的高僧、商船经海路到达南京。同时，官方也开始主动派遣将领出海远航，南京在此过程中成为引领海丝由传统的南海区域向东海和黄海区域的延伸的城市，南京也成为联接海上丝绸之路南海线与东海线的核心城市。同时也把海丝与长江相联系，南京作为首都直接参与到与海丝相关的活动中，一方面让海丝活动从民间上升到官方，另一方面也使得海丝的影响不再局限在沿海地区，开始深入内陆。

六朝以前的史书上关于东南地区的先民们航海活动的记述寥寥无几，如《汉书·地理志》中有“自日南障塞，徐闻，合浦，船行可五月，有都元国……”的记载。然而，六朝时期，史书上关于海洋活动的记述骤增，其中最早的当属东吴时期的官方海洋活动，这是汉代到六朝以来，自北方迁入东南沿海的汉民社会文化与百越土著海洋文化传统的跨文化传承、融合的结果。而在这其中不可忽视的文化交融的桥梁当然是这一时期的南京。

从空间上说，南京的独特地理位置，成为两种文化传统融合的最佳地域；而在时间上，这一时期作为都城的南京，在融合了东南和北方不同的社会文化之后，第一次真正把航海活动从民间的经济文化互通上升为国家行为。这一时期的与南京有关的各种航海活动、朝贡往来十分频繁，航海技术也有了一定程度的发展。

也正因为如此，今天保存下来的比较早的记录通过海上丝绸之路进行跨国交往的重要典籍，如东吴康泰的《吴时外国传》和万震的《南州异物志》、东晋法显的《佛国记》等，都是以南京为中心而形成的。

隋唐时期，由于历史原因，南京的城市地位急剧下降，除了失去政治上的中心地位之外，与海外的交流也陷入低谷，但仍然有唐人张籍留下的《贾乐诗》称“金陵向西贾客多，船中生长乐风波”，说明南京的商业港口地位依然重要。而自海路来唐朝为官的新罗文学家崔致远，与高淳两位美丽女子的爱情故事至今仍在中韩两国民间广为流传。

南唐时期，整个东南地区航运十分活跃，南京又成为南唐国的都城，航运得到一定程度的复苏，南京港口重新开始有海船停靠，地处福建的闽国被南唐灭亡后，泉、漳等州“纳贡于金陵”。泉州和漳州，位于东海和台湾海峡之滨，有悠久海运传统。南唐灭闽前，闽王“岁遣使泛海，自登、莱朝贡于（汴）梁”，推测向南京纳贡也多取海道。

元代以后，由于从江南往北方运送粮食的需求增大，内陆漕运逐渐无法承载，漕运开始转由海运，而建康港由于天然的地理优势，成为重要的中转站。建康港口为了便于粮食的江海中转，设有潜粮转运的仓库，总称为集庆路仓、转运仓由于分工不同，又分为广运仓和大军仓。广运仓建于至治元年（1321），位于龙湾（龙江）长江岸边；大军仓是宋代所建的平粜仓，元代改称大军仓，其分工是“收支本路粮斛，逐年拨装海运”。广运仓设立在龙江，为之后明代龙江码头的兴起奠定了基础。

元末明初的文学家王彝在《泉州两义士传》一文中提到过一位泉州海商朱道山，说他在元代“以宝货往来海上，务有信义，故海内外之为商者皆推焉以为师”。后来朱道山“首率群商”降附朱元璋，“入贡于朝”，受到明太祖的优遇。消息传到海外，番商纷纷驱舟“集于龙河，而远人之来得以望都城而瞻宫阙”，龙河当即郑和时代南京龙江船厂所在之龙江。此外，南京自唐末开始造船，到南宋时，设在下关的龙湾都船场已有一定规模。元代，这里已经能够打造海船，“溧阳、广德等路，亦就建康打造”。

这些船舶、码头的打造，都为明代的大规模远洋航海活动奠定了重要基础。

明代早期，南京有54年作为首都，220多年作为南都，在洪武、建文和永乐时期，明代皇帝在南京皇宫中接待了不下百次经海上丝路来访的外国使臣。尤其是永乐三年开始，以“郑和下西洋”为代表的大航海活动把与中国有关的海上丝绸之路推向了高峰。当时南京成为“郑和下西洋”的决策地、航海宝船的建造地、航海始发地，保存至今的明代《郑和航海图》原名就叫《自宝船厂开船从龙江关出水直抵外国诸番国》。明代的龙江宝船厂遗址仍然保存于南京。世界大航海家郑和及其下西洋活动在南京留下诸多遗迹，除上述的龙江宝船厂遗址外，还有郑和墓、洪保墓、静海寺、天妃宫碑、净觉寺、浡泥国王墓等。

作为“六朝古都、十朝都会”，在六朝和明初，南京因为拥有特殊的地理空间优势和突出的都城地位而成为海上丝绸之路的重要城市，对“海丝”的线路延伸及其内涵发展作出了巨大贡献，使这两个阶段成为海外交流的高峰。从公元3世纪上半叶的东吴时期一直到16世纪的明代中后期，从法显到郑和，南京保存的海丝遗产类型多，延续时间长，文化内涵十分丰富。南京地区与海丝有关的主要历史遗迹有：六朝都城遗址、天妃宫、静海寺、龙江宝船厂遗址、郑和府邸旧址、净觉寺、大报恩寺遗址、浡泥国王墓、明故宫遗址、郑和墓、洪保墓。

从六朝，到明代，南京城见证了海上丝绸之路的两次高峰。六朝时期，南京成就了西北内陆与东南沿海的融合，海丝的影响不再仅仅局限于一隅，而是深入内陆，并与陆上丝路连接；同时，海丝也从江湖之远走向了庙堂之高，成为一种国家行为，它不再是一个地区性的活动，而是与整个中国的命运息息相关的历史进程。经过了隋唐宋元的沉淀，明代的南京城在海丝之路上走得更远，走出亚洲，走向世界，走进大航海时代，直到今天仍在影响着世界。

诚然，没有沿海地区先民的探索和实践，就没有海上丝绸之路，但如果没有南京城特殊的地理位置以及在历史中发挥的重要作用，也许海上丝绸之路的辐射范围、影响程度将没有今天那么深远。

正因为在海上丝绸之路历史上特殊的地位，2012年南京被列入中国海上丝绸之路申遗城市，12处遗产点被列入中国世界文化遗产预备名单。

为了进一步推动南京海丝申遗工作，我们与南京大学文化与自然遗产研究所合作编纂了《海上丝绸之路·南京史迹》一书。本书广收博引，内容翔实，体例得当，逻辑严谨，填补了南京海丝研究领域的空白。希望读者在阅读本书之后，能更多地了解南京与海上丝绸之路的历史背景，更深入地体会南京海丝遗产的价值与内涵。

当然，金无足赤，限于作者水平，本书谬误错漏之处在所难免，我们诚恳希望通过本书，引起大家对南京海丝遗产保护与研究的兴趣，更好地推动南京海丝遗产保护工作。

序　二

贺云翱

交通及文化交流是人类不同文明之间互相合作、彼此提升、携手共进的根本条件与动力。古老的“丝绸之路”正是欧亚不同区域文明在数千年发展进程中实现联动双赢的桥梁和纽带。

“丝绸之路”大体可分为陆上、海上、草原三道，它们各有分工、各有成就、各有内涵。它们的开辟和不断发展，饱含着东西方历代先民艰辛的探索和无限的努力。当然，作为世界上东亚地区古代文明的中心，中华民族为之做出的贡献尤其广泛而深刻，张骞、班超、法显、玄奘、鉴真、郑和……这些光耀千古的丝路先贤及其事迹都镌刻在世界历史的丰碑上，他们的行迹、著述、功德、精神，都成为当代珍贵的遗产。

在丝绸之路沿线，除了重要历史人物的史迹之外，最重要的应该是相关城市及其保存的系列性遗产。例如，在中国境内，提到陆上丝路，我们一定会想起西安、洛阳、敦煌、吐鲁番、库车、喀什、于阗……提起海上丝路，我们也一定会想起北海、广州、泉州、宁波、太仓、蓬莱、扬州、南京……在“丝绸之路”的时间和空间运动中，不同城市分别做出了各自的贡献，留下了丰厚的文化遗产，这些遗产成为丝绸之路发生、发展的见证，也成为今天落实“一带一路”倡议、推进跨国文化认同、申报世界文化遗产和开展多方面和平合作的重要“使者”与“推手”。

南京作为中国面向海洋的"东南门户"城市和"四大古都"之一，以"拥江达海"的地缘优势而成为重要的海上丝路城市，甚至在六朝和明代早期作为都城时而成为海上丝路和陆上丝路的交汇城市，从而留下了一系列的相关史迹或物质、非物质及文献形态的文化遗产。南京大学文化与自然遗产研究所早在2003年前后就开始关注南京的海上丝路遗产，先后开展过多次调查和研究，2009年开始正式推动南京加入我国海上丝绸之路申遗事业，期间也有专家提出不同意见，但我们坚信历史的逻辑和遗产的实证，持续努力，终于于2012年3月在南京市文化、文物局的大力支持下，主持完成了《海上丝绸之路·南京遗迹》申报世界文化遗产的正式文本。当时我们选择了六朝都城遗址（石头城遗址；东吴、东晋、南朝都城遗迹）、东晋道场寺遗址、明代都城遗址（明故宫遗址；明代京师城墙遗迹）、明代静海寺遗址、明代天妃宫遗址、明代（龙江）宝船厂遗址、郑和墓地、浡泥国王墓、净觉寺、郑和府邸旧址、洪保墓、大报恩寺遗址等12个项目作为南京参与"海上丝绸之路"联合申遗的对象。很荣幸的是，以南京市人民政府为申报主体的《海上丝绸之路·南京遗迹》文本顺利通过国家文物局的评审，南京被列入"中国世界文化遗产预备名单"。此后，南京市文化、文物局及各区有关部门不断加大对海上丝绸之路相关遗产点的保护力度，2016年，南京市人民政府出台《南京海上丝绸之路史迹保护办法》，并成立"南京市海上丝绸之路遗产研究中心"，又成立南京海上丝绸之路文化遗产保护与申遗专家咨询机构，相关的保护规划、陈列展览等也不断推出。整个申遗工作在稳步推进，成就卓著。

2018年，在南京市文化、文物局的提议下，南京市海上丝绸之路研究中心与我研究所协商，希望以原先我们完成的《海上丝绸之路·南京遗迹》申遗文本为基础，重新编写成为《海上丝绸之路·南京史迹》并公开出版。我们双方合作成立了课题组，进一步开展田野调查，补充资料，扎实推进书稿的成型。现在，值本书即将出版之际，为了尊重各方的劳动，我不能不对为本书做出过贡献的同志表示衷心感谢：他们有2011年—2012年参加由我主持的南京海上丝绸之路相关遗产调查研究及申遗文本撰写的南京大学历史学院博士生费和平、贺辉、虞琰、葛俐杉、张珊、于晓磊，硕士生曹玲玲、黄孟，南京大学文化与自然遗产研究所的周桂龙、夏增威、万圆圆；本书还因为使用了我们在2015年为南京市外办承担的《一带一路与南京》科研课题的部分成果，为此，我们要感谢参加该课题调研的苏宇红、干有成等同志；本次参加课题研究的南京大学文化与自然遗产研究所方面的同志则有陈思妙、吴问先、吉玉；南京市海上丝绸之路遗产研究中心参与课题的顾苏宁主任等同志。在这里，我们要对所有上述同志表示衷心的感谢！

在此，我们还要特别感谢南京市文化文物局原局长吴秀亮同志，他是支持我们当时开展申遗文本研究编制的主要负责人；我们也要特别感谢南京市文广新局原局长刁仁昌同志、副局长颜一平同志、世界文化遗产管理处处长吴涓同志，他们直接推动了本次合作课题的顺利实施，还对书稿提出了修改意见！我们还要感谢现任南京市文化和旅游局局长金卫东同志，他不仅继续关心本项目的进展，还为合作成果的最终出版提供了大力帮助！

我们的初心很简单，就是本着实事求是的精神，揭示南京在世界海上丝绸之路体系中的作用和地位及应该拥有的荣光，并为相关文化遗产的研究、保护、利用及参与海上丝绸之路申遗事业尽绵薄之力，在此为我们的工作能够得到各方面的肯定和厚爱而倍感欣慰！

特此为序。

目　录

插图目录

表格目录

上篇

史迹篇

第一章
综　述

第一节　海上丝绸之路

“丝绸之路”的概念最初是由德国地理学家李希霍芬在其《中国》一书中提出，是指中国古代经中亚通往南亚、西亚以及欧洲、北非的陆上贸易通道。因产自中国的丝绸是贸易中最具代表性的商品，对世界各国影响巨大，故称此贸易道路为“丝绸之路”。20世纪初，法国学者沙畹提出了“丝路有陆、海两道”，于是出现“陆上丝绸之路”和“海上丝绸之路”两个概念。今天，在文化遗产学的视野下，“丝绸之路”包括陆上丝路、草原丝路、海上丝路三条路线，它们都属于“文化线路”型遗产。

联合国教科文组织《实施<世界遗产公约>操作指南》把“文化线路”遗产定义为“与一定历史时间相联系的人类交往和迁徙的线路，包括一切构成该线路的内容和密切联系的自然元素的一种线型文化景观”。“文化线路是一种陆地道路、水道或者混合类型的通道，其形态特征的定型和形成基于它自身具体的和历史的动态发展和功能演变；它代表了人们的迁徙和流动；代表了一定时间内国家和地区内部或国家和地区之间人们的交往；代表了多维度的商品、思想、知识和价值的互惠和持续不断的交流；并代表了因此产生的文化在时间和空间上的交流与相互滋养，这些滋养长期以来通过物质和非物质遗产不断地得到体现”。国际古迹遗址理事会成立的文化线路科学委员会（CIIC）认为，“鉴别文化线路的依据是能够证明线路自身意义的一系列要点和物质元素”。这是我们理解“南京与海上丝绸之路”关系的重要理论依据。“丝绸之路”是人类东西方不同民族、不同文明之间共同形成的交流之路，是跨越地域、民族、文化、文明并对欧亚非大陆不同国家的社会、文化、经济之形成和发展产生过深远影响的互惠合作之路。对沿线各国而言，局部国家短期有过停滞，但从大的历史发展来看，数千年来基本未中断，见证了人类最大规模和最重要文化之间的交互作用进程。

“海上丝绸之路”始于秦汉，兴于唐，盛于宋、元至明早期。学术界将其主要划分为东海航线和南海航线。史实证明，我国的丝绸连同养蚕、缫丝、织绸等生产技术，早在周、秦时期就已经通过海路传播到朝鲜，至汉代又从朝鲜传到日本，此即东海线的形成。同时，在汉代，丝绸作为商品也传播到东南亚和南亚的一些国家，此即南海线的形成。而从考古学上所见的“海上丝绸之路”，已远远超出文献记载之外，“早在公元前5世纪前后，中国丝绸就开始流传海外，其生产经验和技术也随之传播四方，东经朝鲜半岛至日本，北越阿尔泰山脉至俄罗斯腹地，西经中亚到西亚，再传至欧洲，西南则输入印度，尔后通过海路传遍东南亚，并远及欧洲、非洲、拉丁美洲，有力地促进了世界文明和科技的发展”。①

“海上丝绸之路”与陆路不同，它以对外港口为基点，其发展取决于造船和航海技术的进步。三国、两晋南北朝时期，南京先后成为东吴、东晋、南朝（宋、齐、梁、陈）的都城，借助于通江达海的区位优势和南方地区深厚的造船和航海技术优势，东亚、东南亚甚至波斯、罗马等国都从海上与定都南京的诸政权发生联系。在大约300年的时间里，“海上丝绸之路”从汉代南海一带的合浦、广州向北延伸到东海乃至长江下游的南京。在宋代，陆上丝绸之路曾被西夏政权切断，海上丝绸之路的地位则进一步上升，在历史上第一次取代了

---

① 徐苹芳：《中国丝绸通史·序》，苏州大学出版社，2006年。

陆上丝绸之路的中心地位。特别是宋高宗时期组建舰队，改善港口，在海岸线上每隔 30 里建立灯塔导航设施系统，中国进入海外贸易的黄金时代。明代大航海家郑和从 1405 年至 1431 年曾先后 7 次率船队远航，经 30 余国，最远到达非洲东岸和红海沿岸港口，每到一地都以中国的丝绸、瓷器等物换取当地的特产或馈赠当地的国王，这见证了千年海上贸易、文化之路最后的辉煌。

古代东西方通过海上丝绸之路，以商贸为依托，推动了世界范围内经济、文化、艺术等方面的发展，极大地推动了世界文明的发展。海上丝绸之路历经 2000 多年，覆盖大半个地球，体现人类历史活动和东西方文化交流的线路载体。它揭示了东西方不同民族、不同文明之间交流互动、共存共荣的历史过程，保护和复兴历史遗留下来的珍贵文化遗产是全人类共同的责任。

第二节　南京与海上丝绸之路

距今约 50 万—35 万年左右，南京就有了古人类的足迹。考古发现的南京汤山直立人化石，对中国古人类研究及旧石器时代考古领域有重要作用，为人类多地起源说提供了有力依据。

南京鼓楼岗北阴阳营、江宁区陶吴乡昝庙、高淳薛城、浦口营盘山等地共发现 200 多处新石器时代遗址，出土了大量陶器、石器、骨器等生活用品。这为我们勾勒出南京区域早期人类的大致活动范围。

早在 20 世纪 50 年代，考古工作者在南京江宁发现点将台文化遗存，点将台文化分布于今宁镇地区及相邻的皖南马鞍山市、当涂县、芜湖县等地，此遗址晚期出土物已经出现向青铜时代过渡的文化特征或文化遗物。

20 世纪 50 年代发现的湖熟文化遗存代表了新石器时代晚期至商周时期南京地区的物质文化面貌。湖熟文化台形遗址数量较多，各类遗存中中原文化因素明显增多，江宁地区出土有典型商代风格的青铜器，可见商王朝的影响已波及今日南京地区。

商末周初太伯奔吴，中原先进文化进入南京地区，建立了南京地区最早的国家——吴国。据学者分析，太伯立国之地很有可能就在南京江宁与安徽当涂交界的横山一带。

春秋战国时期，南京有“吴头楚尾”之称，或说其地“进退吴楚之间”，战略位置极其重要。公元前 571 年左右，楚国在今南京六合已设有棠邑，置棠邑大夫，是南京有历史记载最早的地方行政建置。此外吴、楚还有濑渚邑、金陵邑等基层政区，分别筑城作为治所。

公元前 473 年，越国灭吴后，范蠡在今中华门外的长干里筑越城。文献明确记载越城是南京主城区最早的古城，它标志着南京江南北境的区域中心已由今江宁西南境陶吴、横溪、丹阳集镇一带，开始向南京主城区迁移，这对后世南京地域变迁与城市发展等产生了重要的影响。

公元前333年，楚威王熊商“私吴越之富，擅江海之利”，于石头城筑金陵邑，金陵之名源于此。唐人许嵩《建康实录》卷一：“越霸中国，与齐、楚争强，为楚威王所灭，其地又属楚，乃因山立号，置金陵邑也。”

秦王政二十六年（前221），秦兼并六国，秦在南京置县有棠邑、秣陵、溧阳、丹阳和江乘。秦始皇南巡，两次经过今南京地区。

秦汉之交，今南京地区尽属西楚。汉高帝五年（前 202），因韩信习楚风俗，立韩信为楚王，以项羽所分之西楚地分封韩信，今南京地区属韩信楚国。

西汉时代则县与侯国并存，除江乘、溧阳置县始终外，棠邑县、丹阳县、胡孰县、秣陵县，均一度置侯国。

公元 212 年，孙权改秣陵为建业，公元 229 年，孙权在武昌称帝，同年 9 月迁都建业并修建建业城。此后，东晋、南朝的宋、齐、梁、陈均相继在此建都，故南京有“六朝古都”之称。六朝时期的建康城是当时世界上最大的城市，以建康为代表的南朝文化，在中国历史上产生了极其深远的影响。

公元 589 年，隋灭陈。隋文帝下令荡平建康城，以石头城为蒋州治所，隋炀帝时改为丹阳郡。唐初，改丹阳为归化。后改置升州。隋唐两代，南京受到刻意贬抑，但因南京独特的地理优势以及经济重心的南移，南京的经济、文化不断发展强大。五代杨吴立国，修缮金陵，以为西都。937 年，徐知诰（李昪）代吴，南唐立国，定都金陵，改金陵府为江宁府。

宋时南京仍是东南地区的经济重镇。1129 年，宋高宗赵构改江宁府为建康

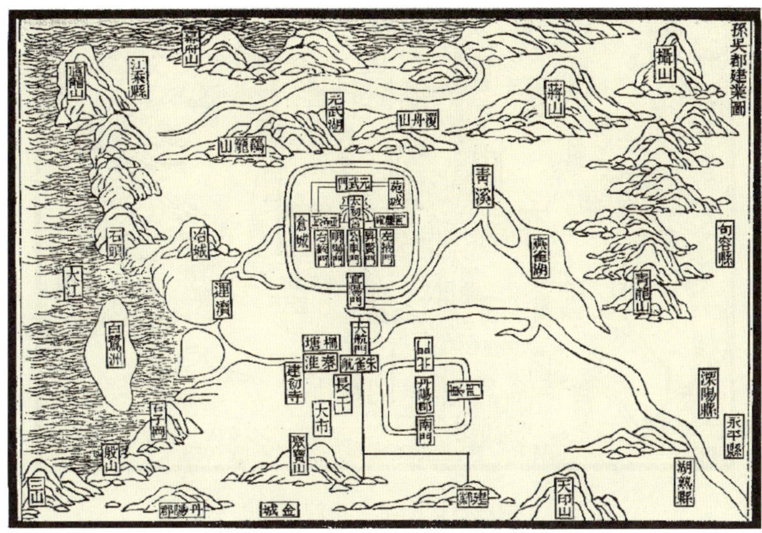

图 1　《金陵古迹图考》中的孙吴都建业图

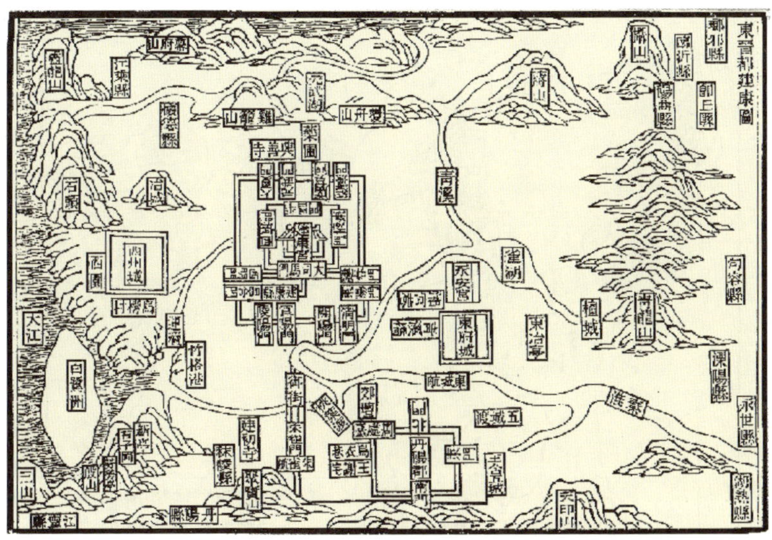

图 2　《金陵古迹图考》中的东晋都建康图

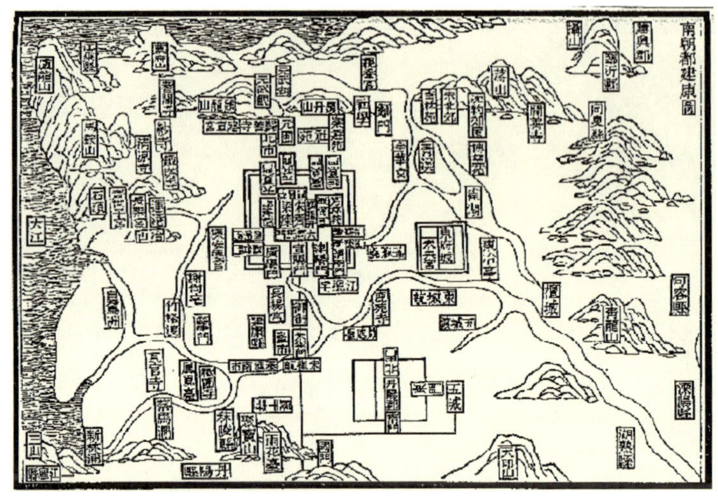

图 3 《金陵古迹图考》中的南朝都建康图

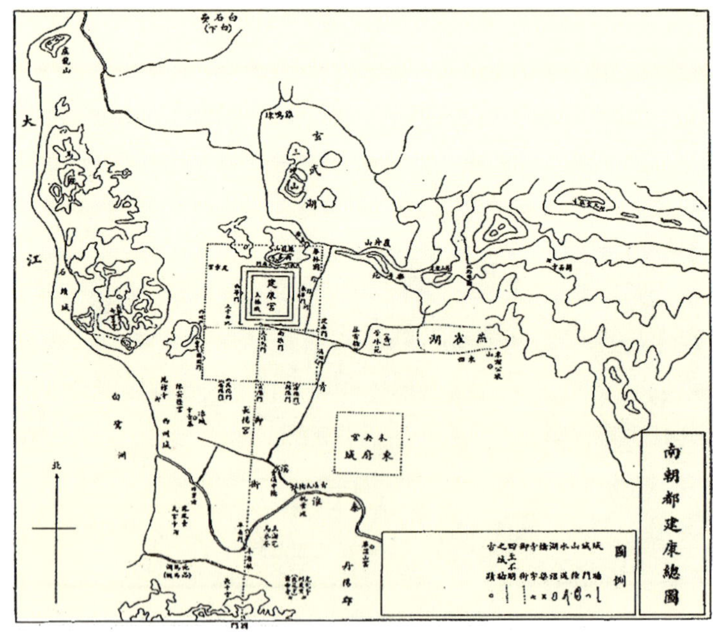

图 4 《金陵古迹图考》中的南朝都建康总图

府，作为行都，为江南东路首府。1138 年定建康为留都。

元朝建立后，南京成为江南地区纺织业中心。元后期改建康路为集庆路。

1356 年，朱元璋攻占集庆，改为应天府。1368 年明朝建立，以南京为京师，南京成为中国的政治、经济、文化中心。这是南京城市发展史上的第二次高峰，总人口约 70 万，是当时中国规模最大、人口最多的城市。1421 年，朱棣正式迁都北京，将南京改为留都，设南京六部等机构，实行双京制，将应天府（南京）和顺天府（北京）合称“二京府”。

1645 年，清军攻陷南京，改应天府为江宁府。

港口是海上丝绸之路的重要组成部分，是水陆交通的枢纽，具有集散货物、人口的重要作用。古代中国境内的主要海港有南京港、扬州港、泉州港、福州港、漳州港、宁波港、广州港、合浦港、登州港等。涉及中国境外的主要交通海港有今越南的占城、印度尼西亚的巨港（旧港）、马来西亚的满剌加（马六甲）、斯里兰卡的加勒、印度的古里（卡利卡特，现在多称科泽科德）、波斯湾口的忽鲁谟斯（霍乐木兹）等。南京港历史悠久，其鼎盛时期为六朝、明初，其辐射腹地为都城周边。此时，为保证政权安全及经济发展，政府因地制宜，举全国之力建设“南京港”，因而留下了与海上丝绸之路密不可分的代表性遗存。

南京濒临黄海，地当江海之要冲，是长江下游的重要中心城市。长江是将南京与海洋相连及成就南京作为海上丝路城市的核心要素。长江自西南向东北流贯南京市境。长江南京河段上承马鞍山河段，下接世业洲河段，范围南岸西自江宁区铜井镇慈湖河起，东至龙潭镇大刀河止，全长 98 千米，北岸上起浦口区乌江镇驻马河、下讫六合区东沟镇洒源沟，全长 88 千米。江面宽 1.1 千米—2.5 千米，平均水深 20 米—30 米，深槽最深处负 72 米，常年平均流量 28800 立方米每秒。

春秋时期，长江江流偏近南京港南岸。直到战国时期，长江流域仍然地广人稀，森林覆盖率大，中上游来沙不多。汉时距离南京港不远处的广陵（今江苏扬州）犹可观涌潮。南京地处河口地段，南岸有重要支流秦淮河自今东水关流出，由今西水关再至石头山下入江；北岸有重要支流滁河在今六合区瓜埠山附近入江。

六朝时，南京港应在石头城临江一面的“石头津”。作为通江达海的水上交通要地，南京港是长江中下游地区远洋航行的起点，是海内外船只的停靠重地和长江沿线的航行中心，将海上丝绸之路带来的影响直接通过长江输入内陆，南京也成了海上丝绸之路重镇。南朝齐时，“世祖（萧赜）在东宫，专断用事，颇不如法，任左右张景真……（张景真）又度丝锦与昆仑舶营货，辄使传令防送过南州津”[①]。“南州津”就是建康都城圈南面的长江大港，与石头津经长江相连通，南海海舶可沿长江上直达建康城下。

隋唐至北宋初期，长江白鹭洲内的夹江形成并流过石头城下。今清凉山鬼脸城北约50米的天然悬崖上，浦口组砂岩层被1000年前波浪侵蚀的痕迹犹存，其标高在16米以上，今仅高出城下地面4米左右。唐末南京长江河段主段已从白鹭洲外侧移至北岸。

元代南粮北运，南京港是起运港口之一。元末明初长江主流大幅北移。此时南京港应该在龙江一带。此时的南京港作为都城门港，是全国水运的枢纽，是郑和下西洋的始发港。郑和船队下西洋所需的给养和礼品、货物，都是通过驿道和运河转运到南京港，在南京港装船起锚，驶向西洋。当郑和船队返航之时，从西洋带回来的各种宝物也是在南京港上岸并进入京城朝廷。可以说，明初南京港是全国最大、最繁忙的国际性港口。

同时，明初南京港是全国造船业的中心。朝廷征调全国力量建造郑和船队，确保下西洋之需求。最为著名的地处龙江的宝船厂在今南京三汊河南岸地区，为明初南京港范围之内。20世纪70年代末期，宝船厂遗址尚余7处造船用的船坞，依次被称为“一作塘”至“七作塘”。其后，由于城市发展的原因，有几处“作塘”陆续遭到填埋。目前保存下来的有四、五、六3条“作塘”遗址。现存的明代宝船厂遗址西距长江约500米，东抵漓江路，北临定淮门大街，南临草场门大街。3条“作塘”呈东北—西南走向，由北向南依次平行排列。除宝船厂之外，与之隔外秦淮河相望的还有规模巨大的龙江船厂，据明人李昭祥《龙江船厂志》记载，原江苏、江西、浙江、福建、湖南、广东六省造船厂，

① （南朝·梁）萧子显：《南齐书·荀伯玉传》，中华书局，1972年。

全部受命抽调大批人员来到南京，一时间，全中国造船业的能工巧匠云集于此。“永乐五年，改造海运船二百四十九只，备使西洋诸国”。就宝船厂而言，船舶在此造好之后，将作塘灌满江水，凿开与长江相邻的“坞门”，船舶即可驶进长江，继而入海作远洋航行。

明初以后，南京港仍然是全国重要的运输枢纽。1858 年《天津条约》定其为通商口岸。1882 年招商局在下关设置了第一座轮船码头。1897 年清政府批准开南京为通商口岸。1912 年津浦铁路通车后，南京港以水陆中转为主。

中国古籍中正式记载“海上丝绸之路”，以班固所著《汉书·地理志》为最早。西汉到东汉时期，中国通过“海上丝绸之路”与世界有关国家的交往记录极为少见，而且“海上丝绸之路”到达城市限于南海海域合浦、广州一带，这种现象到三国两晋南北朝时期已逐渐改变，扬州、明州（宁波）、广州、交州（今属越南）与国家大港交相辉映的盛况开始形成。不仅通过“海上丝绸之路”进行跨国交流的记载大量增加，“海上丝绸之路”在中国境内也被延伸到东海、黄海及长江下游一带，同时甚至出现了记载“海上丝绸之路”沿线国家交往史实的专门著作，而南京在这个变化中起着关键作用。

三国两晋南北朝时期延续369年，其中在南京定都是东吴、东晋、宋、齐、梁、陈六个王朝，史称六朝。南京与海上丝绸之路发生联系并成为“海上丝绸之路”的重要相关城市正是从六朝时期开始的。从某种意义上说，六朝时期的南京（东吴称建业，东晋、南朝称建康）不仅是中华民族交流互动的中心，也是当时国际交往的一个重要舞台，而南京作为都城与周边国家和地区的经济、文化、宗教等方面的交流，很多都是通过“海上丝绸之路”完成的。

具体而言，南京与海上丝绸之路的东海航线（以日本、朝鲜半岛即当时的百济、新罗、高句丽等国为代表）、南海航线（当时相关国家有扶南即今柬埔寨、林邑即今越南之一部分、都昆印即今马来半岛北部一带、金陈即今泰国之部分、奴后即今缅甸国之一部分等、天竺即今印度之一部分、安息即今伊朗、大秦即今巴尔干半岛和小亚细亚半岛一带）有着密切联系，以下分而述之。

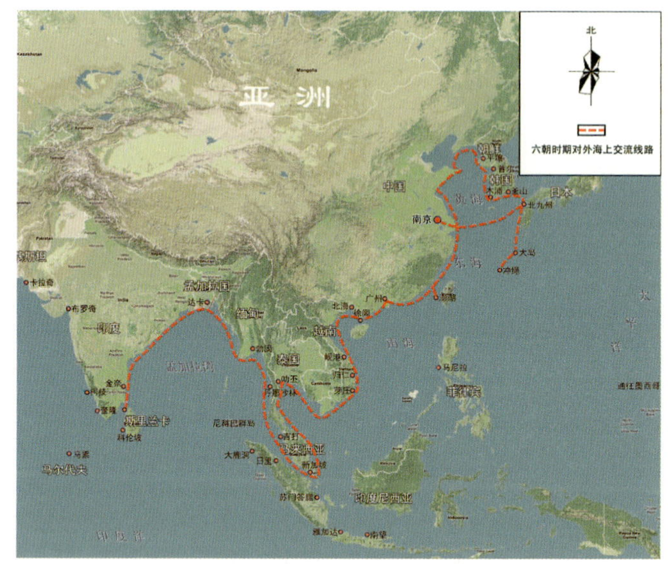

图 5　六朝时期南京海上对外交往示意图

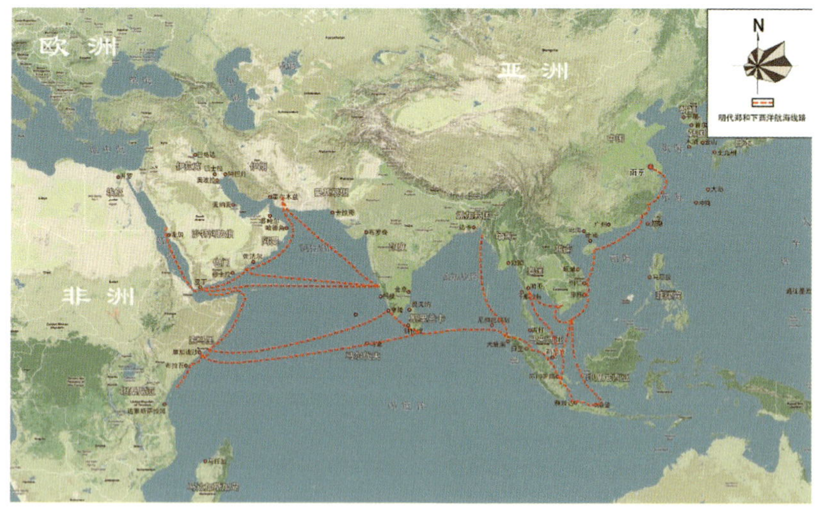

图 6　明初南京海上对外交往示意图

第三节　海上丝绸之路·南京史迹的意义

南京地理坐标为北纬31° 14″ 至32° 37″，东经118° 22″ 至119° 14″。地处中国江苏省的西南部，位于长江下游两岸，是中国长江中下游的区域性政治、经济、文化中心，也是中国著名的“四大古都”之一和重要的港口城市。它有“东南门户，南北咽喉”之称。朱偰《金陵古迹图考》将南京比作“北控中原，南制闽粤，西扼巴蜀，东邻吴越”之地。

南京历代建都时间近500年，陪都300多年，是历史上中国南方最重要的古都。南京在东晋、南朝272年间为都城，称建康；南唐时为国都，称金陵府；明代先为首都，后为留都，为应天府治所在。通览中国的文明历程，公元211年以后南京崛起，开辟了长江文化板块乃至中国发展的新格局。“六朝都城”和“明代都城”为南京在“海上丝绸之路”的地位提供了政治与社会基础。就中国古代国家政治特征而言，国际交通线路的开辟和拓展，离不开国家力量和都城在其中的推动、引领、联接、组织及纽带作用。从一定程度上说，南京在“海上丝路”的地位类似于长安、洛阳在“陆上丝绸之路”的地位。六朝时期（指东吴、东晋、宋、齐、梁、陈六朝），从海上来到南京的使臣达到60多批次，涉及国家有位于海上丝路“南海线”的扶南国、林邑国、师子国、天竺国、诃罗单国、波斯国、婆达国等和“东海线”上的高句丽国、百济国、新罗国、倭国等。此外，还有不少的南亚及东南亚地区的高僧、商舶经海路到达南京。南京在此过程中发挥了引领“海丝”由传统的南海区域向东海和黄海区域延伸的作用，并且把“海丝”与长江相联系，南京也由此成为联接海上丝绸之路“南海线”与“东海线”的核心城市。正因为如此，今天保存下来的最早记录通过海上丝绸之路进行跨国文化交往的重要典籍，如东吴康泰《吴时外国传》、万震《南州异物志》、东晋法显《佛国记》等都是以南京为中心而形成的。明代早期，南京有54年作为首都，223年作为留都，在洪武、建文和永乐年间，明代皇帝在南京皇宫中接待过近百次经海上丝路来访的外国使臣。尤其是永乐三年正式开始的以“郑和下西洋”为代表的大航海活动把与中国有关的“海上丝绸之路”推向了高峰。当时南京成为“郑和下西洋”的决策地、航海“宝船”

的建造地、航海始发地，保存至今的明代《郑和航海图》原名就叫《自宝船厂开船从龙江关出水直抵外国诸番图》。

此外，南京在中华文明历史发展的长河中曾多次发挥了重要作用。如为隋唐盛世奠基、为宋代发达文化开启先河、是明文化的开创地等。朱偰《金陵古迹图考》说“文学之昌盛，人物之俊彦，山川之灵秀，气象之宏伟，以及与民族患难相共，休戚相关之密切，尤以金陵为最”。南京作为都城或大区域统治中心时，集聚了长江流域乃至全国的优势资源和人才，如六朝时孙权、周瑜、周处、陆机、陆云、司马氏、王氏（王羲之父子等）、谢氏、顾恺之、刘裕、萧氏（萧衍父子等）、国内外众多高僧；南唐的李氏（李煜等）；明朝朱元璋及其开国功臣……这些人才创造了一个又一个文化高峰，在政治、文学、书画、语言、宗教等方面为推进中华文明的整体进步做出了巨大贡献。

南京以其优越的通江达海的地理位置及曾经作为中国“十朝都会”的历史地位而成为南北相交、东西连通的文化交汇点。南京作为都城的时期，是中央政权以国家力量来组织、实施与国外的海上文化交流的核心地，这种海外交流，其性质有别于沿海港口城市以贸易导向而进行的交流互动。因此，留存至今的南京海上丝绸之路的遗迹，具有承载和见证古代中国由国家力量主导的与世界相关国家开展经济、政治、文化、技术、思想、宗教交往互动的历史及其意义。当然，这种由国家主导的文化交流同样也促进了民间的“海上丝绸之路”的发展和繁荣。

南京海上丝绸之路的遗存可分为两大类：一是航海相关遗存（都城城址、造船厂等），二是文化与文明交流产物（宗教建筑、航海家府邸和墓葬、外国人墓葬等），遗产主要有：六朝都城遗址（石头城遗址，东吴、东晋、南朝都城遗迹）；明代都城遗址（明故宫遗址，明代城墙遗迹）；道场寺遗迹；静海寺；天妃宫；宝船厂遗址；郑和墓；浡泥国王墓；净觉寺；郑和府邸旧址；洪保墓；大报恩寺遗址等。①

南京“海丝”遗产的价值主要体现在以下方面：

第一，它见证了“海丝”从汉代的南海一带向东海乃至黄海一线的延伸。南京是中国七大古都（西安、洛阳、南京、北京、开封、杭州、安阳）中唯一

① 参见邵磊、贺云翱：《郑和与江苏——江苏郑和遗迹考述》，《南方文物》2005 年第 3 期。

与“海丝”发生直接关联的都城；同时，南京还是唯一一座把“海丝”的“南海线”和“东海线”集于一身的古都城市。六朝时期，南京见证了通过“海丝”而推动东亚和南亚乃至西亚地区的跨国文化交流和使节互通活动，这在梁元帝萧绎绘制的《职贡图》上有生动的反映。更有意义的是，南京的“海丝”遗产还是最早见证“海丝”与“陆丝”互相牵手的城市。公元399年，高僧法显从长安出发去天竺（今印度），他穿越艰险的“陆上丝路”河西段、葱岭段等，在今尼泊尔、巴基斯坦、印度等国境内学习梵文梵语，考察佛教圣迹，求取佛典经书，于公元412年又从师子国（今斯里兰卡）乘商舶从“海上丝路”返回祖国，最终到达当时的东晋首都建康（今江苏南京）。在这里，他和一批外国高僧完成了佛经翻译，并撰写完成把“陆丝”与“海丝”集于一书的《佛国记》，他的无畏精神和拥有“陆丝”与“海丝”双重探险经历的事迹都保存于这部空前的作品中。法显及其《佛国记》也成为展现南京海丝遗迹价值的重要作品。

第二，它见证了中国通过“海丝”为世界航海事业与海上和平事业所做的突出贡献。明代南京的“郑和下西洋”壮举，推动了海上丝路全方位的发展，其航海规模之大、参与人数之多、海上航行路线之长、对海丝沿线影响之大都达到了古代中国乃至当时世界上远洋航行的顶峰。郑和历时28年的航海活动中始终秉持的“和平”理念代表着中华文明的核心理念，南京的“郑和下西洋”海丝遗产也成为这种先进海洋文明理念的直接见证。此外，在郑和航海活动中形成的《西洋番国志》《星槎胜览》《瀛涯胜览》等典籍与南京郑和下西洋的遗迹一起，对研究“海丝”和展现“海丝”遗产都具有珍贵的历史价值。

第三，南京的“海丝”遗产作为中国海丝遗产体系中之有机组成部分，拓展和丰富了“海丝”遗产的内涵，如既有打造航海“宝船”的工厂遗迹、港口码头遗迹等，也有与重要航海家有关的生活遗迹；既有来自海外的宗教遗迹，也有见证航海活动决策或接待外国来使的都城、皇宫遗迹；既有来到南京并“体魄托葬中华”的外国元首墓葬，也有考古出土的外国文物，如东晋的罗马玻璃杯、产自南亚或东南亚的金刚指环、鹦鹉螺杯等；既有相关的反映外国使臣来华的古代画卷，更有多部反映南京“海丝”成就的古代文献。它们都从不同侧面展现了海上丝绸之路与我国古代都城及核心文明之间的深刻关系。

第二章

海上丝绸之路·南京遗迹

第一节　六朝都城遗迹

一、石头城遗址

石头城为东汉末年孙权在建业（今江苏南京）筑城的旧址，遗址位于今南京市清凉山、盋山、红土山一带。《三国志》卷四七《吴书·吴主传第二》载："（建安）十六年（211），权徙治秣陵。明年，城石头，改秣陵为建业。"南朝宋·山谦之《丹阳记》载："石头城，吴时悉土坞，义熙初，始加砖累甓，（石头城）因山以为城，因江以为池，地形险固，尤有奇势。"故诸葛亮曰"钟山龙盘，石城虎踞，良有之矣。"[①]《建康实录》卷一载："越霸中国，与齐、楚争强，为楚威王所灭，其地又属楚，乃因山立号，置金陵邑也。楚之金陵，今石头城是也。"又载建安十六年"权始自京口徙治秣陵。十七年，城楚金陵邑地，号石头，改秣陵为建业"。

古石头山海拔最高处仅60多米，但是由于在唐代以前江水直逼山下，其南又扼秦淮河口，因此战略地位十分重要。史载楚国"金陵邑"即位于此。东

① （宋）李昉：《太平御览》卷一九三《居处部·二一》，中华书局，2011年。

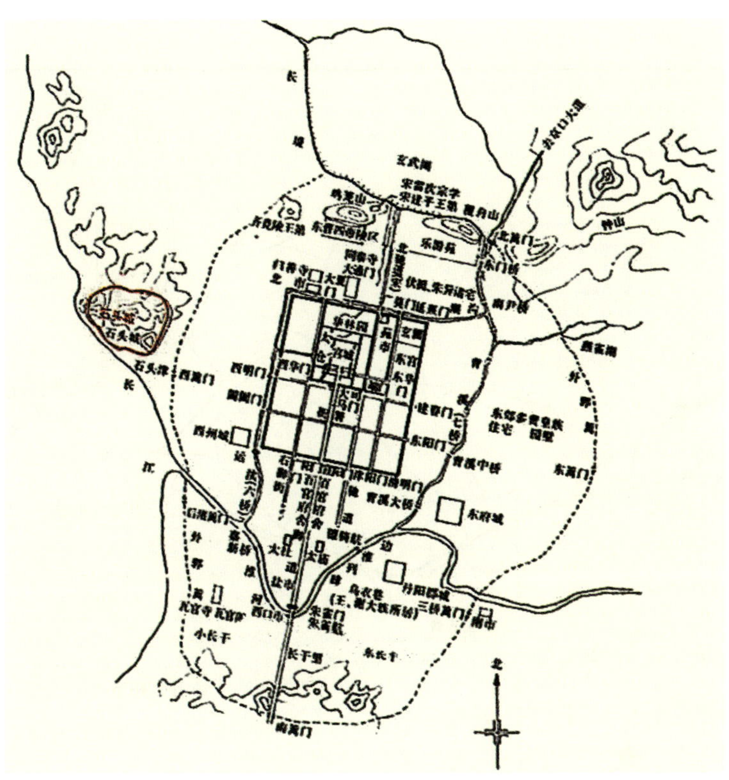

图 7　石头城与南京古迹相对位置示意图

图 8　石头城旧影

图 9　石头城遗址西侧原临江一面的悬崖“鬼脸城”

图 10　石头城在今南京市位置示意图

图 11　石头城周围今貌（明代城垣）

汉建安十七年（212），孙权从京口（今江苏镇江）徙治秣陵的第二年，在金陵邑旧址筑城，用以储备军粮、器械。《太平寰宇记》卷九〇记载："石头城，楚威王灭越，置金陵邑，即此也。后汉建安十七年，吴大帝乃加修理（旧金陵邑城），改名石头城，用贮军粮器械。"

1998 年底至 1999 年初，特别是自 2010 年 5 月以来，南京大学文化与自然遗产研究所组织南京石头城遗址考古队先后多次对石头城遗址所在地区进行了大规模的考古调查、勘探和局部试掘，石头城遗址的考古发掘已经获得突破性进展。考古工作终于确认石头城遗址位于今清凉山公园、南京国防园及菠萝山（又称波罗山，旧称盋山、博山）、红土山（旧称红土冈）、清凉门地区。其平面形状不规整，呈北宽南窄的粽子形。除南墙外，其城垣多依自然山体而建，周长总计 3000 余米，占地面积至少在 60 万平方米以上。其城垣走向：东垣大体沿清凉山公园内东侧垄埂，南接菠萝山至南京市第四中学止；南垣东起南京市第四中学，向西至江苏移动通信公司南端红土山止；西垣南起江苏移动通信公司南端，向北沿明城墙东侧至南京国防园内东部垄埂北端止；北垣西起国防园内东部垄埂北端，向东跨越城西干道至清凉山公园内北侧垄埂止。石头城内东北之仓城（或称石头小城）位置，据勘探资料推测其墙垣可能与清凉山公园内东部清凉寺周围的"凹"字形垄埂有关。

图 12　石头城遗址范围示意图

图 13　石头城东垣遗迹（由东向西）

图 14　石头城遗址芦柴厂段与红土山段结合处紫红矽质砾岩基岩

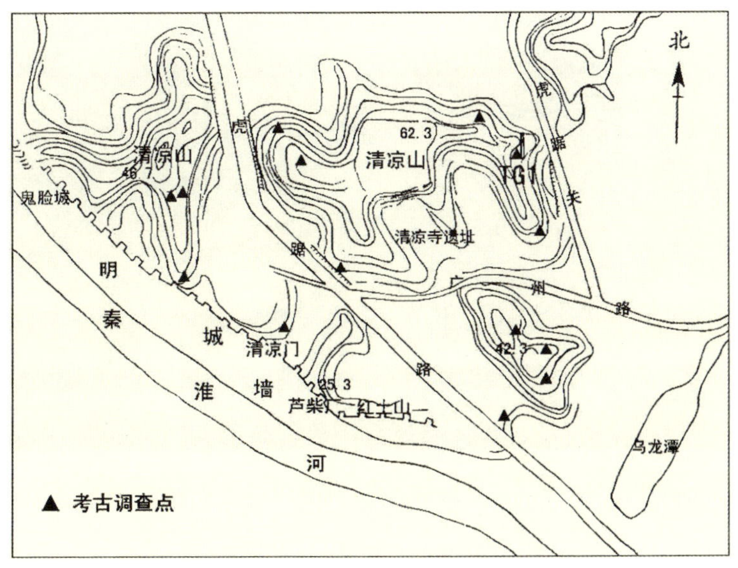

图 15　石头城遗址调查地点分布图

图 16　石头城遗址发现的六朝城墙包砖墙及外侧砖砌散水结构

图 17　石头城遗址考古发掘现场一

图 18　石头城遗址考古发掘现场二

图 19　清凉山公园内 2 号探沟出土的六朝城墙包砖墙及铭文砖

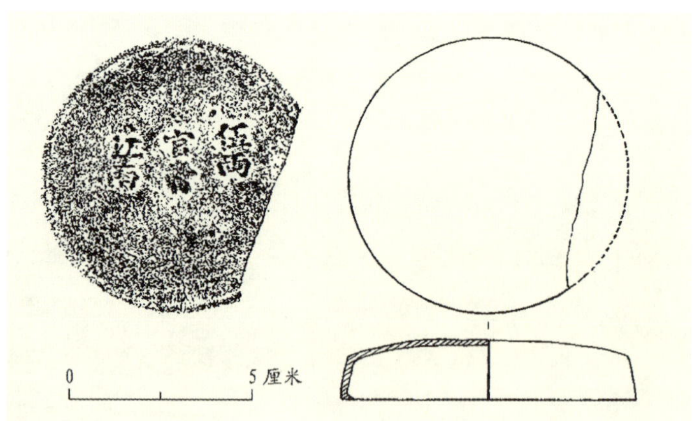

图 20　石头城遗址出土“江南官膏伍两”铭青白瓷盒盖（M1：1）

当时，石头城临江一面有重要的水上码头“石头津”，作为通江达海的水上交通要地，可以说石头津是南京地区远洋航行的起点。石头津是海内外船只的停靠重地和长江沿线的航行中心，将海上丝绸之路带来的影响直接通过长江输入内陆，南京也成了海上丝绸之路重镇。正是孙权这位具有海洋意识的政治家定都南京，并派遣船队走向远海，才奠定了南京作为海上丝绸之路重要节点城市的历史地位。《三国志》记载，黄龙二年（230），孙权使将军卫温、诸葛直将甲士万人浮海求夷洲（今台湾）、亶洲（今日本列岛一部分），舰队从石头津启航。这是历史上记载的大陆和台湾之间的第一次大规模交往，是中国古代航海史的一大壮举和创举。这次航海活动不仅反映了当时航海技术的发展和成熟，也表明孙吴时期浙江沿海至台湾的航线是一条成熟的航线，可以说这是海上丝绸之路发展史的重要阶段。 永乐三年（1405），朱棣遣郑和下西洋，舰队也是从石头城北侧的龙江关启航。《龙江船厂志》卷四建置

图21　石头城遗址东垣南段(盔山)采集的花纹砖一

图22　石头城遗址东垣南段(盔山)采集的花纹砖二

记载："厂地外萦天堑，内倚石城。衍沃四望、卢龙、马鞍、挂榜诸峰。前后拱揖，足称形胜。"

在整个六朝时期，石头城皆因地居要冲而受到特别重视，皇帝常以心腹重臣领军镇守。《六朝事迹编类》卷二记载："吴孙权沿淮立栅，又于江岸必争之地筑城，名曰石头。"北宋文学家张舜民说："石头城者，天生城壁，有如城然。"陆游说："龙湾望石头，山不甚高，然峭立江中，缭绕如垣墙。"按《舆地志》，"（石头山）环七里一百步，缘大江，南抵秦淮口，去台城九里。自六朝以来，皆守石头以为固，以王公大臣领戍军为镇。其形胜，盖必争之地云。"《六朝事迹编类》记载"尝以腹心大臣镇守之。"东晋、南朝，先后有周札、王敦、庾冰、司马元显、谢安、刘裕、刘骏、刘彧、萧道成、萧绩、萧纲、萧绎、王僧辩等驻守石头城，多为朝廷重臣或皇族，可见石头城位置之重。明代孙应岳《金陵选胜》说：石头山"形不甚峻，故武侯谓之'虎踞'，吴、晋时，江在其下，为险要必争之地。自江北来，此山始有石，因名焉。"

石头城是南京作为中国重要都城城市的起点，对研究六朝都城史、南京城市建设史及海外交通史等具有重大意义。考古出土的花纹砖、板瓦、筒瓦和人面纹瓦当、箭镞等，是南京六朝都城考古中首次发现的一批与城市建设直接相关的资料，对研究六朝都城物质文化有一定价值。①

图 23　石头城遗址 NQTG1 ④ B 层出土筒瓦（残）一

图 24　石头城遗址 NQTG1 ④ B 层出土筒瓦（残）二

① 贺云翱、邵磊：《南京石头城遗址 1998—1999 年勘探试掘简报》，《东南文化》2012 年第 2 期。

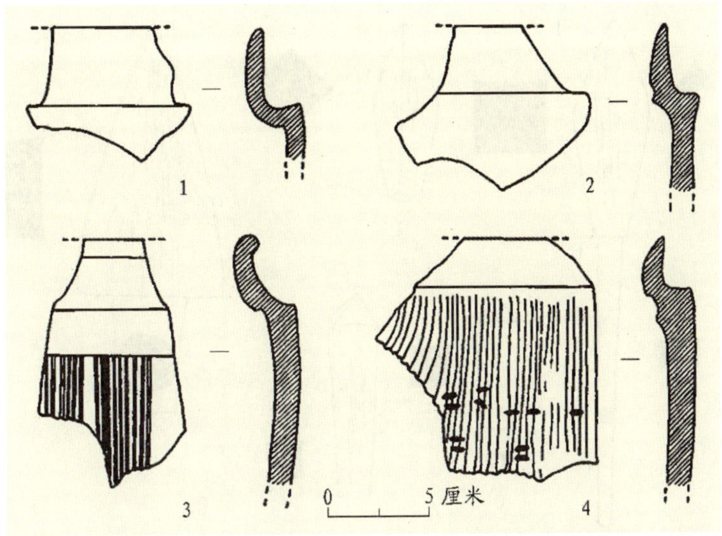

图 25　石头城遗址 TG1 ③层出土筒瓦（残）标本

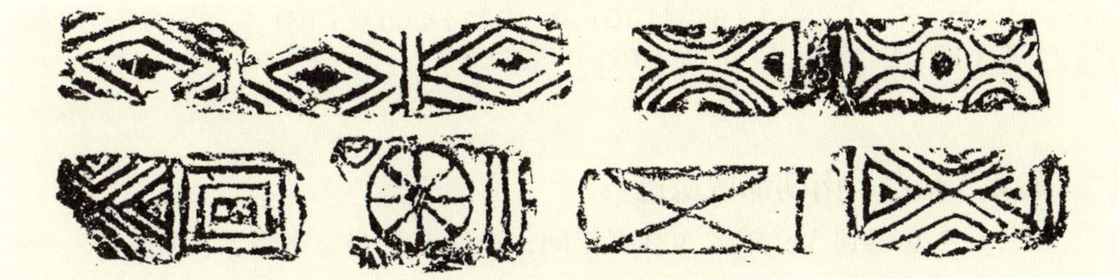

图 26　石头城遗址 TG1 ③层出土砖标本拓片

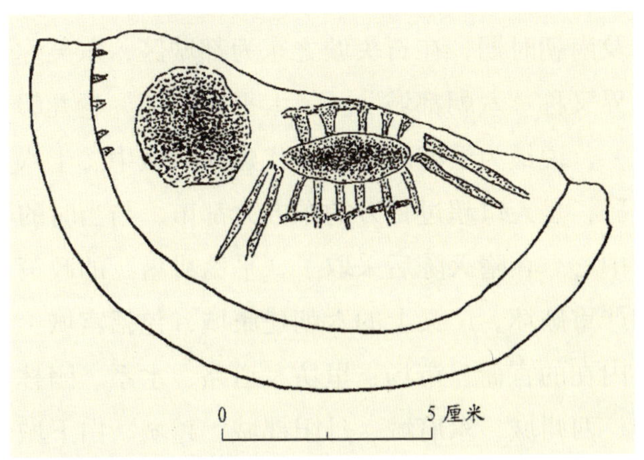

图 27　石头城遗址出土人面纹瓦当残件（TG1 ④：78）

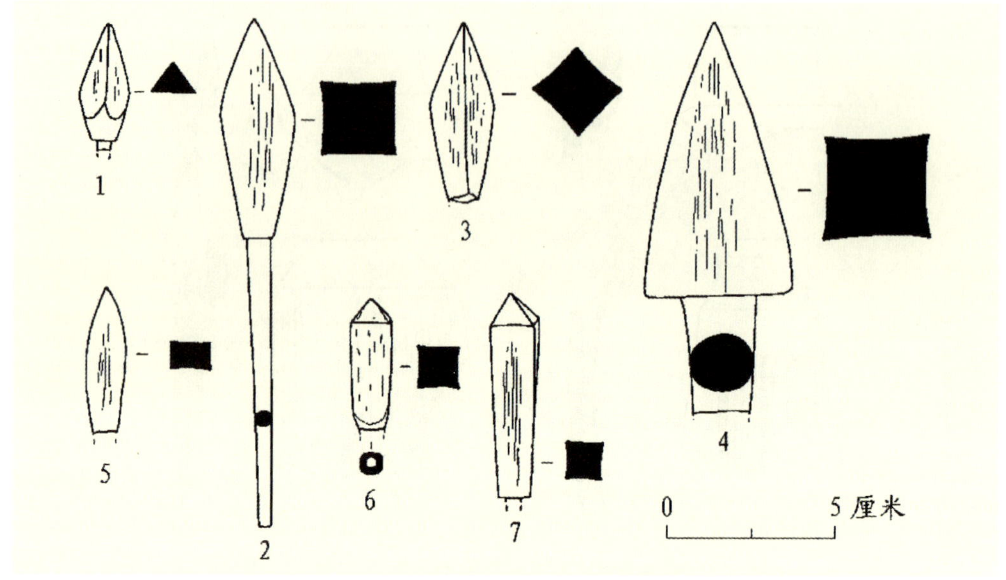

图 28　石头城遗址 TG1 出土箭镞

1.A 型（TG1 ④：2）2.3.Ba 型（TG1 ④：16.72）4.Bb 型（TG1 ④：23）5.Bc 型（TG1 ④：）6）6.7.Bd 型（TG1 ④：24.68）

二、东吴、东晋、南朝都城遗迹

从公元 229 年到 589 年的 300 多年间，先后有孙吴、东晋及南朝的宋、齐、梁、陈六个朝代相继在今南京定都。建康是此时中国南部的政治、经济和文化中心，是华夏衣冠之正统，是南京古代城市发展史上第一个辉煌时期。

东吴、东晋及南朝时期，在石头城之东为都城区，东吴称建业，东晋、南朝称建康。学术界又称“六朝都城”。《太平寰宇记》卷九〇《江南道二 · 昇州》引《金陵记》，说最为繁盛之际的梁代建康“城中二十八万余户”，“东西南北各四十里”，是人口超过百万的东方大都市，与当时的罗马并称为人类古典文明的两个中心。在隋灭陈后采取了“平荡耕垦”的政策，建康城的城池和宫室建筑遭到严重破坏。广义上的六朝建康城，包括宫城（台城）、都城、外郭三重城和其内在的官衙、市场、里坊、道路、水系、园林等各类建筑，以及外围的石头城、西州城、东府城、丹阳郡城、越城、白下城等。根据史书记载，建康城自北往南布置宫城、都城、衙署、居民区，继承了魏晋都城旧制，这在中国都城史上可以说是传承了华夏文脉，代表中华正统在江南地区的延续，对隋唐都城建设产生了积极的影响。

史书记载六朝都城周长二十九里十九步，宫（台）城周长八里。《金陵古迹图考》认为台城的四界是：南至干河沿，北至北极阁下鸡鸣寺前，西至今中山路西，东近成贤街。目前普遍认为，台城在今珠江路以南、城东干道以西区域内。南宋陈亮在《戊申再上孝宗皇帝书》中说道："台城在钟阜之侧……其地据高临下，东环平冈以为固，西城石头以为重，带玄武湖以为险，拥秦淮、清溪以为阻。"南宋洪迈《容斋续笔·台城少城》记载："晋宋间谓朝廷禁省为台，故称禁城为台城。"台城作为王朝宫城所在地，既是建康城行政中心，也是全国政治、经济、文化中心。近年来南京市博物馆考古部及南京市考古研究院在六朝都城范围内发现了多处建筑遗迹，包括台城城垣、都城城垣、道路、排水设施、护城濠遗迹、水井、桥梁遗迹等以及建筑材料、陶瓷器、木简等，全面反映了六朝都城的文化面貌，其中波斯银币等直接表明了六朝都城与海外国家的交流。①

东晋、南朝时期的建康都城是东亚地区的国际性城市。这一时期，北方地区先后为"十六国"和北朝诸国占有。因此，东晋、南朝与东亚、东南亚、西亚等列国之交往主要通过海上丝绸之路进行，建康都城遂成为推动"海上丝绸之路"在各国间文化交流方面发挥作用的主要力量。如传入中国的佛教经义乃至佛寺建筑等，就是在东晋、南朝时期正式从建康传入朝鲜半岛的百济（今韩国）和日本列岛的倭国（今日本）的。史书记载，东晋、南朝与东亚列国有着友好的海上交往关系，梁代时发生"侯景之乱"，都城遭到严重损坏，当时，正好有百济使者到达建康，见到宫城残破之状，竟然立于宫门外放声痛哭，可见其时建康都城在列国使臣心目中的地位。

东吴和东晋南朝时期，作为六朝都城，是海上丝绸之路的重要节点，通过海上丝绸之路而来到六朝都城的外国使节、商人、僧人等络绎不绝。

---

① 贺云翱：《南京出土波斯萨珊朝银币》，《考古与文物》2002 年增刊。

表 1　六朝时期南京通过海上丝路与列国交往史事一览表

时间	事件	出处
黄龙元年（229）	九月，吴大帝孙权迁都建业，因故府，不改馆。自此南京开始成为中国著名古都。	《三国志 · 吴主传》
黄龙二年（230）	遣将军卫温、诸葛直将甲士万人浮海求夷洲（今台湾）、亶洲。得夷洲数千人还。这是大陆政权首次派政府官员到达台湾。	《建康实录·吴太祖下》
嘉和元年（232）	十月，魏辽东太守公孙渊遣宿舒等来称藩，孙权封公孙渊为燕王。	《建康实录·吴太祖下》
赤乌六年（243）	扶南国献乐人及方物。	《三国志 · 吴主传》
赤乌十年（247）	胡人康僧会入境	《三国志 · 吴主传》
咸和八年（333）	正月，朝万国于新宫，四夷列次。	《建康实录 · 晋显宗成皇帝》
咸康二年（336）	高句骊贡方物。	《晋书 · 成帝纪》
咸康六年（340）	十月，林邑献驯象。	《晋书 · 成帝纪》
升平元年（357）	正月壬戌，扶南、天竺旃檀献驯象。	《晋书 · 穆帝纪》
简文帝咸安二年（372）	正月辛丑，百济、林邑来贡。	《晋书 · 简文帝纪》
太元七年（382）	九月，东夷五国来贡。	《晋书 · 孝武帝纪》
太元十四年（389）	二月，扶南来贡。	《建康实录 · 晋烈宗孝武皇帝》
义熙九年（413）	十二月，是岁，高句丽、倭国及西南夷铜头大师献方物。	《建康实录·晋安皇帝》
义熙十三年（417）	六月癸亥，林邑献驯象。	《晋书 · 安帝纪》
景平二年（424）	正月乙未，高句丽遣使贡献。	《宋书 · 少帝纪》
景平六年（429）	百济国、河南国遣使献方物。	《宋书 · 文帝纪》

（续表）

时间	事件	出处
景平七年（430）	正月癸巳，倭国遣使献方物。 四月癸未，诃罗单国遣使献方物。 七月甲寅，林邑国、诃罗陀、师子国遣使献方物。	《宋书·文帝纪》
景平十年（433）	五月，林邑遣使献方物。六月己亥，阇婆州诃罗单国遣使献方物。	《宋书·文帝纪》
景平十五年（438）	武都王、河南国、高丽国、倭国、扶南国、林邑国并遣使贡方物。	《宋书·文帝纪》
景平十六年（439）	武都、河南、林邑、高丽遣使贡方物。	《宋书·文帝纪》
景平十八年（441）	肃特国、高丽国、苏摩黎国、林邑国并遣使贡方物。	《宋书·文帝纪》
景平十九年（442）	是岁，婆皇国遣使献方物。	《宋书·文帝纪》
景平二十年（443）	是岁，河西、高丽、百济国、倭国并遣使献方物。	《宋书·文帝纪》
景平二十七年(450）	正月辛卯，百济遣使献方物。	《宋书·文帝纪》
景平二十八年(451）	四月癸酉，婆达国遣使献方物。	《宋书·文帝纪》
孝武帝孝建二年（455）	二月己丑，婆皇国遣使献方物。 十一月辛亥，高丽遣使献方物。	《宋书·孝武帝纪》
大明二年（458）	八月乙酉，河南王遣使献方物。 十月乙未，高丽国遣使献方物。 十二月壬戌，林邑国遣使献方物。	《宋书·孝武帝纪》
大明三年（459）	正月丙申，婆皇国遣使献方物。	《宋书·孝武帝纪》
大明四年（460）	十二月丁未，倭国遣使献方物。	《宋书·孝武帝纪》
大明七年（463）	六月戊申，芮芮国、高丽国遣使献方物。	《宋书·孝武帝纪》
大明八年（464）	七月丙午，庚戌，婆皇国遣使献方物。	《宋书·前废帝纪》

（续表）

时间	事件	出处
明帝泰始六年　魏皇兴四年（470）	十一月己巳，高丽遣使献方物。	《宋书·明帝纪》
明帝泰始七年(471）	冬十一月戊午，百济国遣使献方物。	《宋书·明帝纪》
泰豫元年（472）	十一月辛丑，芮芮、高丽献方物。	《宋书·后废帝纪》
后废帝元徽元年（473）	三月丙申，婆利国献方物。	《宋书·后废帝纪》
后废帝元徽三年　魏延兴五年（475）	十月丙成戌，高丽献方物。	《宋书·后废帝纪》
后废帝昇明五年　魏太和元年（477）	十一月己酉，倭国遣使献方物。	《宋书·顺帝纪》
武帝永明九年　魏太和十五年（491）	五月丙申，林邑献金簟。	《南齐书·武帝纪》
武帝天监元年　魏景明三年（502）	八月，林邑、干陀利各遣使贡方物。	《梁书·武帝纪中》
武帝天监二年　魏景明四年（503）	七月，扶南、龟兹、中天竺各遣使献方物。	《梁书·武帝纪中》
武帝天监三年　魏正始元年（504）	五月丁巳，以扶南国王陈如阇耶跋摩为安南将军。 九月，北天竺遣使献方物。	《梁书·武帝纪中》
武帝天监五年　魏正始三年（506）	七月乙丑，邓至国遣使献方物。	《梁书·武帝纪中》
武帝天监九年　魏永平三年，（510）	三月己丑，于阗献方物。	《梁书·武帝纪中》
武帝天监十一年　魏延昌元年（512）	庚申，高丽献方物。	《梁书·武帝纪中》

（续表）

时间	事件	出处
武帝天监十三年　魏延昌三年（514）	八月癸卯，扶南、于阗献方物。	《梁书·武帝纪中》
武帝天监十四年　魏延昌四年（515）	九月，狼牙修国献方物。	《梁书·武帝纪中》
武帝天监十五年　魏熙平元年（516）	四月高丽献方物。	《梁书·武帝纪中》
武帝天监十七年　魏神龟元年（518）	五月己卯，干陀利国献方物。	《梁书·武帝纪中》
武帝普通元年　魏正光元年（520）	扶南、高丽献方物。 三月丙戌，滑国献方物。 四月甲午，河南王献方物。 十一月，百济、新罗献方物。	《梁书·武帝纪下》
武帝普通七年　魏孝昌二年（526）	正月丁卯，滑国献方物。 三月乙卯，高丽献方物。 六月，林邑献方物。	《梁书·武帝纪下》
武帝大通元年　魏孝昌三年，（527）	三月辛未，林邑、师子国献方物。 十一月，高丽献方物。	《梁书·武帝纪下》
武帝中大通元年　魏永安二年（529）	十二月丁巳，盘盘国献方物。	《梁书·武帝纪下》
武帝中大通二年　魏永安三年、建明元年（530）	六月庚申，林邑献方物。壬申，扶南献方物。	《梁书·武帝纪下》
武帝中大通四年 魏太昌元年、永兴元年、永熙元年（532）	四月，盘盘国献方物。 十一月己酉，高丽献方物。	《梁书·武帝纪下》

（续表）

时间	事件	出处
武帝中大通五年 魏永熙二年（533）	八月甲子，波斯国献方物。 九月，甲寅，盘盘国献方物。	《梁书·武帝纪下》
武帝中大通六年 魏永熙三年（534）	三月甲辰，百济献方物。	《梁书·武帝纪下》
武帝大同元年（535）	辛丑，高丽、丹丹献方物。 三月辛未，滑国王、安乐陆丹王献方物。 四月庚子，波斯献方物。	《梁书·武帝纪下》
武帝大同六年（540）	八月，盘盘国遣使献方物。	《梁书·武帝纪下》
武帝大同七年（541）	三月乙亥，宕昌，高丽、百济、滑国入贡。	《梁书·武帝纪下》
武帝中大同元年（546）	八月甲午，渴盘陀国献方物。	《梁书·武帝纪下》
武帝永定三年（559）	五月丙寅，扶南献方物。	《陈书·高祖纪下》
武帝天嘉二年（561）	十一月乙卯，高丽献方物。	《陈书·世祖纪》
武帝天嘉四年（563）	正月丙子，干陀利国献方物。	《陈书·世祖纪》
废帝光大元年（567）	九月，百济献方物。	《陈书·废帝纪》
废帝光大二年（568）	七月戊申，新罗献方物。 九月甲辰，林邑献方物。丙午，狼牙修国献方物。	《陈书·废帝纪》
宣帝太建二年（570）	六月戊子，新罗献方物。 十一月辛酉，高丽献方物。	《陈书·宣帝纪》
宣帝太建三年（571）	五月辛亥，辽东新罗、丹丹、天竺、盘盘等国献方物。	《陈书·宣帝纪》
宣帝太建四年（572）	三月乙丑，扶南、林邑献方物。	《陈书·宣帝纪》
宣帝太建六年（574）	正月壬午，亲祀太庙。高丽献方物。	《陈书·宣帝纪》
宣帝太建九年（577）	七月己卯，百济献方物。	《陈书·宣帝纪》

（续表）

时间	事件	出处
宣帝太建十年（578）	七月戊戌，新罗献方物。	《陈书·宣帝纪》
后主至德元年（583）	十二月丙辰，头和国贡方物。	《陈书·后主纪》
后主至德二年（584）	十一月，盘盘国、百济国献方物。	《陈书·后主纪》
后主至德三年（585）	十月己丑，丹丹国献方物。	《陈书·后主纪》

楚威王七年（前333）楚灭越，在今南京石头山（今称清凉山）一带建金陵邑。

东汉建安十七年（212），东吴首领孙权在金陵邑旧址筑城。因该城位于石头山，故称“石头城”，这是南京作为六朝都城的开创之地。

三国吴黄龙元年（229）九月，吴大帝孙权定都建业，南京正式成为都城。吴时的建业都城城址在今南京市中心偏东北一带。文献记载城周二十里一十九步，折合今约8.5公里左右。东凭青溪，南“去淮水五里”，西当运渎（今进香河、洪武路一线），北依鸡笼山。城设篱门，正南门世称“白门”，即东晋以后的宣阳门，位于今淮海路与延龄巷交叉口一带。建业都城的政治中心初为太初宫，吴后主孙皓在太初宫以东新建昭明宫，新宫“周五百丈”，正殿为赤乌殿。宫城及皇家禁苑和禁卫营区所在的苑城，位于宫城之北。

东吴建业都城位于长江下游的滨江地带，作为南方第一座封建国家政权的国都，它的国土范围主要在长江以南和东南沿海地区，为此，它有条件大规模开展航海活动。孙权当政时期，派卫温、诸葛直出使夷洲、亶洲，派朱应、康泰出使扶南（今柬埔寨），扶南等国使者也经海路来到建业都城贡献。

西晋王朝灭吴37年后，晋室南迁，是为东晋，就建业都城立为建康都城。咸和四年（329），东晋政权延用的孙吴旧宫被烧残，于是东晋王朝于孙吴后苑筑成新宫，称为“台城”。宫城周长八里（约3.5公里），城壕宽五丈、深七尺，开五门：东有东掖门，东南有阊阖门，南有阙门，西有西掖门，北有昌平门。宫后为皇家花园华林园。

南朝齐高帝建元三年（480），“立六门都墙”，开始用砖砌筑建康城垣。南朝宋、齐、梁、陈四代，建康都城代有增筑，而更见宏伟繁华。隋灭陈，开

图 29　考古发现的东晋建康城内的砖铺道路遗迹

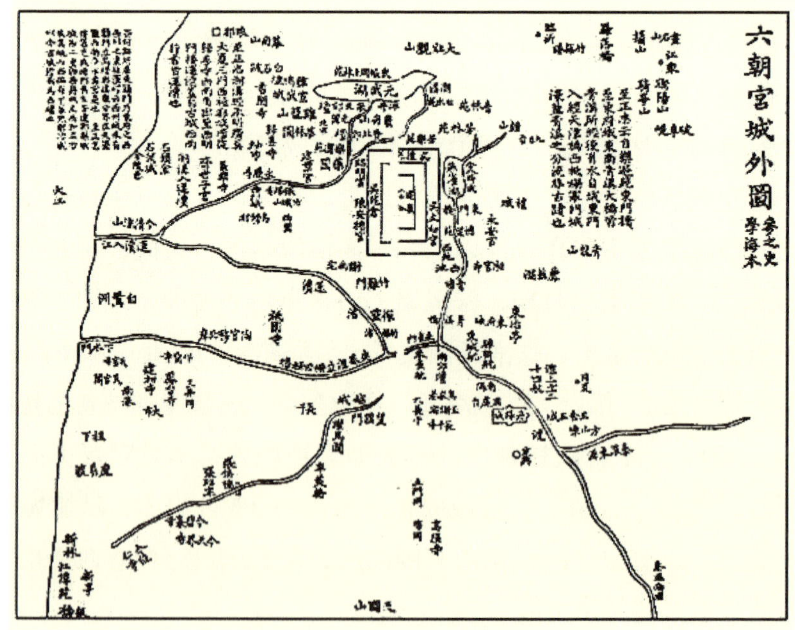

图 30　南京六朝宫城外图

皇九年（589）诏令“建康城邑宫室并平荡耕垦”，“六代豪华”的建康都城被毁损殆尽。

六朝都城在隋代被毁废后，逐渐被埋入地下。20 世纪 90 年代以后，考古工作者陆续从地下发现了六朝都城遗迹，包括城墙、道路、护城河、水井、建筑遗迹、佛像、大量的生活用品和建筑材料遗存等。其中部分出土遗迹得到了保护。1988 年作为南京城墙的一部分被列入全国重点文物保护单位。

自 2002 年起，南京市博物馆先后在大行宫路口东南、太平南路东侧的新世纪广场工地、南京图书馆新馆工地、利济巷西侧的长发大厦工地等多个建设工地先后发现大量六朝重要城市建筑遗存。这些遗存包括多条高等级道路、城墙、城壕、木桥、大型夯土建筑基址及各类砖构房址、排水沟、砖井等建筑遗迹，以及以各类瓦当、釉下彩绘青瓷器等为代表的大量精美遗物，是迄今为止六朝建康城遗址考古发掘最为重要的收获，出土的砖铭更可证明这些遗存与台城有关。发现的相互垂直的多条道路，对研究六朝建康城主轴线方向及台城布局以及四周范围具有重要意义①。

第二节　道场寺遗迹

道场寺的具体地理位置，目前说法较多，有“秣陵县三桥篱门外斗场里”“当在今聚宝门外赤石矶左近”“在今中华门外”等。本书认为道场寺遗迹位于今南京市中华门外东南的赤石矶附近。

公元 317 年，晋元帝司马睿在建康（今江苏南京）即位，建立了东晋王朝，首都建康一时成了政治、经济、文化中心，佛教活动十分活跃，明确见之于文献记载的佛寺有 45 所②。到南朝时期，佛寺更是大量增加，《南史》卷七〇《郭祖深传》载：“都下佛寺五百余所，穷极宏丽，僧尼十余万，资产丰沃。”此时的建康译经讲学、义学研究非常发达，高僧云集建康，为隋唐时期中国佛教

① 参见王志高：《六朝建康城发掘与研究》，江苏人民出版社，2015 年。

② 参见贺云翱：《六朝都城佛寺和佛塔的初步研究》，《东南文化》2010 年第 3 期。

判教立宗，出现各种宗派奠定了基础。

据载，义熙八年（412）太尉刘裕（即后来的宋武帝）讨刘毅于江陵，遇见天竺（今印度）高僧佛陀跋陀罗，甚加崇敬，邀归南下。次年春，佛陀跋陀罗随刘裕到达建康，被请住在道场寺。法显于同年秋，也到了道场寺。可以想见道场寺在此时，一定已很具规模了，以至可以安置刘裕请来的尊贵“外宾”天竺僧人佛陀跋陀罗，还有西行求法归来的法显。那么道场寺的始建，当在此前，至少不迟于公元421年。该寺又名斗场寺，以所在地斗场里（村）得名，《高僧传》的著者慧皎认为，“斗”字“非佛旨”，以“道字音近而呼”为道场寺。道场寺是都城建康重要的佛教传播地，是东晋时期著名的译经道场，与庐山东林寺共为中国南方佛教的中心。

公元412年，东晋高僧法显经海路从狮子国（今斯里兰卡）回到都城建康（今江苏南京），与印度高僧佛陀跋陀罗在此共译出《摩诃僧祇律》《大般泥洹经》。佛陀跋陀罗（359—429）汉文名觉贤，是释迦牟尼佛父亲净饭王之兄甘露王的后裔。十七岁出家，以禅律驰名，受中国僧人智严邀请于晋义熙四年到长安，弘传禅数之教。后因与鸠摩罗什的门徒意见相左，遂与弟子慧观等南下至庐山。义熙九年（413）在荆州遇到刘裕，被请至建康道场寺。由此可见此时道场寺在当时中国佛教的地位。

东晋末年，佛陀跋陀罗（觉贤）在道场寺译出《华严经》，寺中华严堂因此而得名。觉贤又将法显从西域携来的《僧祇律》梵本译为汉文，其于道场寺所译经还有《观佛三昧海》《泥洹》《修行方便论》等佛教经典凡15部。

法显在道场寺还译出《华严经》《大方等如来藏经》《僧祇比丘戒本》《文殊师利发愿经》等。《华严经》不仅是汉传佛教重要经典，也是中国文学的重要文库，它将佛教教理融入中国文学，从此佛经作为翻译作品渗入文学领域，丰富了中国文学的发展。胡适在《白话文学史》中认为佛经翻译“给中国文学史开了无穷新意境，开创了不少新文体，添了无数新材料”。其中华严经之翻译，有法业、慧严等百余沙门参与之，且于寺内别设华严堂。此外，法显是第一个把梵文经典带回国内并直接翻译成汉文的人，翻译的佛经6部24卷达100万字，其中所译《涅槃经》认为“众生皆有佛性”，推动了中国佛学思想的深化和发展；

与印度僧人佛陀跋陀罗合译《摩诃僧祇律》四十卷，成为后人研习律学的根本典籍。

同时，法显在这里还完成了记录他本人从陆上丝绸之路去古代印度和从海上丝绸之路返国到达都城建康的纪实性著作《佛国记》（又名《法显传》《历游天竺记》等）。该书记载了法显历时十一年、历经三十余国，从天竺及狮子国（今斯里兰卡）求得诸多经文梵本的过程。他是中国历史上第一个由西域向天竺的取经者，也是第一个用文字记述天竺取经见闻的人。《佛国记》详细记载了南亚次大陆与中国之间的海上路线，以及陆、海丝绸之路区域内 30 多个地区和国家的宗教文化和社会状况，为六朝乃至当时的整个中国更深层次了解南亚次大陆提供了可靠依据。《佛国记》中还有这样一则记载：“忽于此玉象边见商人以晋地一白绢扇供养，不觉凄然，泪下满目。”当时法显所处之地为斯里兰卡，文中所说的“晋地”便是指建都于南京的东晋，由此可见当时东晋政权已经与南亚国家开展了海上贸易，可以通过海上丝绸之路将中国的商品输送到印度、斯里兰卡等地。法显西行取经并成功归国，印证了当时中国与南亚、东南亚地区之间海陆交通发展的情况。

刘宋之初，高僧慧观居之，成为江南名刹。六朝之后，寺观逐渐荒废。

第三节　明故宫遗址

元至正十六年（1356），朱元璋攻取集庆（南京）后，改集庆为应天府，并以此为政治中心。元至正二十年（1360），朱元璋开始在此建都城，1366 年开始建造宫城，“王乃命刘基等卜地，定作新宫于钟山之阳，在旧城东白下门外二里许增筑新城，东北尽钟山之阳，延亘周围凡五十余里。”[①]元至正二十七年（1367）10 月新宫建成，新宫南北中轴线上，从南向北依次为午门、奉天门、奉天殿、华盖殿、谨身殿三大殿之后为乾清宫、省躬殿、坤宁宫。宫城周围开四门，正南为午门，东门为东华门，西门为西华门，北门为玄武门。洪武八年（1375）9 月，下诏改建大内宫殿开始，到洪武十年改建结束，其制

① （清）毕沅：《续资治通鉴》卷二一九《元纪三七》，中华书局，2016 年。

图 31　明代内府朱元璋画像

度如旧，但规模益宏壮，其中大内午门“翼以两观，中三门，东西为左、右掖门”。朱元璋完成的宫城壮丽巍峨，盛极一时，并且成为后来朱棣建设北京皇宫的蓝本。建文二年八月因承天门灾，“方孝孺请改午门曰端门，端门曰应门，承天门曰皋门，前门曰路门，从之。”永乐十九年（1421）明成祖迁都北京，南京的地位下降，成为留都所在，仍然拥有仅次于北京的南方中心城市的地位。

清顺治二年（1645），明故宫改为八旗驻防城，建筑亦遭破坏。康熙二十三年（1684），康熙首次南巡至南京时，明故宫已是“荆榛满目，昔者凤阙之巍峨，今则颓垣残壁矣！……顷过其城市，闾阎巷陌，未改旧观，而宫阙无一存者”。[①]

太平天国时期，明故宫又遭受一次较大的破坏，除了地下埋藏的石构件基础外，只剩下残垣碎瓦。1929 年，为了迎接孙中山先生灵柩安葬中山陵，新建了穿过明故宫遗址的中山东路，明故宫遗址从此被分为南北两部分。

保存至今的明故宫遗址是指明代宫城和皇城遗址，位于现在的南京市中山东路南北两侧。皇城大体范围：东至中山门，西至西安门，北至北安门，南至光华门北侧。核心区域为大内（宫城），现宫城北侧和东西两侧大部分城壕仍存，且有午门遗址、东华门、西华门、奉天门遗迹等保存于地表。当时在明皇城西南，还有接待外国使团特别是从海上丝路而来的外国使者的机构“会同馆”“乌蛮驿”。[②]

明故宫遗址现存午门建筑遗址，位于中山门内明故宫遗址公园南端，面对御道街，坐北朝南。午门建筑仅存下部拱券部分，顶上的构筑物与向前伸出的雁翅楼已无存。午门原平面为“U”字形，正面为三门，东西两侧各有一掖门，

① 见 1684 年爱新觉罗 · 玄烨《过金陵论》。

② 见明代洪武年间成书的《洪武京城图志》“楼馆”部分。

图 32　明奉天门遗址

图 33　明东华门建筑遗址

图 34　明西华门遗址

并各向南伸出一座雁翅楼，顶部建有构筑物。民国初年，午门前的雁翅楼被拆除。现存建筑为一排五个三券三伏拱券门洞。另发现遗址的夯土层下方有青灰色的淤泥层，距离地表深度近 5 米，土层内多为青灰色的淤泥，与上部夯筑坚实、质地紧密的夯土层形成了鲜明的反差。这些淤泥应该是当年填埋燕雀湖时留下的原始堆积，明故宫是中国都城史上唯一一个填湖建宫的遗址实例。明初建设皇城在工程做法上对基础采取了铺石打桩技术措施，但终因基础不固，到了洪武末年宫城就出现了前高后低的反常现象。这一发现为印证“填燕雀建皇宫”的文献记载提供了考古实证。

1997 年考古人员在明故宫遗址公园内发现了一处大型夯土建筑台基。整个台基以黄褐色的夯土夯筑而成，残存的夯土层最厚处有 3.6 米，结合文献记载以及遗迹方位判断，这应该是明故宫奉天殿遗址的底层台基。根据现场测定，奉天殿台基南北两端长达 75.5 米。台基西侧还出土了 3 个体量巨大的柱础石，柱础石的外立面近似于方形，边长约 1.8 米，高 1.35 米，顶部还有圆形台面。其中一个柱础石下方，还保留有用一块块青砖砌筑的磉墩遗迹。柱础石是古代建筑中用来承受房柱压力的垫基石，同时还可以抬高柱脚与地坪隔离，起到防潮的作用；磉墩则是以砖石砌筑、用来加固柱础石的基础。考古专家认为3个柱础石体量巨大，而且方位都处于南北向的一条直线上，应该是在奉天殿台基之上的大殿主体基础。

考古人员还在探沟内发现了一件雕刻精美的龙首形散水构件。该构件造型为龙头状，龙角微微上扬，双目圆睁，龙嘴处有用作排水的孔洞。专家表示，这一构件当年是放置于奉天殿外的高台四面，用来排出台上积水的“散水孔”。

2011年10月至2012年1月，考古人员在午朝门公园东北侧发现一处由夯土与碎砖瓦层交错夯筑的明代建筑基址，此外还有6个呈对称分布的磉墩遗迹，以及用石灰作粘合剂的砖砌包墙。根据建筑基址的结构及位置，专家推测为明故宫奉天门东侧廊庑建筑的基础。这一发现首次确认了午门内第一道城门——奉天门的准确方位。据史料记载，入午门，过内五龙桥，便是奉天门，门内为奉天殿。

在建筑基址北侧，考古人员还发现了建筑“排水管道”。排水道呈东西走向，残长8米左右，宽约0.45米，由三面石板砌筑围合呈水槽状。排水道所用石材质地坚实，砌筑手法规整考究，两侧石板上沿还特意切削出向内凹陷的斜角，可以将外部积水集中在水槽内快速排出[①]。

2017年，南京市考古所在瑞金路以北、龙蟠中路以东、中山东路以南、解放路以西区域进行考古发掘，历史上此区域属明代皇宫的西南部。考古人员在该区域清理出各类遗迹20多处，年代从南朝到明代，包括南朝砖井、明代砖井、明代房屋基址、明代铺砖道路、水池等，另外还发现不少明代黄色琉璃瓦。所发现的明代遗迹，基本上都与明代皇宫有关。此外，还发现明代皇城西墙的墙基，墙基长约150多米，宽约8—12米，内部以一层夯土、一层碎砖的叠加形式逐层夯筑，从而可确定明代皇城西墙的走向。此区域可能为宫城以外、皇城以内的“宦官诸监所在地”。明代建国后，朱元璋在南京创制宦官机构，分为十二监、四司、八局。司礼、内官、御用、司设、御马、神宫、尚膳、尚宝、印绶、直殿、

① 中新网：《明故宫首次发现奉天殿建筑台基》，2012年10月15日。

尚衣、都知等统称“十二监”；惜薪、钟鼓、宝钞、混堂等统称“四司”；兵仗、银作、浣衣、巾帽、针工、内织染、酒醋面、司苑等统称“八局”；十二监、四司、八局加起来，总称“二十四衙门”，各设置掌印太监、提督太监等，每个宦官衙门各司其职①。

南京明故宫作为明代早期的全国政治中心所在，洪武、建文、永乐三代皇帝在此接待过近百次从海外前来南京的外国国王或使臣，是南京作为海上丝绸之路城市的重要见证地。

考古人员近年对明故宫遗址进行了勘探与局部发掘，目前保存下来的有午门、东华门、西安门等建筑遗存；从地下发现的有西华门遗址、奉天门、奉天殿、东宫等遗址。

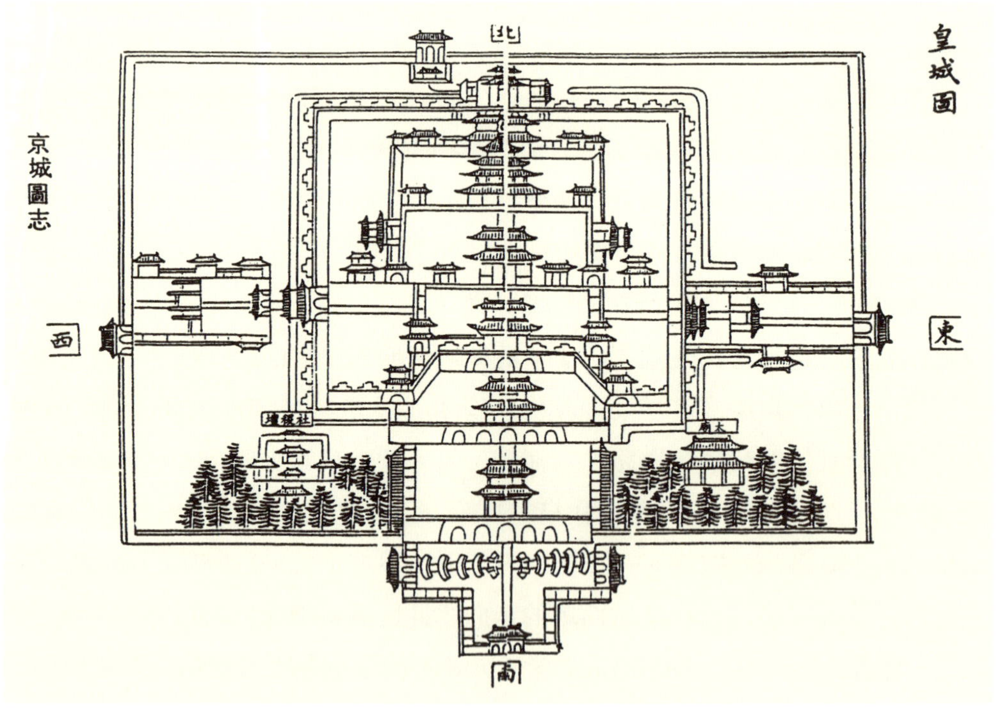

图 35　明《洪武京城图志》所载明皇城图

① 于峰：《南京对明故宫遗址进行考古发掘》，《金陵晚报》，2017 年 3 月 2 日。

明故宫作为明太祖朱元璋筑建都城南京工程的一部分，与南京城墙有着密切的联系，南京城墙是明代早期（1368—1421）都城城墙，明永乐十九年（1421）之后为明代南都城墙（1421—1644），清代继续延用。元末至明洪武年间，明代城墙先后经历初建与加固扩建两个阶段，最终形成了完整形态。明代城墙的营建，突出了明王朝开创者朱元璋所建南京都城代表“一代之兴，必有一代之制作”的目的。此时的南京既是全国的政治、军事和经济中心，也是突出的文化与人才中心，是全国最大的官营手工业基地。

明故宫遗址作为洪武、建文、永乐时期的国家政治、经济、文化中心所在，是明王朝海外交往的决策地，也是“万国来朝”的中心。当时，东亚、南亚等许多国家的使臣通过海上丝绸之路来到新兴的大明都城，与明王朝开展政治和文化交流。为此，明故宫遗址作为明代南京都城最经典的文化遗产，是明代南京所发生的海上丝绸之路国际交往一系列事件的决策地和重要见证者。

第四节　静海寺

静海寺位于今南京市建宁路仪凤门外狮子山下。静海寺是皇家敕建，当时规模宏大，占地 30 亩。有山门、天王殿、大雄宝殿、弥勒殿、观音殿、毗卢阁、画廊、井亭、影堂、祖堂、斋堂等。时有牒僧 70 名、学僧 30 名、僧院 40 间。现静海寺内部辟有郑和纪念堂。

明代永乐九年（1411），明成祖朱棣为表彰郑和出使西洋，平安往返，同时为供奉郑和从异域带回的罗汉画像、佛牙、奇花异木的活株、玉玩等物品而敕建该寺。寺取名“静海”，寓意四海平静，天下太平。明葛寅亮所著《金陵梵刹志》卷一八记有：“卢龙山（即今狮子山）静海寺，敕赐，在都城外，南去仪凤门半里。文皇命使海外，平服诸番，风波无警，因建寺，赐额静海。”清康熙《江宁府志》记载：“静海寺在仪凤门外卢龙山之麓。明永乐间，命使海外，风波无警，因建寺。赐额静海。”

静海寺内还栽种了不少郑和从国外带回的奇花异草。郑和晚年还在此居住过。《江宁乡土志》卷六《异种花木》记载：“静海寺西府海棠，高大蔽地数亩，花开如锦绣。明永乐中，太监郑和自西洋携归，建寺时植诸殿墀中者也。”明代南京学者顾起元所著《客座赘语》卷下《花木》篇也记载了“静海寺海棠，云永乐中太监郑和、王景弘等自西洋携至，建寺植于此，至今犹繁盛，乃西府海棠耳”。明进士俞彦称该寺“散花成雨，植树干云”，可以想见其时静海寺庭院里郑和种植的几十种异国花木的盛况。

郑和从亚非各国引进的植物除海棠外，有文字可查的尚有詹卜花、五谷树、婆罗树、沉香、黄熟香、返魂香等，多为药用植物。后来海棠花分种于静海寺，婆罗树分种于天妃宫，詹卜花分种于白云寺，五谷树分种于报恩寺和天界寺。明代药物学家李时珍为编著《本草纲目》，曾于明嘉靖四十四年（1565）来静海寺专门考察“番药”“夷果”。其后他在《果部·海红》记有：“海红乃花名，出新罗国甚多,则海棠之自海外者据矣。”至今南京狮子山尚遗有李时珍采药处。

明正德年间（1506—1521）和清乾隆年间（1736—1795）曾两度修葺该寺，并增筑石戒台等新设施，时人誉静海寺为“金陵律寺之冠”。清人甘熙在《白下琐言》中记载：“仪凤门外静海寺，明永乐年间建，规模宏阔，础石大若车轮，润如苍玉，柱皆数围，或云沉香木为之，其实钟山楠木耳。乾隆间，住持浩清，重为修整，创造石戒台，苾刍来归者日众，为金陵律门之冠。”清《静海律寺同戒录述事》中记载该寺：“敕名静海，永镇南天。地当江海要津，云水往来，挂单极广，郡志称为八大寺之最。”所谓金陵八大寺，即钟山灵谷寺，凤山天界寺，聚宝山报恩寺，摄山栖霞寺，鸡笼山鸡鸣寺，卢龙山静海寺，天竺山能仁寺，牛首山弘觉寺。

明朝正德、万历和清乾隆年间，静海寺三次重修。道光十二年（1832）静海寺被大火焚毁，仅剩山门天王殿。1936 年，南京中央大学教授郑鹤声于静海寺西侧厨房壁间发现残碑，疑与郑和有关，进行拓片释读。1937 年冬，日军进攻南京，静海寺大半被毁。1945 年抗战胜利后，郑鹤声旧地重访遗碑，遍觅不得。

郑鹤声先生当年抄录碑文如下：

……帝敕建弘仁普济天妃之宫于都城外龙江之上，以……帝复建静海禅寺，用显法门，诚千古之佳胜，岂偶然之……

图 36　静海寺牌楼

图 37　静海寺大殿

永乐三年（1405），将领官军乘驾二千料海船并八槽船……清海道……

永乐四年（1406），大宗海船驻于旧港海口，即古之三佛齐……

首陈祖义、金志名等，于永乐五年（1407）七月内回京。由是……

永乐七年（1409），将领官军乘驾一千五百料海船并八船。……其国王阿烈苦奈儿谋劫钱粮船只，事……阿烈苦奈儿并家……

1982年文物工作者发现静海寺遗址，当时残存东配殿2楹6间。1985年静海寺被列为南京市级文物保护单位。1988年南京市投入资金48万元对静海寺遗址部分建筑进行原址清理复建，占地628平方米。2005年，为纪念郑和下西洋首航600周年，南京人民市政府对静海寺重新进行扩建，扩建后的静海寺作为郑和纪念堂并陈列郑和主题展览至今。

静海寺与南京海外朝贡体系的关键人物如明成祖、郑和等直接发生联系，寺内建筑实物、文献资料、海外植物等均是中西文化交流的有效证明。静海寺是研究南京海上丝绸之路的关键节点，是海上丝绸之路上文化多样性的例证。

第五节　天妃宫

南京天妃宫位于南京鼓楼区建宁路北侧狮子山麓，始建于明朝永乐年间。

天妃即妈祖，被称为华人的海洋保护神。千百年来，海上船民一直祈求妈祖济世救难，庇护船民海上航行安全。正因为如此，天妃崇拜一直是中国海洋文明的重要特征。南京于明代出现天妃宫，正表明当时的南京与海上丝绸之路之间有着直接的关联。据史料记载，明永乐五年（1407），郑和第一次下西洋顺利回国，为感谢天妃保佑海上平安，明成祖朱棣加封妈祖为“护国庇民妙灵照应弘仁普济天妃”并赐建“天妃宫”，还亲自撰写碑文，立御碑于天妃宫中。其后郑和历次下西洋出航前，都要专程到南京天妃宫祭拜妈祖。南京天妃宫是明代全国规模最大和规格最高的海神妈祖庙，在妈祖庙宇史上具有崇高的地位。

清咸丰三年（1853）至十一年（1862），天妃宫在战乱中屡遭损坏。1982年，天妃宫碑列入江苏省文物保护单位。到2003年时，南京天妃宫仅剩下明

图 38 《天妃经》卷首图[①]

图 39 南京天妃宫山门

① 《天妃经》卷首图，刻于永乐十八年（1420），全称《太上说天妃救苦灵应经》，是参加第五次下西洋的僧人胜慧在临终时，命弟子用他所遗留的资财发愿刻印的。其插图描绘了郑和船队在海上航行、海神天妃护佑的情形。画中郑和船队图像计五列，每列五艘，船型、尺度基本相同，与《龙江船厂志》上所附该厂曾建造的早期 4 桅海船形制基本相合。这也是现在仿制二千料海船的一个重要依据。

成祖时期的巨型碑刻《御制弘仁普济天妃宫碑》。2004 年 7 月，为迎接郑和下西洋 600 周年，南京市政府在原址复建天妃宫。直到今天，南京市下关（即原明代龙江关）地区的百姓还每年为天妃宫举办大型庙会，庙会上人们抬着天妃妈祖像巡游礼拜以示崇敬。重建后的天妃宫，占地约 1.7 万平方米，采用明代官式建筑的型制和风格，主要由东西两轴线建筑院落组成。其中西轴线为两进院落，设有天妃宫大殿、玉皇阁及两侧配殿等；东轴线为单进院落，主要设有观音殿和两侧配殿。

天妃宫大殿前矗立着明成祖敕立的“御制弘仁普济天妃宫碑”。该碑高 4.7 米、宽 1.5 米、厚 0.5 米，龟趺碑座，碑额上镌刻有四条龙纹交错穿云，雕镂精致。碑额为篆书，碑文为正楷，共 699 字。内容主要是叙述明成祖敕建造天妃宫的起因，记载了永乐年间郑和下西洋的航海事迹，及其在航海中遭遇的风浪而后安然脱险的经历。该碑虽历 600 多年，但碑文仍清晰可读，是仅存的直接记录郑和下西洋的几块明代碑刻之一，也是见证了南京为海上丝绸之路重要城市的重要文物之一。碑文如下：

仰惟皇考太祖高皇帝，肇域四海，幅员之广，际天所覆，极地所载，咸入版章。怀柔神人，幽明循职，各得其序。朕承鸿基，勉绍先志，罔敢惑怠。抚辑内外，悉俾生遂，夙夜兢惕，惟恐弗逮。恒遣使敷宣教化于海外诸番国，导以礼义，变其夷习。其初使者涉海洋，经浩渺，飓风黑雨，晦冥黯惨，雷电交作，洪涛巨浪，摧山倒岳，龙鱼变怪，诡形异状，纷杂出没，惊心骇目，莫不错愕。乃有神人，飘飘云际，隐显挥霍，下上左右，乍有忽无，以妥以侑。旋有红光如日，煜煜流动，飞来舟中，凝辉腾耀，偏烛诸舟，熇熇有声。已而烟消霾霁，风浪帖息，海波澄镜，万里一碧，龙鱼遁藏，百怪潜匿。张帆荡舻，悠然顺适，倏忽千里，云驶星疾。咸曰：“此天妃神显灵应，默加右相。”归日以闻，朕嘉乃绩，特加封号曰“护国庇民妙灵昭应弘仁普济天妃”，建庙于都城之外龙江之上，祀神报贶。

自是以来，神益显休应，视前有加。凡使者及诸番国朝贡重译而来者，海舶往还，驾长风，驭飞帆，蓦数万里若履平地，略无波涛忧险之虞，歌吟恬嬉，咸获安济。或胶于浅，冒入险阻，则陵徙谷移，略无关阂。奇灵异效，莫可殚纪。今夫江湖之间，以环海视之，如池沼之多，猛风急浪，尚有倾樯破楫之患，而况于临无涯不测之巨浸也哉！然则神之功于是为大矣。虽然，君国子民，其任在朕；而卫国庇民，必赖于神。阴阳表里，自然之道，沧溟渤澥，神之攸司。凡风霆雨露，寒暑燥湿，调燮惟宜，易沴为祥，奠危为安，铲险为夷，皆神之能，其可无文以著其迹？爰书其事，建碑于宫，并系以诗。曰：

图 40　明成祖《御制弘仁普济天妃宫碑》

图 41　天妃宫碑文影印件

湄洲神人濯厥灵，朝游玄圃暮蓬瀛。扶危济弱俾屯亨，呼之即应祷即聆。
上帝有命司沧溟，驱役百怪降魔精。囊括风雨电雷霆，时其发泄执其衡。
洪涛巨浪帖不惊，凌空若履平地行。雕题卉服皆天氓，梯航万国悉来庭。
神庥佑之功溥弘，阴翊默卫何昭明。寝宫奕奕高以闳，报祀蠲洁腾苾馨。
神之来兮佩珑玲，驾飙车兮旖霓旌。云为扆兮雾为屏，灵缤缤兮倏而升。
视下土兮福苍生，民安乐兮神攸宁。海波不兴天下平，于千万世扬休声。

永乐十四年四月初六日

第六节　龙江宝船厂遗址[①]

宝船厂遗址位于南京市区西北部的中保村，西临长江，北有外秦淮河及三汊河口，与同为明代的龙江船厂隔外秦淮河而相望。

明初，南京作为首都，中央政权可以调动举国之力建造船舶，以确保航海之需。此时的南京港不仅是全国造船中心，也是全国水运的枢纽，是航运的重要港口。宝船厂遗址是国内目前保存面积最大的古代船厂遗址。

① 值得注意的是，此处龙江宝船厂的“龙江”非明代概念。随着南京河西地区的开发，“龙江”一称已经被从古代的三汊河以北地区扩展到了三汊河以南地区，如三汊河以南地区也出现了龙江小区、龙江站等地名，为此，也有现代学者把“宝船厂”称为“龙江宝船厂”，但必须说明，这个“龙江”不是指明代的“龙江”，而是用了现代的地名俗称。如果从学术上严格考究，明代的“龙江”与“宝船厂”及宝船厂所在地域是无关的。

事实上，“龙江”作为地名，早在明代之前已经产生。有学者认为，“龙江”一称与东晋卢龙山（今狮子山）地名有关。笔者认为“龙江”地名与这一带古代称“龙湾”有关，而龙湾之名又与这里有“龙王庙”有关（南宋陆游诗歌中说到这里有龙王庙）。南宋时这里有龙湾市、龙湾船厂，元代称龙湾水站、都船厂，而宋代龙湾船厂、元代都船厂应该是明代龙江船厂的前身。古代“龙湾”的范围大体指幕府山以南沿江到惠民河河口一线的江湾，而“龙江”则包括了秦淮河入江口以北（三汊河以北）到幕府山以南沿江一线。如明代初年完成的《洪武京城图志》上记有龙江渡、龙江驿、龙江坛、龙江关等，它们都在幕府山南到三汊河口以北滨江一线，与宝船厂所在区域没有任何关系。“龙江船厂”也正分布在这一区域内，为此，明代“龙江船厂”与明代“宝船厂”也毫无关系。

现在全国重点文物保护单位龙江船厂遗址，也就是本书所说的龙江宝船厂遗址。

图 42　宝船厂在《郑和航海图》中的位置

统帅郑和与王景弘等人，率领船队从南京启航，整个船队包括指挥决策人员、航海技术人员、外事人员、后勤保障人员、军事护航人员，共有 27800 余人，分乘“清和”“惠康”“长宁”“安济”“清远”等 62 艘宝船和 140 余艘保障船只，循着长江，抵达苏州太仓刘家港，随后进入大海，到达福建长乐太平港，等待东北季风来临时，沿着海上丝绸之路南海航线驶向大洋。根据史料记载，宝船长四十四丈四尺、阔十八丈。即大约长一百三十多米，宽五十多米，如此体量庞大的船舶体现了我国船舶技术的先进。

20 世纪 50 年代末期，宝船厂遗址尚余 7 处造船用的船坞，分别被称为头作塘至七作塘。其后，由于城市发展的原因，有几处作塘陆续遭到填埋。目前保存下来的有四、五、六 3 条作塘遗址。现存的明代宝船厂遗址西距长江约 500 米，东抵漓江路，北临定淮门大街，南临草场门大街。3 条作塘呈东北—西南走向，由北向南依次平行排列。

2003 年 7 月至 2004 年 8 月，南京市博物馆对现存三个作塘中的第六作塘进行了发掘。根据发掘实测，第六作塘的横截面呈倒梯形，长 421 米，上口宽 44 米，下底宽 12—15 米。目前的数据是经过 600 年淤积的结果，当年的作塘上口或可能远大于 44 米，下底也会大于 15 米。第六作塘底部为松软的淤泥。在这里发现有 34 处造船“基础”遗迹。每处“基础”都密集地打下直径 8—12 厘米的木桩（或称地钉），打入生土层约 12 米。这 34 处“基础”的形状略有

图 43　宝船厂遗址全貌

图 44　宝船厂遗址四作塘

图 45　宝船厂遗址五作塘

图 46　宝船厂遗址六作塘

差异，多数呈长方形，长约 10 米，宽约 3 米。每处“基础”打木桩一百多只。“基础”之间相隔近者不足 1 米，最远的相隔 30 米。这种用密集的地钉构成的造船基础具有相当强的承重能力，是得以在上面铺墩打造大型远洋船舶的保证。考古发现证实，在明代，六作塘是一处设计严密、布局有序、曾经极为繁忙的造船场所①。专家们认为，船舶在此造好之后，将作塘灌满江水，凿开与长江相邻的“坞门”，船舶即可驶进长江，继而入海作远洋航行。2004 年，在发掘遗址处建成遗址公园。

图 47　宝船厂遗址探方分布照片

① 南京市博物馆：《宝船厂遗址—南京明宝船厂六作塘考古报告》，文物出版社，2006 年。

图 48　宝船厂遗址六作塘发掘后的场景

图 49　宝船厂遗址六作塘考古遗迹

图 50　宝船厂遗址六作塘八号遗址

图 51　宝船厂遗址六作塘二十二号遗址出土棕绳和龙骨

宝船厂遗址的考古发掘还出土了与造船有关的文物1000多件。包括2根长度分别为11米和10.1米的两根舵杆；一批铁制造船工具，如斧、锯、凿、锉、钻、锥、刀等；一批木制造船工具如木锤、木桨、夯、刮刀等；各式铁钉如长钉、短钉、枣核钉、把钉等；出土了大量的棕绳，直径从11厘米到15厘米不等，粗棕绳由上百股细小棕索绞合而成。在遗址还出土了高为1.5米的4爪铁锚，上下各有一只铁环，其制式与明代以来流行的四爪铁锚一致。

图52 宝船厂遗址出土舵杆

图53 宝船厂遗址出土舵杆原木

图54 宝船厂遗址出土铁斧一组

图55 宝船厂遗址出土铁锯

图 56　宝船厂遗址出土铁凿

图 57　宝船厂遗址出土铁钻

图 58　宝船厂遗址出土铁锛头

图 59　宝船厂遗址出土木柄铁刀

图 60　宝船厂遗址出土舌形刀一组

图 61　宝船厂遗址出土木刀一组

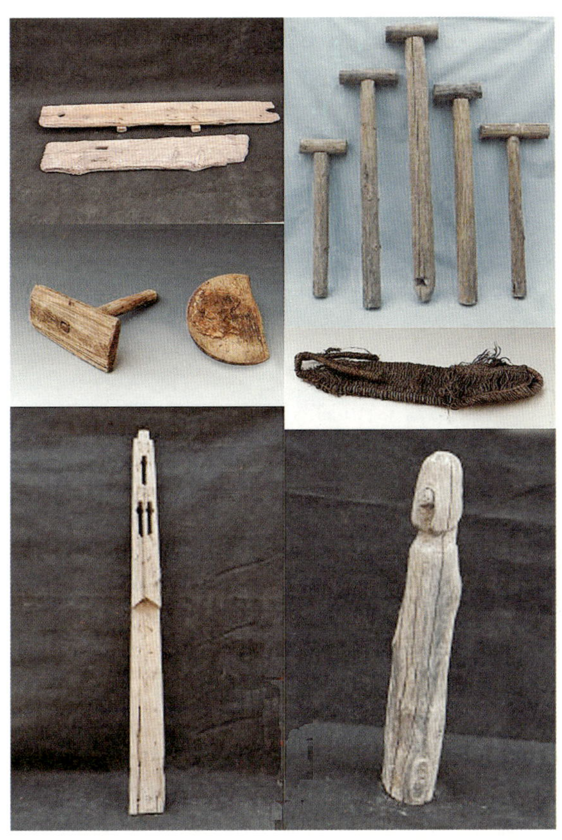

图 62　宝船厂遗址出土明代造船工具及材料

图 63　宝船厂遗址出土木锤一组

图 64　宝船厂遗址出土“魏家琴记”铭文木尺

图 65　宝船厂遗址出土带纹饰的船用构件

图 66　宝船厂遗址出土木滑轮与木圆轮

图 67　宝船厂遗址出土带烙印文字的船板

图 68　宝船厂遗址出土带孔铁钉一组

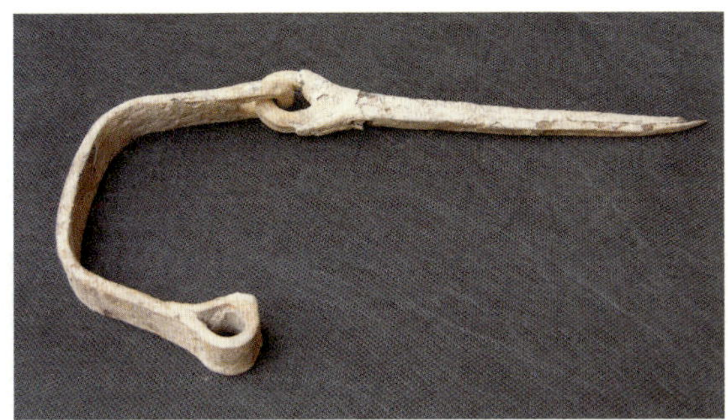

图 69　宝船厂遗址出土带环铁钉一组

图 70　宝船厂遗址出土圆头铁钉一组

图 71　宝船厂遗址出土枣核钉一组

图 72　宝船厂遗址出土钯钉一组

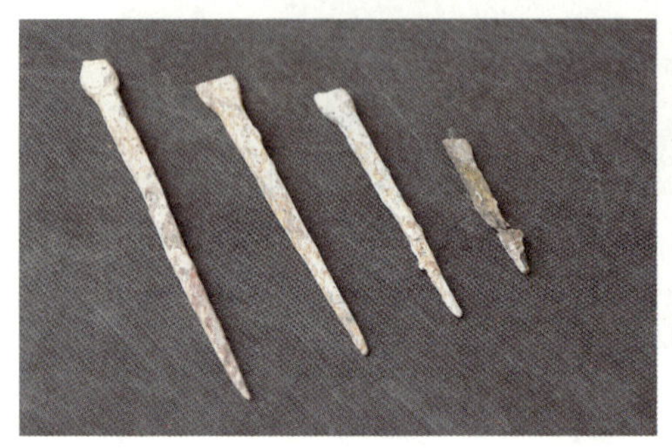
图 73　宝船厂遗址出土扁头钉一组

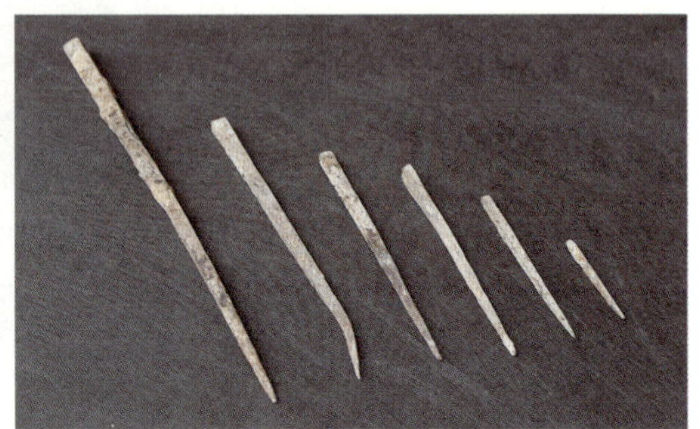
图 74　宝船厂遗址出土平头铁钉一组

图 75　宝船厂遗址出土带环扣的铁钉

图 76　宝船厂遗址出土棕绳一

图 79　宝船厂遗址出土龙泉窑高足碗

图 77　宝船厂遗址出土棕绳二

图 78　宝船厂遗址出土铁锚

图 81　宝船厂遗址出土腰牌

图 80　宝船厂遗址出土带姓氏墨书碗底

古人用隔舱板把船舱分成互不相通的多个舱区，不仅具有严密的隔水作用，而且有利于分割舱段、分类载货，满足不同功能的使用；多层船板，增强了船体结构的强度和抗撞性；榫接钉合技术，使木帆船的尺度、吨位领先于世界；使用麻丝、桐油灰的木板缝隙舱缝技术，有效防止了海水渗入。这些都是中国古代造船技术体系中的领先技术。中国帆船时代的造船技术及航海能力，至明朝臻于巅峰。郑和下西洋时的宝船，是中国帆船时代的杰出代表。

明《武备志》记载的《自宝船厂开船从龙江关出水直抵外国诸番图》（《郑和航海图》）详细的记录了郑和下西洋是从南京定淮门外龙江关出水直达外国诸番。《郑和航海图》成图时间大约在 15 世纪中叶，原图为自右而左展开的手卷式，茅元仪收入《武备志》卷二四〇后改为书本式，共二十四页，包括茅元仪序一页，图二十页，《过洋牵星图》二页（四幅）。全图以南京为起点，上有宝船厂、静海寺、天妃宫、天地坛地点。再经太仓刘家港，出长江口到福建闽江五虎门；再从福建沿海至南洋，再经南洋群岛过马六甲海峡进入印度洋，过波斯湾，到达非洲东海岸。途中往返针路全不相同，表明船队在远航中已灵活地采用多种针路，具有高超的航海技术。

第七节　郑和墓

明宣德五年闰十二月六日（1431 年 1 月 19 日），郑和率庞大使团从南京龙江关出海，第七次下西洋，船队有大小 200 多艘船只，各类随从人员 27550 名。这次航行几乎走遍南海、北印度洋沿岸地区以及阿拉伯半岛和非洲东岸诸国，经历 20 多国。郑和去世的时间和地点有多种说法。第一种说法认为郑和卒于古里国，赐葬牛首山。据明祝允明撰《前闻记》记载，宣德八年（1433）四月初，郑和率船队返航时，在古里（今印度南部西海岸的卡利卡特）附近不幸逝世，终年 62 岁。据清代同治《上江两县志》载：“（牛首山）有太监郑和墓，永乐中命下西洋，宣德初复命，卒于古里，赐葬山麓。”第二种说法是郑和卒于南京，葬在牛首山。据《明史 · 郑和传》载：“和经事三朝，先后七奉使……自宣德以还，远方时有至者，要不如永乐时，而和亦老且死。”这与郑和卒地相吻合。对于郑和的卒年，朱偰在《郑和》一书中提出是宣德九年（1434）。理由是，这一年跟随郑和出洋的王景弘单独奉使苏门答剌国，郑和可能已死。郑鹤声在《郑和下西洋资料汇编》一书中认为，郑和是卒于宣德十年。根据是宣德九年（1434）十二月，命罢采买营造诸使只敕南京守备李降、太监王景弘而无郑和。第三种说法认为郑和卒于1434年，其归天处应为印度尼西亚爪哇三宝洞。

史载郑和为云南人，据云南昆阳《故马公墓志铭》载，郑和为马哈只第二子。有史学家考证，郑和可能于洪武十三年（1380）明军进攻云南时被俘，后进入朱棣的燕王府从侍。永乐二年（1404），郑和因功升任为内官监太监，官至四品，地位仅次于司礼监。郑和“有战略，知兵习战，帝甚倚信之”。1405到1433年，郑和七下西洋。

郑和去世后，《郑氏家谱》和清同治年间的《上（元）江（宁）两县志》明确记载：“有太监郑和墓，永乐中命下西洋，宣德初复命，卒于古里，赐葬山麓”，并赐祭田万顷。20世纪80年代初，郑和墓周围还分布着郑墓守坟田。郑和墓西有郑家村，村民说他们的祖辈都是守护郑和墓的“坟亲家”，因而改姓郑。

1982年，文物工作者调查确认了郑和墓。墓地所在当地人称“回回山”，墓前原有神道石刻、墓碑、享殿、山桥等明代墓葬建筑物，发现时皆已残坏。1985年为纪念郑和首航580周年，南京市人民政府重修郑和墓，并建亭立碑。2002年，郑和墓列入江苏省文物保护单位名单。

郑和墓位于江苏省南京市江宁区谷里乡周昉村牛首山南麓。因郑和之父人称马哈只，当地人以为郑和原姓马，故又称为“马回回墓”。墓冢所在之山，亦称为“回回山”。墓圹呈长方形，南北走向，长约150米，东西宽约60米，墓顶高约8米，《江宁县志》记载“墓前原有神道石刻”。

今日所见郑和墓石椁形制仿照扬州梅花岭普哈丁墓石椁刻制，所不同者，郑和墓椁上增加了航海图卷。顶部有青石所制的塔式墓盖，镌刻有阿拉伯文“泰斯米叶”，后壁石墙镌刻有“郑和之墓”4个大字。墓前有28级台阶，象征郑和航海28年；台阶分为四段平台，标明郑和访问过近40个国家和地区，而每

图 82　郑和墓园

图 83　郑和墓园正门

图 84　郑和墓牌坊

图 85　郑和墓冢全景

图 86　郑和墓冢正视图

图 87　郑和墓冢侧视图

个平台又有7层石阶，用以说明郑和曾七下西洋。此外，墓道两侧还遍植青松，使得整座墓园显得葱郁宁静。

图88　郑和雕像

郑和归葬南京牛首山可能与其晚年改信佛教有关。牛首山是明清时期南京的佛教中心之一，也是唐代佛教牛头宗的发源地。牛首山还有明初京师八大寺之一的宏觉寺。《明本西洋记·碧峰寺非幻庵香火圣像记》记载郑和曾以私财铸造金铜佛像12尊、罗汉18尊以及各项铜炉、瓶、灯等贡具。郑和去世后，其亲朋遵照其遗嘱将佛教造像等送碧峰寺供奉。可见，佛教信仰应当占据郑和精神信仰非常重要的地位。

图89　重修郑和墓纪念碑碑亭

郑和大事年记[1]

洪武四年（1371）郑和（马和）出生于云南昆阳州（今晋宁县）宝山乡和代村。

洪武十五年（1382）。七月初三，郑和父马哈只卒，享年三十九岁。此时郑和已经入明军平云南，被虏入于傅友德或蓝玉等军中。

洪武二十三年（1390）傅友德军队受燕王节制，郑和随之入燕王府。

永乐二年（1404）因战功显赫，获成祖赐姓“郑”，从此改称郑和，并擢拔为内官监太监，官至四品。

永乐三年（1405）郑和偕王景弘率27800人，从南京龙江港起航，经太仓出海赏赐西洋诸国，并赐各国王不同级别的织金文绮彩绢。

永乐四年（1406）郑和等第一次出使西洋诸国。

永乐五年（1407）九月，郑和使西洋诸国返还，并命浙江、湖广、江西改造海船十六艘。同年十一月，命郑和与王景弘、侯显等率船队第二次下西洋，前往爪哇、古里、柯枝等国。

永乐七年（1409）二月，郑和布施锡兰山寺碑一件。同年，郑和等使西洋返还，复命第三次出使西洋诸国。

永乐九年（1411）六月，郑和向永乐皇帝献锡兰山国王亚烈苦奈儿及其家属。随郑和出使西洋的官军返还者远涉难苦，且取得功绩，为内官李惟善、礼部郎中李志刚于太仓赐宴。

永乐十年（1412）十一月，派郑和前往满剌加、爪哇、苏门答剌、阿鲁、柯枝、古里、急兰丹等国赐赏锦绮纱罗彩绢等物。

永乐十一年（1413）四月，郑和奉命前往西域天方国。这一年郑和等重修长乐南山三峰塔寺。

永乐十二年（1414），郑和等第四次出使西洋诸国。

永乐十三年（1415）七月，第四次出使西洋返还。九月，郑和献苏门答剌

[1] 参考郑一钧：《郑和下西洋资料汇编》，海洋出版社，2005年。

贼首苏干剌等于行在。

永乐十四年(1416)四月初六日,御制弘仁普济天妃宫碑建于南京天妃宫内。

永乐十五年（1417）郑和等奉命第五次出使西洋诸国。五月十六日，郑和行香于泉州灵山，立碑将其记载。

永乐十六年（1418），郑和等第五次出使西域诸国。

永乐十九年（1421），正月，忽鲁谟斯等十六国使臣返还，郑和等第六次奉命出使西洋诸国。

永乐二十年(1422),八月,中官郑和等出使诸蕃国返还。暹罗、苏门答剌、阿丹等国都派遣使臣贡土产 。

洪熙元年（1425），二月，命太监郑和领下番官军守南京，与内官王景弘、朱卜花、唐观保协同管事，外同襄城伯李隆、驸马都尉沐昕商议施行。八月，郑和奉命修理南京宫殿，请掌管市场的官员购买金箔用于修理宫殿。

宣德元年（1426），郑和领下番官军守备南京。二月，郑和奏表天地坛、大祀殿及山川坛殿初露朽木，期望予以批准。

宣德二年（1427）郑和领下番官军守备南京。二月，命太监侯显出使乌思藏诸国，他们归还时遇寇劫，将军多将劫匪斩首俘虏。朝廷奖励的立功人士460余人。

宣德三年（1428）郑和领下番官军守备南京。三月十一日，郑和等提督修筑南京大报恩寺。八月，命郑和、王景弘守备太监在南京内府贮大绢十万匹，锦衣二十二万匹，令户部遣官运至北京。

宣德四年（1429）郑和领下番官军守备南京。

宣德五年（1430）遣郑和赏赐诸番国。这一年占城、琉球、爪哇入贡。

宣德六年(1431)正月,郑和在太仓刘家港天妃宫立《通番事迹碑》。十一月,于长乐南山寺刊立《天妃之神灵应碑》。

宣德七年（1432）郑和等第七次出使西洋诸国。

宣德八年（1433）郑和卒于归国途中。

表 2　郑和从南京出发“七下西洋”时间与到达地区一览表

次序	时间	途径和到达的国家、地区
第一次	1405—1407	占城、爪哇、旧港、满剌加、阿鲁、苏门答剌、南巫里、锡兰、小葛兰、柯枝、古里
第二次	1407—1408	占城、爪哇、暹罗、苏门答剌、南巫里、古里、柯枝、锡兰
第三次	1409—1411	占城、爪哇、满剌加、苏门答剌、锡兰、小唄喃、柯枝、古里、暹罗、南巫里、加异勒、甘巴里、阿拔把丹
第四次	1413—1415	占城、爪哇、旧港、满剌加、苏门答剌、锡兰、柯枝、古里、加异勒、彭亨、急丹兰、阿鲁、南渤利、忽鲁谟斯、溜山、本骨都束、卜剌哇、麻林、阿丹、剌撒、祖法儿
第五次	1416—1419	占城、彭亨、爪哇、满剌加、苏门答剌、南渤利、锡兰、沙里湾尼、柯枝、古里、忽鲁谟斯、溜山、木骨都束、卜剌哇、麻林、剌拉、阿丹
第六次	1421—1422	忽鲁谟斯、东非、阿拉伯半岛诸国
第七次	1431—1433	占城、爪哇、斯鲁马益、旧港、满剌加、苏门答剌、锡兰山别罗里、古里、忽鲁谟斯等国家

注：1. 郑和第六次下西洋时，明成祖已迁都北京，但航海基地仍在南京；
2. 宣德年间，明宣宗派郑和第七次下西洋仍以南京为出发地和返程目的地。

第八节　浡泥国王墓

浡泥国王墓位于南京市安德门外石子岗东向花村乌龟山南麓，是南京地区唯一的外国国王陵墓。

古浡泥国在今加里曼丹岛北部文莱一带，自北宋以来就与中国友好往来。在宋太平兴国二年（977），当时国王听从中国商人蒲卢歇的建议，曾派施弩、副使蒲亚利、判官哥心等来宋朝贡，贡献大片龙脑、粟米龙脑、苍龙脑、玳瑁、檀香、象牙等。宋太宗“诏馆于礼宾院，优赐遣归”。[①]到了元朝，浡泥国人仍保持了与华人的友好交流。元·汪大渊《岛夷志略》记：“尤敬爱唐人，若醉则扶之以归歇处。”明《星槎胜览》中《渤泥国》章节说：“凡见唐人至其国，甚有爱敬，有醉者则扶归家寝宿，以礼待之若故旧。”

明太祖朱元璋遣御史张敬之、福建行省都事沈秩为使节出使浡泥国。二人回国时，浡泥国王马合谟沙派使者随同来朝，带来鹤顶、生玳瑁、大片龙脑、米龙脑、黄蜡、降真诸香等礼物。永乐三年（1405），浡泥国王麻那惹加那乃遣使献土特产，明成祖派官封其为浡泥国王，给印诰、敕符、勘合。王大悦，决定亲率使团回访明朝。永乐六年（1408），浡泥国国王携妻子、弟妹、子女、陪臣共 150 多人来中国进行友好访问，先至福州，明成祖特派中官杜兴偕礼部官前往福建迎接，下谕凡所过郡县设宴招待。至京师，明成祖在奉天门接见浡泥国王等人。浡泥国王上金表，贡龙脑、帽顶、腰带、片脑、鹤顶、玳瑁、犀角、龟筒、金银八宝器等。明成祖则赏赐仪仗、交椅、水罐、水盆、伞、扇、销金鞍马二、金织文绮、纱罗、绫绢衣十袭，其他人亦赏赐有差，慰劳再三，“命王妃所进中官笺及方物陈之文华殿。”

随后浡泥国王等在会同馆下榻。明成祖“嘉其诚，优待礼隆，赐予甚厚”，礼遇不断。“初赐宴于华盖殿，既连宴于奉天门。每宴，则命公夫人宴其妻、子（于）内馆。罢宴，敕大官厚具献食；日命大臣一人待（侍）于所舍，中贵人专接伴，盛其班张，丰其禀饩，入朝，班次上公，宠屋至矣！”[②]对于在京师所受到的礼遇，浡泥国王甚受感动，“自天子改元之初载，臣国屡丰和：山川之蕴珍宝者，雪然而呈；草木之不华者，霍然而实；异禽跄鸣，而走兽率舞也。臣国之老曰：‘中国圣人，德教流溢于兹’。臣土虽远京师，然为天子氓，故矜奋而来觐。”

九月，浡泥国王得病，“上命医，赐善药调治；遣中贵人劳问。旦暮相继。日命大臣，视王疾差；剧闻小瘳，喜见颜色。”后终因病笃不治，王自知沉病难起，遂对王妃嘱咐：“我疾，贻天子优念，脱有大故，命也！我僻处荒徼，幸入朝

① （元）脱脱等：《宋史》卷四百八十九《列传第二四八》，中华书局，1985 年。
② （明）程敏政等编：《皇明文衡》卷八一《浡泥国恭顺王墓碑》，影印版。

睹天子声光，即死无憾。死，又体魄托葬中华，不为夷鬼，所憾者，受天子深恩，生不能报，死诚有负。”又嘱王子曰：“誓世世毋忘天子恩，若等克如我志，瞑目无憾矣。”

十月乙亥朔，王仅28岁而逝。朱棣得噩耗，“甚悼之，辍正朝三日”，令“具厚恤典，赐谥曰‘恭顺’，遣使谕祭。又遣使抚慰其妻子。”十月庚寅葬王于南京安德门外石子岗。春秋以少牢礼为祀，树碑立祠，置守坟三户，令胡广撰写墓碑。封王子遐旺袭王位，由王弟施里难那那惹、施王微嗒那沙、那那万嗒邪三人辅政。碑文称赞浡泥王“浮钜海来朝，不以为难；叩陛陈辞，忠诚溢发，其心坚确，有如金石。至其临终之言，尤拳拳属其下以不忘天子恩。圣德渐渍，感动于人心。其深如此，于乎盛哉！惟王贤达聪明，忠顺之节，始终一致；宜其身被宠荣，泽延后嗣。用纪其实，声为铭诗，昭示无极，以彰王之所以受恩深厚者，由其诚也。”

遐旺归国之前又请求以明王朝名义从中斡旋，要求爪哇免去其国岁贡片脑四十斤。还求明派官护送新王返国，并求使者“就留镇一年，慰国人之望，并乞定朝贡期及傔从人数。”[①]成祖一切遵请，“命三年一贡，傔从惟王所遣”。还赠送玉带一，金百两，银三千两及其他礼物，命令中官张谦、行人周航护行。从故新二王之请，封长宁镇国之山，亲撰碑文由张谦勒刻其上。

明成祖朱棣根据其遗愿，将其葬于聚宝门（中华门）外的乌龟山。墓前有神道碑、望柱柱础、石像生（马及控马官、羊、虎、武将）等及享殿柱础。随着岁月的流逝，浡泥国王墓逐渐荒废，直到1958年4月才被文物考古学者发现。1958年6月30日，《人民日报》第七版曾发文《南京市南郊发现浡泥国王墓》予以报道。该墓是南京与海上丝绸之路沿线国家有着紧密联系的重要见证。

浡泥国王墓坐北朝南，前临池塘，遥对牛首山双阙，东、西、北三面环山。墓冢东西宽28米，南北长25米，高约4米。其墓园环境幽静，林木苍翠。墓前现有神道碑一块，上部残缺，碑通高4.3米，宽1.29米，厚0.3米，碑文阴刻楷书。从陵区正门通往陵寝的神道呈弧形，神道两侧是两两相对的石雕像，

① （清）张廷玉等：《明史》卷三二五《列传第二百十三》，中华书局，2015年。

图 90　浡泥国王墓牌坊

图 91　浡泥国王墓墓冢

图 92　浡泥国王墓碑亭

图 93　浡泥国王墓龟趺和神道碑

图 94　浡泥国王墓神道及神道石刻

图 95　浡泥国王墓享殿石柱础一

图 96　浡泥国王墓享殿石柱础二

图 97　浡泥国王墓望柱础一

图 98　浡泥国王墓望柱础二

图 99　浡泥国王墓石马一

图 100　浡泥国王墓石马二

图 101　浡泥国王墓石马局部

图 102　浡泥国王墓控马官一

图 103　浡泥国王墓控马官二

图 104　浡泥国王墓石羊一

图 105　浡泥国王墓石羊二

图 106　浡泥国王墓石虎一

图 107　浡泥国王墓石虎二

图 108　浡泥国王墓石武将一

图 109　浡泥国王墓石武将二

排列着望柱础一对，石马一对，控马官一对，石羊一对，石虎一对，武将一对。其规制和常见的明代公侯级功臣墓一样。

1949 年以来，对浡泥国王墓进行了数次重点维修，同时对墓园环境进行了绿化整治。2001 年，浡泥国王墓被定为全国重点文物保护单位。此后投资近 1000 万元开展浡泥国王墓一期维修工程，完成了碑亭、牌坊、墓冢、神道等文物古迹的保护性修复。

明成祖对浡泥国王及其使者的友好接待，竭力帮助浡泥取得了独立，促进浡泥本国经济的发展。明成祖允准浡泥国三年一贡，发给勘合。随从人员不做限制，由它国自定的优惠待遇。

浡泥国访明 8 次（分别为 1405 年、1407 年、1408 年、1410 年、1412 年、1414 年、1417 年、1421 年），郑和下西洋多次（1405 年、1408 年、1411 年）抵达浡泥国，把中国的文化带到了浡泥。浡泥也为中国提供贸易的优惠条件，如“货卖，彼国不敢征税。惟与红毛售货，则湖丝百斤，税红毛五斤，华人银钱三枚。他税称是。若华人买彼国货下船，则税如故。”[①]浡泥“取信通商舶”，“华人流寓甚多，趾相踵也”，中浡“商人来往不绝。”隆庆开关乃至明中叶后，海上私人贸易发展，东南沿海人民移居浡泥的更多，至嘉靖时大约已有二千余华人定居于浡泥，“华人多流寓其地，嘉靖末闽粤海寇遗孽通逃至此，积二千余人。”[②]有名的海商（海盗）林道乾从台湾基隆（鸡笼山）“扬帆直抵渤泥，攘其边地以居，号道乾港。”从明中叶后，浡泥已成为华侨聚居地。浡泥国人喜穿华服，衣饰受中国文化的影响非常大。明成祖对浡泥的礼遇恩待，树立了明政府对待南洋诸国“一视同仁”的榜样，此后各国纷纷来访，对海上丝绸之路的发展影响更为深远。

① （清）魏源：《海国图志》卷九《东南洋四》，文物出版社，2017 年。

② （清）张廷玉：《明史》卷三二五《列传第二百十三》，中华书局，2015 年。

附：《浡泥国恭顺王墓碑》文

永乐六年秋八月乙未，浡泥国王麻那惹加那乃来朝，率其妻、子、弟、妹、亲戚、陪臣，凡百五十余人至阙下，上表、贡方物。上御奉天殿，受其献。退即奉天门，召与语，象通其言，曰："僻壤臣妾，诞被圣化，思睹清光，靡知忌畏，辄敢尘渎。"又曰："天以覆我，地以载我，天子以乂宁我。我长我幼，处有安居，食有和味，衣有宜服，利用备器，以资其生；强不敢凌弱，众不敢欺寡，非天子孰使之然也？！天子功德暨于我者，同乎天地。然天地仰而见，局面履，惟天子邈而难见。是故诚有所不通。僻陋臣妾，不惮险远，浮诣阙下，以达其诚！"上曰："嘻！惟天、惟皇考付予以天下，子养民；天与皇考，视民同仁。予其承天与皇考付界之重，惟恐弗堪，弗若汝言！"则又顿首曰："自天子改元之初载，臣国屡丰和：山川之蕴珍宝者，霅然而呈；草木之不华者，霍然而实；异禽跄鸣，而走兽率舞也。臣国之老曰：'中国圣人，德教流溢于兹'。臣土虽远京师，然为天子氓，故矜奋而来觐。"上嘉其诚，优待礼隆，赐予甚厚。初赐宴于华盖殿，既连宴于奉天门。每宴，则命公夫人宴其妻、子（于）内馆。罢宴，敕大官厚具献食；日命大臣一人待（侍）于所舍，中贵人专接伴，盛其班张，丰其禀饩，入朝，班次上公，宠屋至矣！逾月，王忽感疾。上命医，赐善药调治；遣中贵人劳问。旦暮相继。日命大臣，视王疾差；剧闻小瘳，喜见颜色。王疾笃，语其妻以下曰："我疾，贻天子忧念，脱有大故，命也。我僻处荒徼，幸入朝睹天子声光，即死无憾。死，又体魄托葬中华，不为夷鬼！所憾者，受天子深恩，生不能报，死诚有负。"指其子曰："我即不起，其以儿入，拜谢天子：誓世世毋忘天子恩。若等克如我志，瞑目无憾矣？"十月乙亥朔，王卒，得年二十有八。上甚悼之。辍正朝三日；敕有司，治丧具，厚恤典，赐谥曰"恭顺"。遣使谕祭，又遣使抚慰其妻、子。王之妻拜使者曰："乃下臣祚薄，弗克负荷天子深恩，不能终事且没。有遗命，以'世世毋忘天子恩。克守其言，则死犹不死矣！"王之妻之言，亦可谓贤也已。是月庚寅，以礼葬王于安德门外之石子岗。敕为文，志其圹。王父曰麻那惹沙那旺沙；母曰刺失八的；妻曰他系邪；子一人，曰遐旺，甫四岁；女二人。以遐旺袭王爵，赐以冠服、玉带、仪仗、鞍马、服物、器皿及金银、锦绮、钱币甚厚。赐王妻以命服、珠冠、白金、锦绮、钱币诸物。其余，赐各有差。官王之弟施里难那那惹、施里微喏那沙那、那万喏邪三人，俾辅遐旺。诏有司，立祠于王墓。置守坟者三户。敕建碑祠下，命臣广，制刻文。臣广仰惟皇上绥宁宇内，茂扬天德，溥博周遍；凡日月照临之地，皆心悦诚归，惟恐或后，奉琛秉贽之国，辍集于庭，岁以万数，浡泥王去中国，累数万里，一旦举妻、孥、弟、妹、亲戚、陪臣，浮钜海来朝，不以为难；叩陛陈辞，忠诚溢发，其心坚确，有如金石。至其临终之言，尤拳拳属其下以不忘天子恩。圣德渐渍，感动于人心。其深如此，于乎盛哉！惟王贤达聪明，忠顺之节，始终一致；宜其身被宠荣，泽延后嗣。用纪其实，声为铭诗，昭示无极，以彰王之所以受恩深厚者，由其诚也。铭曰：

大明御天，臣妾万方，孰不来享，孰不来王。倚欤浡泥，邈处炎徼，感化来归，风腾云趫。曰妇曰子，弟妹陪臣，秩秩稽颡，趋拚甡甡。踞曰天子，作我父母，我生我乐，天子之祜。戴天覆地，畴比幪幈，翘首大明，遹来献诚。天子曰吁，予统宇内，绥尔于宁，惟德罔逮。王拜稽首，万岁欢呼，服德怀仁，春育海濡。国有山川，匿其宝物，灵发其藏，不爱而出。荏苒草木，惟叶蓁蓁，煌煌者华，有实其蕡。异禽和音，鸣拂其羽，走兽麑麑，亦跄以舞。国黄耇曰，圣化所渐，臣国虽逖，臣心仰瞻。天子嘉悦，待以异礼，宴劳锡赉，有厚而旨。云胡期月，疾忽及之，奄然而丧，复悼而悲。临终之言，谓其靓悯，死有弗忘，天子深恩。于乎贤王，卓特超逸，西南诸蕃，靡堪王匹。生者诚款、没有谥铭，爵于王胤，世世其水。有坟如堂，有祠翼翼，以妥王灵，其永无厌。王患不归，王闻孔彰，天子恩隆，万世有光。

第九节　净觉寺

净觉寺位于南京三山街，据史料记载其时南临宫街、西至马巷、东至三山街、北至砂珠巷，占地 40 亩，今在三山街升州路 28 号。《江宁乡土志》记载：“明洪武二十一年（1388）建净觉寺于三山街，以居西域归附之人，为南京有回教之始。”

据明弘治五年（1492）《敕建净觉礼拜二寺碑记》载，洪武二十一年，西域鲁密国人亦布拉金、马可鲁丁等，“为征金山开元地面，遂从金山境内随宋国公归附中华。钦蒙高帝喜其宾服，钦赏绢丝银钞等物，著落礼部与脚力，前往水平府搬家小赴京居住。因而敕建二寺安扎，将马可鲁丁等五户，分在望月楼、净觉寺居住。”可见，净觉寺之始主要是为了安置西域归附人士及其信徒。明太祖近臣如常遇春、沐英、蓝玉、冯胜、胡大海、汤和、邓愈等均为穆斯林信徒。

明洪武元年（1368），当时明太祖朱元璋颁发《至圣百字赞》诏书，敕建礼拜寺于南京。明宣德五年（1430）该寺遭火灾被毁，此时恰逢郑和准备第七次下西洋的前夕，明宣宗特准郑和的奏请，动用国库资金重建。据《敕太监郑和重建礼拜寺记》还记载说：“得尔所奏，南京城内三山街礼拜寺被焚，尔因祈保下番钱粮人船，欲要重新盖造，此尔尊敬之心，何可怠哉。尔为朝廷远使，既以友心，岂废尔愿。恐尔所用人匠及材料等项不敷，临期误尔工程，可于南京内官监或工部支取应用，乃可完备。以俟风信开船，故敕。”可见，明宣宗以郑和为“朝廷远使”“老成旧人”，对他重建礼拜寺的请求十分嘉许，不仅同意郑和动用下西洋的钱粮人船，并特准南京有关部门支助人匠及材料，以保证郑和能及早完成三山街礼拜寺的重建工程，并按期开船出洋。为此，这座古老的伊斯兰教寺庙也是与大航海家郑和及其航海活动直接有关的重要历史遗产。重建后的礼拜寺占地宽广，其基址南临官街，西至马巷，东与中华路相邻。

明嘉靖年间（1521—1560），世宗朱厚熜赐以“净觉寺”匾额。清乾隆四十七年（1782），南京穆斯林群众二百余人集资修建。清咸丰三年（1853），净觉寺建筑多毁于太平天国战火。该寺砖瓦木料大部分被拆“移建藩邸”。

1963 年左右，曾在寺北的砂朱巷内挖出一块清代乾隆年间的净觉寺界碑，可证当时寺址的北界直到砂朱巷一带，整个建筑规模崇宏。现净觉寺多数建筑为清代光绪年间重建，规模不及当初，但风格基本保持原貌。

净觉寺院平面布局为两院三进式，寺门临街南开，沿中轴线由东向西，依次为望月楼、二殿、大殿；前院南、北两边分别为讲堂；后院南北两厢为耳房。望月楼东侧由北向南依次为二层办公用房、碑亭和石牌坊等。目前寺院占地面积 3715.7 平方米，建筑面积 1829.1 平方米。2014 年 1 月，在市区政府的协调下，以南京伊斯兰教协会所属土地、房屋置换的方式，将砂珠巷1号3475.11平方米土地和2823.99平方米的建筑划归净觉寺，使其面积扩大一倍。现净觉寺明代遗留的建筑仅存大殿外面东、西、北三面高约9.5米的抱墙，院内的水井、石柱基座，以及进门处的明代砖雕牌坊门楼（俗称“花门楼”），其他为明代之后不断新修的建筑。1982年、1984年政府两次拨款修葺。1982年8月净觉寺被南京市人民政府定为市级文物保护单位。2002年，定为江苏省文物保护单位。

进入寺门，迎面所见为一座“四柱三间三牌楼”式样的门楼，院内分两进，最前为望月楼，有楼厅3间，带前廊，背朝前作倒座形式，稍后两侧为南北讲堂各3间。仪门为圆月形，后进中央是正厅，面阔、进深各3间，厅后为大殿，二者以廊相连，平面呈“工”字形，礼拜大殿为中国宫殿式，建筑面积348.7平方米。大殿门额悬“正心诚意”匾，为“民国十一年六月南京回教联合会会长暨会员敬立”。

图110　明代净觉寺牌坊

图111　净觉寺

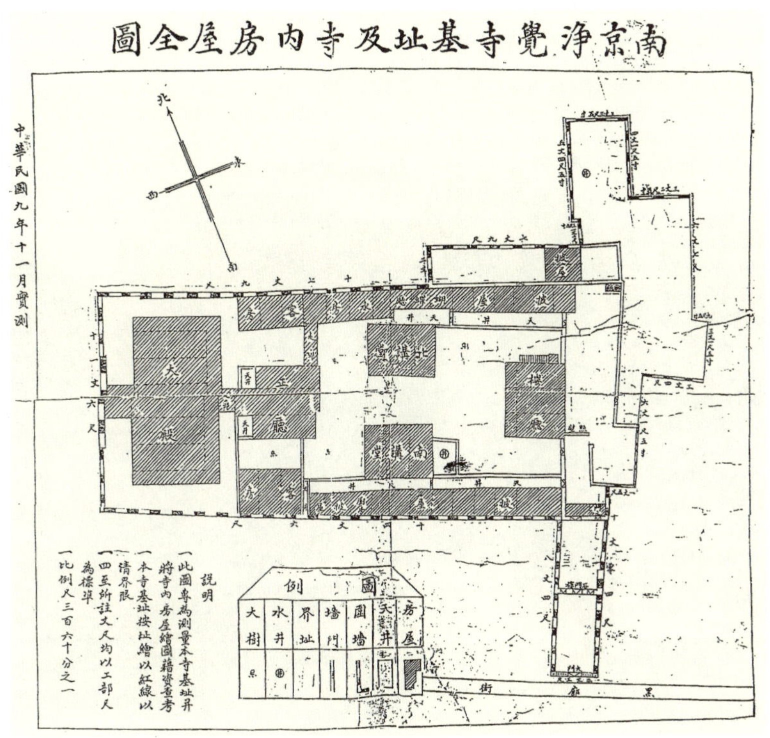

图 112　净觉寺基址及寺内房屋全图

图 113　净觉寺俯视景

图 114　净觉寺院落

图 115　净觉寺寺内柱础

图 116　净觉寺寺内水井

礼拜大殿后有高墙一座，为南京寺庙中最高的墙壁。大殿北边有乾隆四十七年（1782）重修碑记一通，墙上嵌有 3 块重建重修年份的小碑石，分别刻有“光绪丁丑三年（1877）桂月重建”，“光绪已卯五年（1879）重建”等字样。纵观净觉寺建筑全貌，可以发现它既有中国传统四合院建筑中轴美学的典型特征，又具有伊斯兰教文化独特之处。砖雕牌坊雕工细密，布局巧妙，充分体现了江南文化精细的特征。牌坊下的三个拱门，将龙和其他饰物拒之门外，这样既符合伊斯兰教关于清真寺内不雕饰物的传统。而大殿屋脊上的“无像宝殿”四个大字，既指出了伊斯兰教礼大殿不崇偶象，又突出了它在清真寺中具有宝殿性质的突出地位。这种独具匠心的设计，既不违背伊斯兰教的基本教义，同时也体现了汉文化的特征。可以说，净觉寺建筑是伊斯兰教文化与汉文化相结合的产物。

如今，净觉寺仍是南京地区的穆斯林进行伊斯兰教活动的地方。净觉寺是郑和在南京长期活动的直接产物，是南京“郑和文化”的重要组成部分。净觉寺是郑和在南京活动的实物见证，反映了郑和下西洋以及海上丝绸之路的密切关系。

图 117　净觉寺内部

图 118　净觉寺内碑亭

图 119　“明太祖御制至圣百字赞”碑

图 120　净觉寺内部一

图 121　净觉寺内部二

图 122　净觉寺内部三

第十节　郑和府邸旧址

郑和府邸旧址位于南京市城南马府街。

郑和本人姓马，郑姓为明成祖朱棣所赐。郑和府邸原为郑和任“南京守备”时的私人住宅，是南京郑和文化的重要组成部分，与南京海上丝绸之路具有十分密切的联系。郑和及其家人所居住的这条街史称“马府街”，对南京历史地理学和地名文化具有十分重要的研究意义。

太平天国战争期间(1853—1864),郑和府邸被毁。清末,改为新安会馆馆址。中华民国时期，作为江苏省立女子师范学校校址所在。郑鹤声《郑和遗事汇编》认为：“南京马府街，因郑和府邸所在得名。……余在南京时，屡至其地，狭窄如小巷,为江苏省之女子师范校地所在,故甚著名。”中华人民共和国成立后,作为马府街小学校址所在。

1982 年，南京市文管会进行文物普查中，曾查找女子师范学校具体地点，认为应在今马府街小学附近的考棚巷一带，亦即今马府街北侧。根据地点猜测，现在的马府街小学可能是郑和府邸的一部分。1983 年南京博物院在马府街北侧的太平公园内，发现一批古代瓷片，有江西景德镇影青瓷、枢府瓷、青花瓷、彩绘瓷，浙江的龙泉青瓷、江苏宜兴的均陶、紫砂，和南京的琉璃瓦等。其中一件青花碗残底，有墨书楷体“马”字，还有一块墨粉石，据认为产自海外。后经调查，太平公园位于太平巷南侧，距马府街上述地点不远，原称马家花园，应也是郑和府邸的一部分。

1985 年，南京市白下区政府将其重新修葺，辟为“郑和纪念馆”。原建筑在历史上已被毁坏，现存建筑是在郑和府邸遗址处复建的，作为纪念性建筑。复建建筑为单院落布局，有四开间二层楼一座，楼后为花园。

图 123　郑和府邸六角亭

图 124　在郑和府邸旧址上复建的纪念性建筑

第十一节　洪保墓

洪保墓位于南京市祖堂山南麓。

洪保，字志道，云南大理府太和县人，生于洪武三年（1370），其名为明成祖朱棣所赐，历任内承运库副使、都知监右少监、都知监太监等职。

从永乐元年（1403）起到宣德八年（1433）的三十年时间内，洪保曾经一次奉使西域、七次奉使西洋，与郑和、王景弘一起皆列为宣德五年（1431）下西洋的正使太监，其身份应为明代早期重要的航海家。

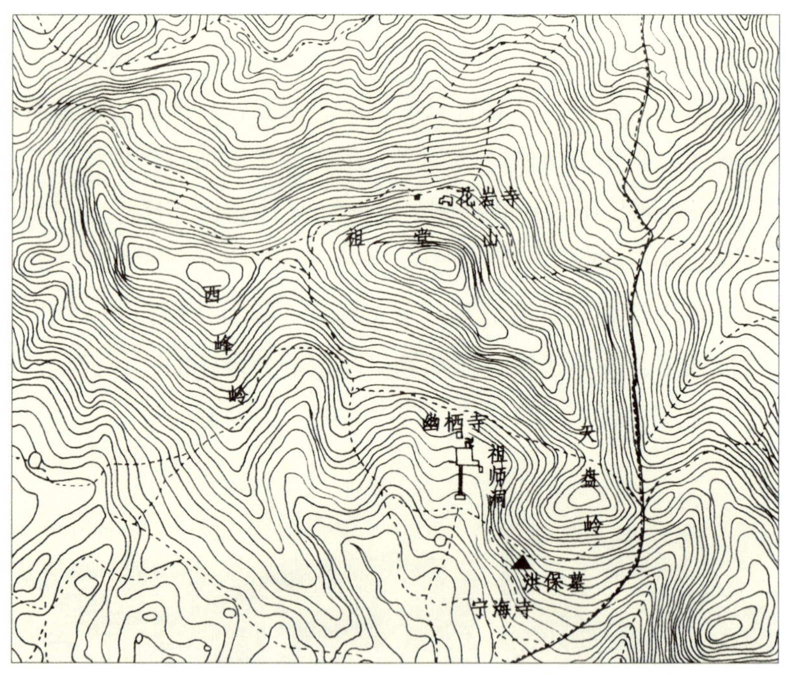

图 125　洪保墓位置等高线示意图

图 126　洪保墓全景

2010 年 6 月，南京市博物馆对其进行了发掘[①]。墓葬为竖穴土坑砖室结构，砖室前设墓道和排水沟。墓坑全长 9.7 米、开口宽 4.1 米、底部宽 3.8 米。排水沟开挖于砖室左前方，开口宽 1.24 米、深 3.5 米，残长 8.5 米。

图 127　洪保墓考古发掘现场及墓室

① 南京市博物馆、江宁区博物馆：《南京市祖堂山明代洪保墓》，《考古》2012 年第 5 期。

图 128　洪保墓前排水沟

图 129　洪保墓前排水沟局部

图 130　洪保墓排水沟使用的特制砖之一

图 131　洪保墓排水沟使用的特制砖之二

图 132　洪保墓墓门开启前外观

图 133　洪保墓外侧封门拆除后

图 134　洪保墓封门开启后

图 135　洪保墓前、后室之间封门解剖

图 136　洪保墓前、后室之间的石门开启后

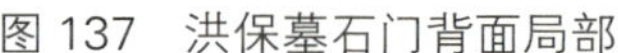

图 137　洪保墓石门背面局部

图 138　洪保墓石门背面上部的铁门顶

砖室有前、后室、券顶。主体部分平面呈“吕”字形，由封门墙、门道、木门、前室、前后室之间过道、石门、后室及挡土墙等部分构成。墓室建筑于山体黄色砂岩之上，后壁紧靠墓坑，左右壁与墓坑之间的空隙中填土。砖室全长 8.2 米、宽 4.1 米、高 3.45 米，通体以烧制精良的多种规格青砖砌筑，砖缝之间及部分内顶用白灰粘合剂填塞涂抹，壁面规整光滑。整体做工考究、结构坚实。该墓形制宏伟，以条石加砌外封门，以特制凹槽砖砌筑排水孔等现象，都是同类墓葬中少见的。南京地区明代大、中型墓葬多为工部营造，有严格统一的墓葬制度，依墓主功勋品级、墓葬规格亦有高低之别。洪保是都知监太监，官阶四品，其墓中部设石门一重，前室设木门一重，封门外又设条石封门一重，大小、规制堪比宗亲侯爵，明显存在着僭越现象。多数宦官墓葬为“有司造坟”，可知应是工部营造，而洪保是自己置地造坟，因而出现了僭越现象。当然，墓葬规格上的差别还与太监生前职司监局和皇帝的宠信程度相关。永宣之际，在皇帝数敕令大规模航海出使西洋的背景下，洪保作为都知监太监极为贵显。宣德五年（1431），洪保荣升本监太监充正使下西洋。此时，洪保能捐造祖堂寺轮藏、建东峰庵、度十二僧等举动，其显贵的身份和雄厚的财力自然不言而喻。

封门前有 1 合石质方形寿藏铭，两匝铁箍。背面略风化，刻文保存较好，个别字笔画中有红色填充物。志盖篆文“大明都知监太监洪公寿藏铭”。志文竖刻阴文楷书，25 行，满行 40 字，共 741 字。前室平面为长方形，南北内长 2.52 米、东西内宽 2.56 米。寿藏铭又称寿藏志，是墓主生前延请名士撰写以待去世之后入葬。《寿藏铭》中明确提到：“永乐纪元，授内承运库副使，蒙赐前名。充副使，统领军士，乘大福等号五千料巨舶，赍捧诏敕使西洋各番国，抚谕远人。”洪保亲身回忆所乘坐“大福”等号“五千料巨舶”，其船只尺寸对研究明代下西洋船舶技术提供了非常重要的资料。《明史・郑和传》记载宝船：“修四十四丈、广十八丈者六十二。”目前仍有人对其尺寸表示怀疑，但也有不少人认为郑和宝船大者不会只是二千料船。最晚在南宋，中国海船已有五千料。吴自牧《梦粱录》载：“且如海商之舰，大小不等，大者五千料，可载五六百人；中等二千料至一千料，亦可载二三百人。余者谓之‘钻风’，大小八橹或六橹，每船可载百余人。”《西洋番国志》记载宝船“体势巍然，巨无与敌，蓬帆锚舵，非二三百人莫能举动”。而洪保寿藏铭明确提到了“大福”“五千料”等关键字眼，着实可补史阙。

前室保存完好，正中放置一口陶缸，旁有砖灯座、朽木。三者原来应为一套组合，缸口以木板为盖，灯芯穿置于木板上的砖孔中，即所谓的“长明灯”。“长明灯”形制在南京地区明代大中型砖室墓中极为常见。东北角集中放置一些铅锡质明器，多已氧化粉碎，仅有几件小型器物可辨器形。这些大小相当，制作精巧，应是执壶、唾壶和瓶一类。

图 139　洪保墓寿藏铭出土情形

图 140　洪保墓寿藏铭盖一

图 141　洪保墓寿藏铭盖二

图 142　洪保寿藏铭盖拓片

图 143　洪保墓寿藏铭拓片

图 144　洪保墓前室

图 145　洪保墓前室陶灯缸出土情形

图 146　洪保墓出土灯座

图 147　洪保墓前室木门遗存

图 148　洪保墓前室侧壁上安装木门的孔槽

图 149　洪保墓原安装在前室木门上的铁铺首

图 150　洪保墓前、后室之间的石门背面

图 151　洪保墓前室出土的锡制明器

后室平面也为长方形，方砖铺地。南北内长 3.74 米、东西内宽 2.56 米。前、后室之间的券顶过道结构与前过道相同，惟后部设一重厚重石门。后室中部靠后有砖砌长方形棺床，长 2.44 米、宽 1.34 米、高 0.3 米。棺床上出土了玉环、水晶串饰和料管等。棺床上出土 3 件玉环，其中一枚肉部穿孔，疑同料管和水晶串饰等构成一组佩饰。另有 2 枚形制、大小相同环。洪保随葬的玉环出土于棺床头部位置，推测为帽（巾）环。这几件玉环是认识明代冠服尤其是宦官服饰的珍贵材料。

后室左右两壁安置有铁环 4 个，对称分布在壁龛两侧，各悬于一枚嵌入墓壁的铁钉上。铁环距墓底 0.28 米、环直径 0.12 米、环粗 0.02 米。对洪保墓中的铁环（或与铁索相连）设施，有专家认为是受道教影响而产生的“铁索悬棺”

图 152　洪保墓后室

图 153　洪保墓后室棺床及壁龛

葬式。这种现象目前仅见于个别宦官墓（牛玉、杨庆）中，这是否是与宦官的身份有关，是否是某种丧葬观还没有准确说法。

后壁龛下有石地券1合，长方形，两匝铁箍。石地券石质为石灰石，风化严重，文字不存。长 34 厘米、宽 24 厘米、厚 4 厘米。前、后室出土铅锡明器、铁器、石器、玉器等遗物共计 20 件。后室盗洞积土中发现了大小不等的 6 件灰黄色砂石构件，其中 1 件可辨为两面坡状屋顶。这些构件虽均残缺，但各面皆有加工雕琢的痕迹，可以看出它们原来应该能拼合成一座仿木结构的石屋。其石质及雕琢法与封门墙前所用条石完全相同，显系原置墓前的小型祭祀性石构建筑。洪保寿藏铭云："预为此圹者，使住世弟、男知所奉祀焉。"可见洪保寿终下葬之后，其坟地应由其弟弟的家人或守坟人逢时祭祀。

图 154　洪保墓买地券出土情形

图 155　洪保墓后室出土的水晶饰件

图 156　洪保墓后室出土的玉环一

图 157　洪保墓后室出土的玉环二

图 158　洪保墓后室出土的料管

图 159　洪保墓后室出土的银饰件

图 160　洪保墓后室盗洞内出土的石质建筑构件

附：洪保年表[1]

洪武三年（1370）洪保出生于云南大理府太和县。

洪武十五年（1382）傅友德、蓝玉、沐英率军平定云南，洪保被掳至皇宫。

建文元年（1399）洪保始侍从燕王朱棣。燕王爱其聪敏缜密，令其常随左右。

永乐元年（1403）洪保被授内承运库副使，蒙成祖赐名。以副使身份统领军士乘坐“大福”等五千料巨舶奉诏出使西洋诸国。

永乐三年（1405）洪保第一次出使西洋回国。

永乐四年（1406）洪保统领官军铁骑，从陆路出使西域临藏、管觉、必力工瓦、拉撒、乌斯藏等。

永乐十年（1412）洪保受命出使暹罗，赐国王币及文绮、罗帛。

永乐十九年（1421）正月出使西洋诸国。十月，受命保护各国使臣回还。

永乐二十年（1422）八月奉使西洋还京。

宣德五年（1430）上命郑和等出使西洋，敕南京守备太监杨庆等照数交付郑和、王景弘、洪保等下西洋钱物。洪保奏请南京金川门外空闲菜地二处，拨与静海寺、天妃宫僧、道栽种。由都知监右少监升任本监太监。

宣德六年（1431）正月，郑和、洪保等刊立通番事迹碑于太仓浏家港天妃宫。十一月，郑和、洪保等刊立天妃之神灵应碑于长乐南山寺。十二月，洪保充正使第七次下西洋，由占城至爪哇，过满剌加、苏门答剌、锡兰山及柯枝、古里，直抵西域之忽鲁谟斯、阿丹等国。

宣德八年（1433）洪保随郑和等返回京师。

宣德九年（1434）置地一所于京南建业乡牛首山之原，祖堂禅寺之左。捐舍宝钞五百千贯，修造祖堂寺轮藏一座。又建东峰庵一所，度剃十二僧。

正统四年（1439）洪保督理移徙内库事。

正统六年（1441）洪保最后一次奉使西洋。

---

① 参考王志高《洪保寿藏铭综考》，杨新华、丁波、王志高《探秘郑和下西洋》，南京出版社，2012年。

附：《大明都知监太监洪公寿藏铭》

赐同进士出身、修职郎、行人司行人、广右周凤撰；征仕郎、中书舍人、姑苏姜孟圭篆额；赐进士出身、前翰林院庶吉士、吴门殷焞书丹。

寿藏铭者，太监洪公存日而作也。公名保，字志道。乃自叹曰："人生在世，如驹过隙，与其身后之有为，孰若生前之早计也。"于是置地一所于京南建业乡牛首山之原、祖堂禅寺之左，鸠工砌圹，上下周完。命前进士殷君焞述状，请铭于余。余固辞弗获。按状：公世居云南大理之太和。祖讳长莲，娶杨氏。考讳赐，妣何氏。公生俊伟，以龆年来京师。洪武己卯，从侍飞龙于潜邸。爱其聪敏缜密，俾常随左右。永乐纪元，授内承运库副使，蒙赐前名。充副使，统领军士，乘大福等号五千料巨舶，赍捧诏敕使西洋各番国，抚谕远人。永乐丙戌，复统领官军铁骑，陆行使西域临藏、管觉、必力工瓦、拉撒、乌斯藏等国。至宣德庚戌，升本监太监。充正使，使海外。航海七度西洋，由占城，至爪哇，过满剌加、速门答剌、锡兰山，及柯枝、古里，直抵西域之忽鲁谟斯、阿丹等国。及闻海外有国曰天方，在数万余里，中国之人古未尝到。公返旆中途，乃遣军校谕之。至则远人骇其猝至，以亲属随公奉□□效贡。公所至诸国，莫不鼓舞感动。公为人外柔内刚，恬静寡欲，尤能宣布恩命，以德威肃清海道，镇伏诸番。虽国王酋长、雕题椸服之人，闻公之来，归拜麾下，以麒麟、狮、象，与夫藏山隐海之灵物、沉沙栖陆之奇宝同贡天朝，稽颡称臣焉。

公生于庚戌十月二十五日戌时。弟一人，曰接。侄二人，长曰子荣，次曰子诚。从孙二人，金刚、福安。吁！公春秋六十有五，康强无恙，尚能乘槎泛海，竭忠报效。所得恩赐内帑财物，不专己用。捐舍宝钞五百千贯，修造祖堂寺轮藏一座。又建东峰庵一所，度十二僧。好善不倦，奉使公勤，知其有国，而不知其身。预为此圹者，使住世弟、男，知所奉祀焉。遂铭曰：

猗欤皇明，统御万国。服之以威，怀之以德。极地穷天，罔不臣妾。实维奉宣，殚厥心力。我公桓桓，合为首功。风飘海舶，远迩必通。所至披靡，孰有不从。群星共北，众流趋东。维公之力，博望实同。牛首之下，祖堂其友。水秀山明，鬼神呵守。万古千秋，藏斯不朽！

宣德九年岁次甲寅孟冬六日立。四明胡彦闻镌。

洪保作为郑和下西洋使团的主要领导成员，其墓葬是除郑和墓之外与明代初年“郑和下西洋”大航海活动直接相关的第二座航海家墓葬遗存。该墓出土寿藏铭，直接记录了墓主人洪保参加的下西洋航海活动及到达的国家和地区，印证了相关的历史文献记录。寿藏铭中还明确说明了当时的航海使团乘坐的船舶为“五千料舶”，证明从南京出发的航海船队拥有当时国际上最为巨大的船只和最为先进的造船技术。

第十二节　大报恩寺遗址

大报恩寺位于南京中华门外的古长干里，即今南京中华门外长干桥东南，其东起今南京晨光集团公司厂区，西至雨花路，南到雨花台下铁路线北，北抵秦淮河南岸。遗址范围内地表保存有香水河桥、永乐二十二年二月御制大报恩寺左碑龟趺、宣德三年三月十五日御制大报恩寺右碑碑身（碑文已不清楚）及龟趺、一口古井、琉璃塔塔基等遗存和少量晚清寺庙建筑。

大报恩寺源自三国吴赤乌年间（238—250）的长干寺。长干寺在隋代开始逐渐荒废。北宋大中祥符年间（1008—1016），僧可政把长干寺旧址屡显舍利感灵之事上报朝廷，最终寺庙得以恢复，宝塔得以重建。到了天禧二年（1018），宋真宗赐长干寺改名为天禧寺。天禧寺毁于明初永乐六年（1408）的一场大火。永乐十年（1412），明成祖朱棣下《重修大报恩寺敕》：“浮图煨烬，颓裂倾敝，周览顾望，丘墟草野……朕念皇考皇妣罔极之恩，无以报称，况此灵迹，岂可终废……充广殿宇，重作浮图，此之於旧，工力万倍。以此胜因，上荐父皇母后在天之灵，下为天下生民祈福，乃名曰大报恩寺。”可见，明成祖下令重建被毁的天禧寺，并命名为大报恩寺。工程自永乐十年（1412）始建，由十万民工历时 16 年建成，耗费白银 248.5 万两。

寺中最重要、工艺价值最高、最为著名的建筑便是琉璃塔。大报恩寺塔建成后，被 18 世纪欧洲传教士誉为“世界第一巨塔”，此塔为可与罗马斗兽场、比萨斜塔和亚历山大陵墓相媲美的古代世界奇观之一。大报恩寺毁于太平天国时期的战火，琉璃塔于 1856 年被毁。

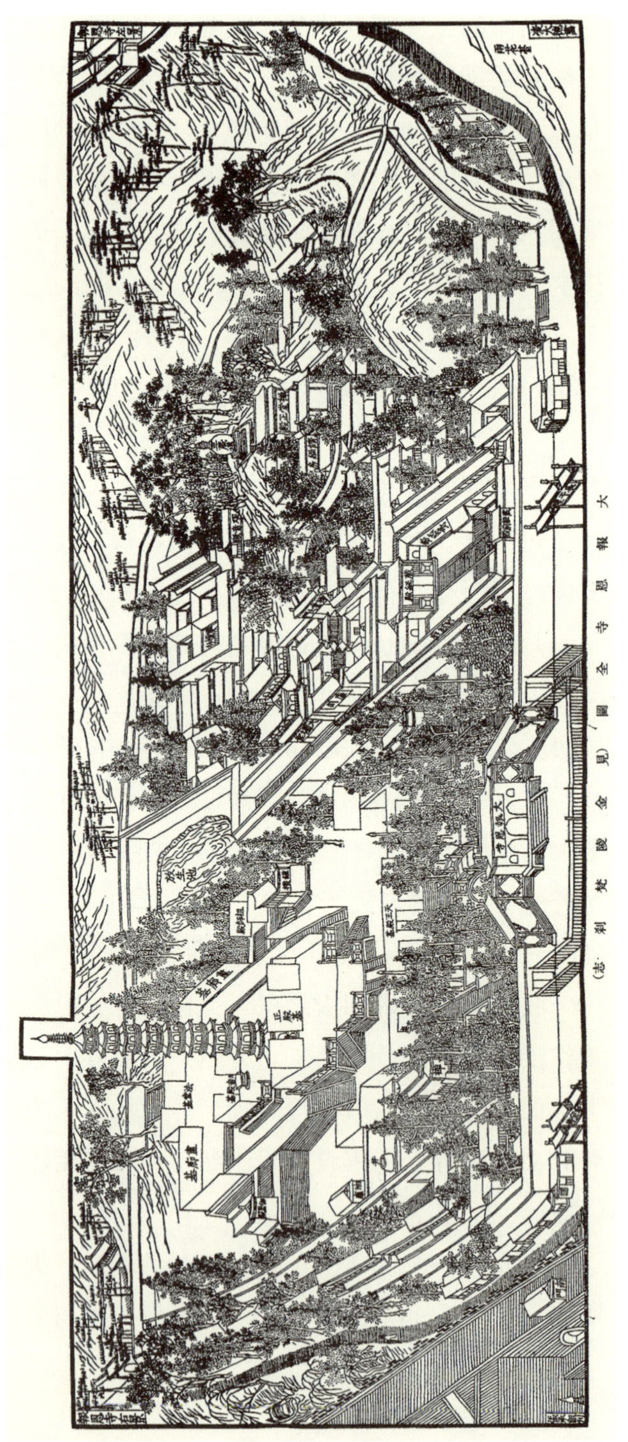

图161　明万历年间绘制的大报恩寺全图

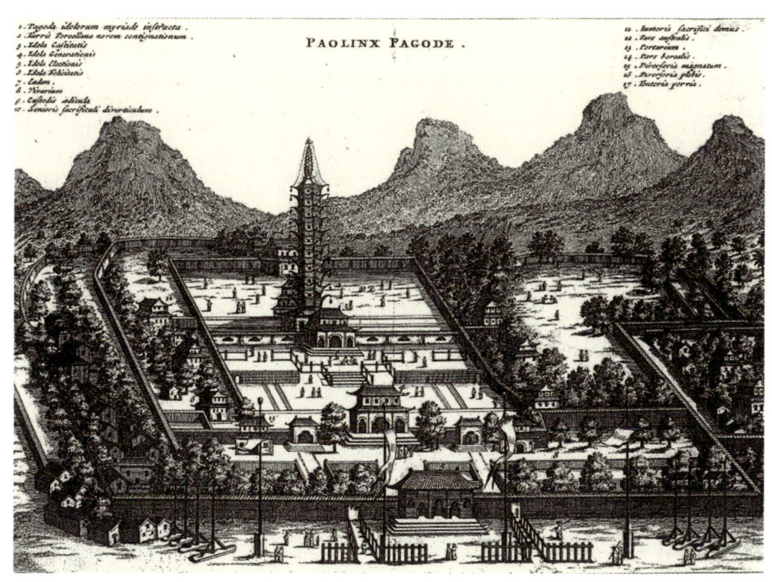

图 162　清初荷兰东印度公司使团绘制的大报恩寺全图

图 163　荷兰人阿罗姆于 1843 年绘制的大报恩寺图

大报恩寺的修造过程中，由航海家郑和等人担任监工官①。大报恩寺在永乐、宣德年间建造，正值郑和率领下西洋船队多次远行海外之时，因而，郑和对这项工程难以全力照顾，工程进展缓慢。为此，宣德三年（1428），明宣宗朱瞻基特下御敕，要此时已出洋回国任南京守备的郑和“即将未完处，用心提督”，限期完工。竣工以后，郑和还特别将其从海外带回的“五谷树”“婆罗树”等

① 贺云翱：《郑和与金陵大报恩寺关系考》，《东南文化》2007 年第 4 期。

奇花异木种植在寺内。因此，这也是一座与大航海家郑和有密切关系的著名佛寺。

大报恩寺是皇家寺庙，所有建筑皆依皇家规制，其鼎盛时期范围达“九里十三步”，曾与灵谷寺、天界寺并称金陵三大寺，是明清时期百寺之首，当时掌管全国佛教事务的专门机构“僧录司”也设于此。大报恩寺是明初刻经、印经中心，是义学讲坛，在明清佛教界地位崇高。

2008 年南京市博物馆组织了对南京大报恩寺遗址地宫埋藏的宋代七宝阿育王塔所用木材的树种鉴定。鉴定结果表明：阿育王塔中两个木构件所用木材均产自印度南部[①]。檀香主要分布在印度尼西亚、印度、澳大利亚及太平洋的一些群岛。印度仅有印度檀香，而印度尼西亚、澳大利亚和太平洋诸岛则可产多种，其中最为著名、作名贵香料、药材和高级工艺雕刻品的主要是印度檀香。实际

图 164　大报恩寺遗址塔基与地宫全景

① 参见潘彪、翟胜丞、祁海宁：《南京大报恩寺遗址出土阿育王塔所用木材的树种鉴定》，《南京林业大学学报（自然科学版）》2009 年 03 期。

图 165　大报恩寺遗址塔基地宫内的第一层覆石

图 166　大报恩寺遗址塔基地宫内的夯筑情况

图 167　大报恩寺遗址出土七宝阿育王塔

上檀香最初仅指从印度尼西亚和印度输入中国的印度檀香，在我国俗称白檀或印度老山香。檀香，佛家谓之“栴檀”，意思是“与乐”“给人愉悦”，素有“香料之王”“绿色黄金”的美誉。佛家对檀香推崇备至，以至佛寺也常被称为“檀林”“栴檀之林”。檀香心材部分是名贵精细工艺品和木刻的优良材料，其质地坚实，纹理致密均匀，耐腐朽，抗白蚁危害，质量仅次于象牙，可以制成各种手工艺品。用檀香木制成的各种宗教用品更是佛教活动中的上乘佳品[①]。

可见阿育王塔所处的天禧寺在北宋“大中祥符四年”（1011）时期具有较高的佛教地位。

铁函和七宝阿育王塔中，发现了一批品类不同的香料。另外，还有不少香料贮藏于香囊、玉碗、玻璃杯等器物中。香料主要有两类，推测均为天然植物香料。一类呈植物根状，应为天然木本植物香料；另一类为黄白色块状，应为天然树脂香料。报恩寺地宫出土的木本香料木质坚硬，颜色为淡黄褐色，有淡淡香气。木本香料为瑞香科白木香属白木香。佛教与香料有着千丝万缕的联系，香是供奉诸佛菩萨，供香的形式主要有涂香、末香、烧香。《华严经》认为涂香的十种功德：增益精气、令身芳洁、调适漫凉、长其寿命、颜色光盛、心神悦乐、耳目精明、令人强壮、瞻睹爱敬、具大威德等十种功德。末香是把香料研磨成粉末状，撒在道场或塔庙等地，具有清净道场的作用。沉香是佛教中十分重要的供养香料，在《瑜伽师地论》中它位于四大香之首，又是供养最高级佛部的香料，可见其地位当在诸种香料之上。沉香既在佛教中占有如此重要的地位，那么属于沉香中上品的土沉香（即白木香）自然更显得庄严神圣。报恩寺七宝阿育王塔规格很高，以沉香中上品的白木香供养佛顶骨舍利当不为过。乳香在古代与黄金及没药具同等价值。阿育王塔出土的乳香很可能是属于乳香中最上品的滴乳[②]。推测香料多为通过海上丝绸之路而来，作为佛教的衍生在南京地区得到长足使用。

大报恩寺内曾建有五彩琉璃塔，高约 78 米，九层八面，琉璃塔因塔体全部用白石和五色琉璃瓷砖砌成而得名。琉璃塔以五色莲台为基座，塔体自下而

①② 参见王颖竹、马清林、李延祥:《南京报恩寺阿育王塔出土香料溯源研究》,《中国文物科学研究》2012。

上逐层缩小，每层的覆瓦、拱门均用赤、橙、绿、白、青五色琉璃贴面。拱门用五色琉璃构件拼接而成，上有飞天、雷神、狮子、白象、花卉等图案，造型生动，制作精美。塔顶有黄金制成的宝顶，下面有9级“相轮”，之下为“承盘”。塔顶和每层飞檐下都垂悬金铃鸣铎（风铃）152只。塔身内置有146盏长明灯，由百名少年童子，日夜轮值管灯，使之昼夜长明不熄，每日耗油五十一斤之多，白天光亮耀日，入夜如火龙悬挂，华灯耀月，数十里外可见。大报恩寺塔是明代初年至清代前期南京城最负盛名的标志性建筑，永乐皇帝赐封该塔为“第一塔”。明散文家张岱称之为“永乐之大窑器，中国之大古董”。被西方人誉为“中世纪七大奇观”之一。可惜，这一珍贵的佛教建筑奇迹毁于清朝末年的太平天国战争。

自2007年2月起，南京市博物馆组织考古队对遗址北区进行全面发掘。2013年，列入全国重点文物保护单位名单。在遗址的中轴线上先后清理出明代大报恩寺所属的香水河桥、主道、天王殿、大殿、琉璃塔基、观音殿、法堂等主要建筑；在中轴线两侧，先后发掘了永乐、宣德两座御碑亭、轮藏殿、伽兰

图168　大报恩寺遗址鸟瞰图

图 169　大报恩寺遗址北区鸟瞰图

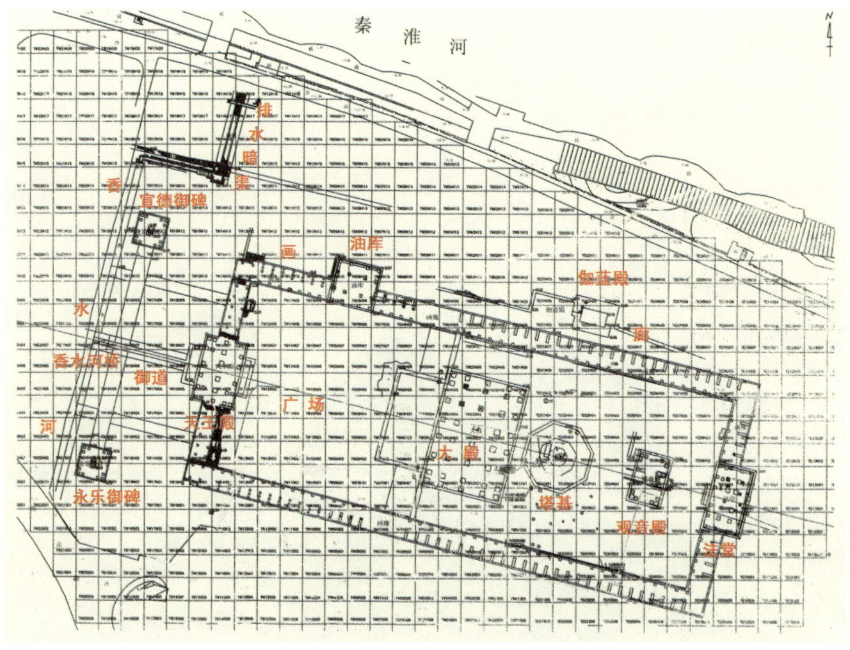

图 170　大报恩寺遗址北区总平面图

图 171　大报恩寺遗址考古发掘现场

图 172　大报恩寺遗址香水河桥

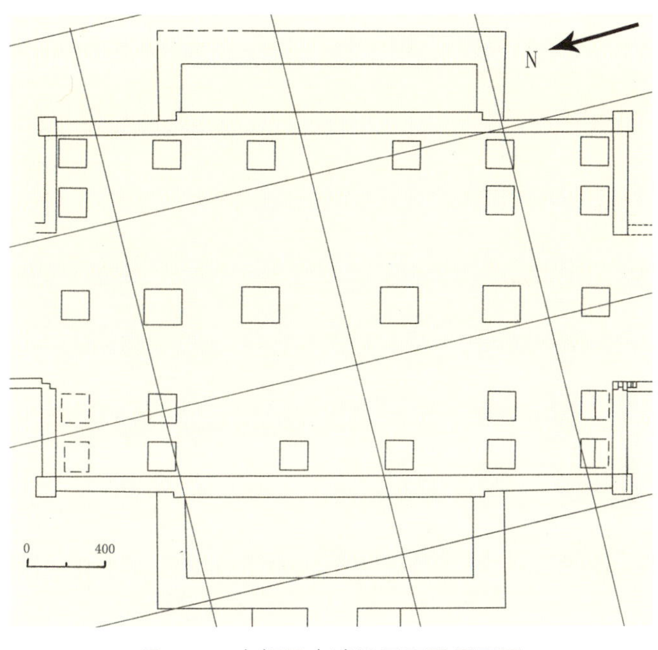

图 173　大报恩寺遗址天王殿平面图

图 174　大报恩寺遗址天王殿基址

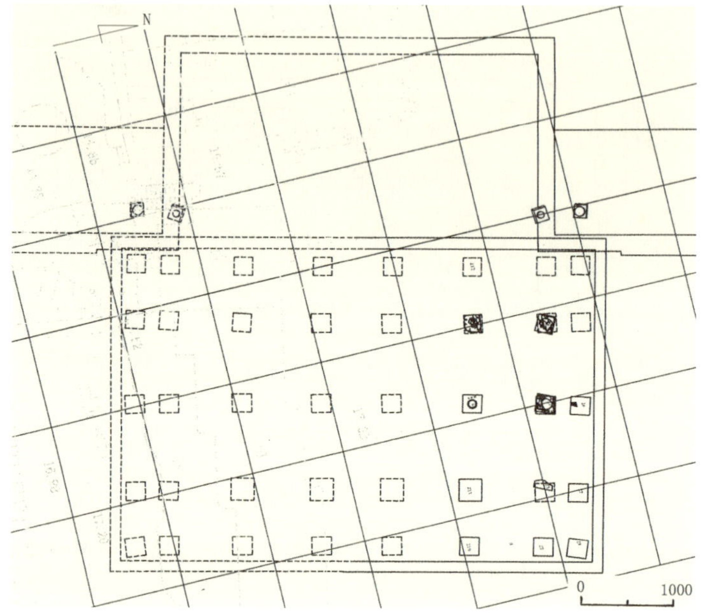

图 175　大报恩寺遗址大殿平面图

图 176　大报恩寺遗址大殿夯土台基

图 177　大报恩寺遗址大殿（北半部）基址

图 178　大报恩寺遗址大殿内柱石柱础

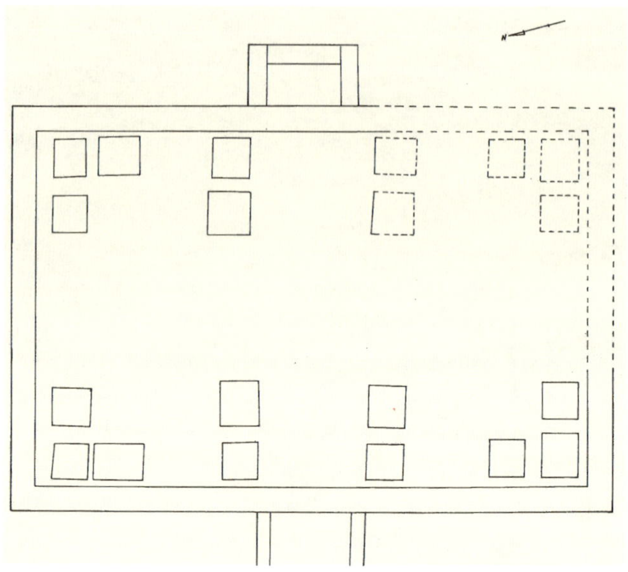

图 179　大报恩寺遗址观音殿平面图

图 180　大报恩寺遗址观音殿基址

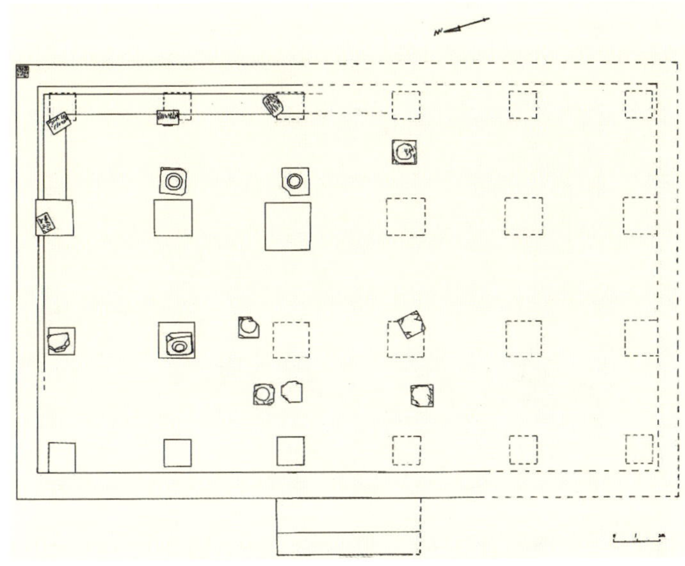

图 181　大报恩寺遗址法堂平面图

图 182　大报恩寺遗址法堂基址

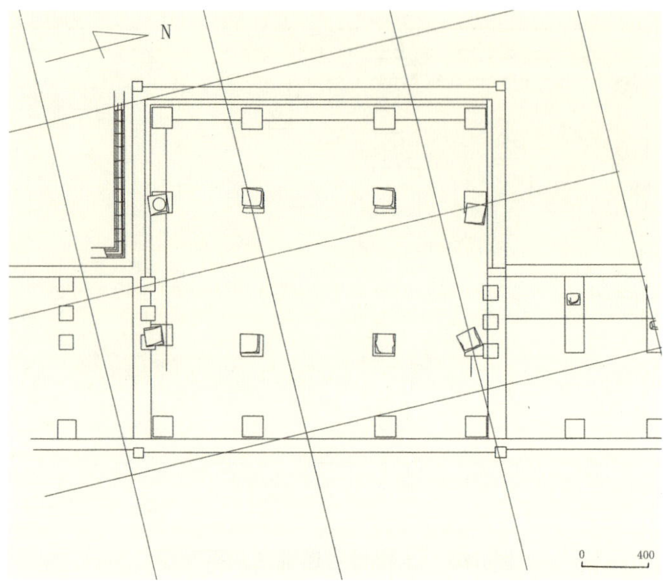

图 183　大报恩寺遗址油库平面图

图 184　大报恩寺遗址油库基址

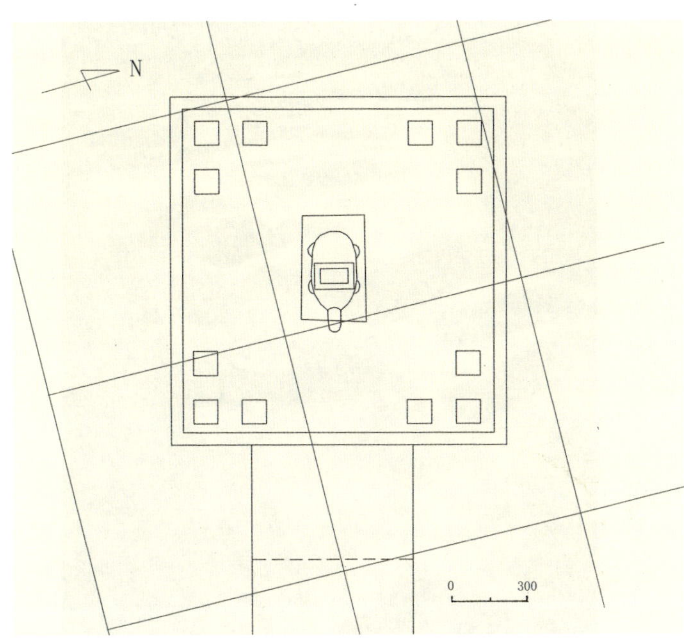

图 185　大报恩寺遗址宣德御碑亭平面图

图 186　大报恩寺遗址宣德御碑及亭基址

图 187　大报恩寺考古发掘出土的南朝房基

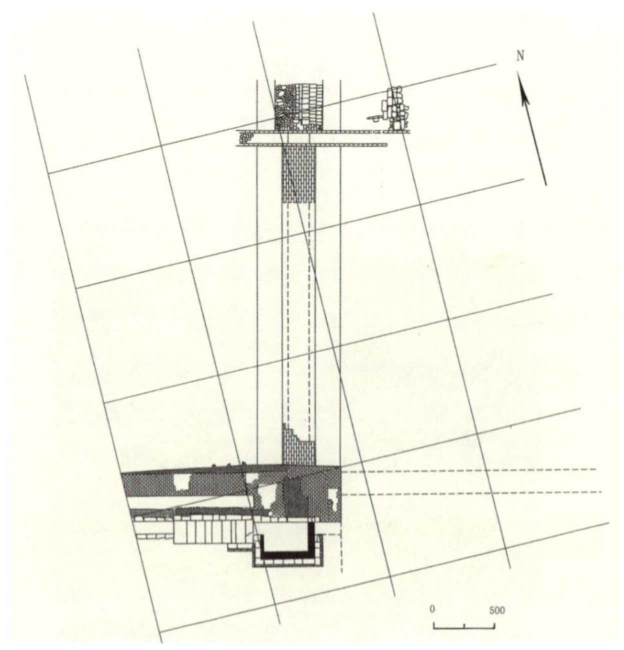

图 188　大报恩寺遗址排水暗渠平面图

图 189　大报恩寺遗址水池与排水暗渠

图 190　大报恩寺遗址排水暗渠内的栅门

图 191　大报恩寺遗址地宫出土的铁函及石函底座

图 192　大报恩寺遗址出土的《金陵长干寺真身塔藏石函记》

图 193　大报恩寺遗址出土金棺

图 194 大报恩寺遗址出土银椁

图 195 大报恩寺遗址出土的龙纹琉璃构件

图 196　大报恩寺遗址出土的涂金木佛

图 197　大报恩寺瘗藏于水晶瓶中的感应舍利

殿、画廊，以及河道、排水暗渠、水井、围墙等建筑和设施。目前大报恩寺北区，除山门、祖师殿之外，主要建筑已全部得到考古清理。这是我国考古界首次对大型寺院遗址进行全面、系统的考古发掘，是目前经过考古发掘揭露面积最大的寺院遗址。在塔基中，发现了始建于北宋大中祥符年间的长干寺地宫，出土了以佛顶真骨为核心、以七宝阿育王塔为代表的一大批佛教珍贵文物，引起轰动。长干寺地宫是目前所见国内最深的竖穴式地宫，出土的石函、铁函，七宝阿育王塔也是体量最大的。这些重大发现，对于研究宋代佛塔地宫的建造、舍利瘗藏制度，中西佛教的传播与交流等方面均具有重要意义。塔基外围的 3 圈明代柱坑，不仅证明明代在宋代塔基原址上重建了新塔，而且是国内首次在塔基周围发现搭建“鹰架”的线索，揭示了明代宝塔的建筑方法，对于中国古代建筑技术史的研究具有重要价值。

大报恩寺遗址及其出土文物带有明显的异域色彩风格，多与海上丝绸之路沿线文明如古印度文明等相关，是中西文化与中西文明交流的产物，为展现中西文化交流提供了大量珍贵的实物资料。大报恩寺遗址及其出土文物是南京的

"海丝"遗产的重要组成部分，也是中国海丝遗产体系中之有机组成部分，拓展和丰富了海上丝绸之路遗产的内涵。

表3　海上丝绸之路南京遗迹遗产点汇总表

城市	遗产点				
区划	城市与海丝的价值关联	名称	年代	类型	要素
南京	公元3—6世纪，南京作为六朝（东吴、东晋、南朝宋、齐、梁、陈）都城，是当时中国海外开拓和交往的始发点和中心地，是技术、思想、礼制等经由海路对外传播的中心，亦是海外诸国由海上丝绸之路与中国进行经贸（经济）、文化、宗教交流的终端和在中国境内二次传播影响的中心所在。 公元15世纪，南京作为大一统的明王朝的都城，是郑和下西洋这史无前例的航海壮举的策源地和始发港，见证了以国家力量组织的空前规模、巨大影响的海外交往。郑和七下西洋，开拓了当时最远、最多的海上航线，是海上丝绸之路的巅峰时代和最后绝响。	六朝都城遗址（石头城遗址；东吴、东晋、南朝都城遗迹）	六朝	与海丝关联的都城城址	城址、道路、城墙等
		道场寺遗址	东晋	文化与文明交流产物·宗教史迹	
		明代都城遗址（明故宫遗址；明代南京城墙遗迹）	明代	与海丝关联的都城城址	城址、宫殿遗址、城墙、城门遗址等
		静海寺	明代	文化与文明交流产物·宗教史迹	山门、天王殿、大雄宝殿、弥勒殿、观音殿、毗卢阁、画廊、井亭、影堂、祖堂、斋堂等
		天妃宫	明代	文化与文明交流产物·宗教史迹	天妃宫大殿、观音殿、《御制宏仁普济天妃宫碑》等

（续表）

		宝船厂遗址（全国文保单位龙江船厂遗址）	明代	航海相关遗存·造船厂	第六作塘、造船工具、舵杆、铁锚等。
南京		郑和墓	明代	文化与文明交流产物·航海家墓地	郑和墓冢
		浡泥国王墓	明代	文化与文明交流产物外国人墓地	浡泥国王墓碑、神道、墓冢、石像生等
		净觉寺	明代	文化与文明交流产物·宗教史迹	石牌坊、望月楼、大殿、二殿等
		郑和府邸旧址	明代	文化与文明交流产物·航海家府邸	郑和纪念馆、郑和府邸花园旧址
		洪保墓	明代	文化与文明交流产物·航海家墓地	洪保墓墓室
		大报恩寺遗址	明代	文化与文明交流产物·宗教史迹	大报恩寺坐碑龟趺、右碑碑身、古井、琉璃塔塔基、地宫等

下篇

研究篇

第三章

突出普遍价值研究

第一节 海上丝绸之路南京史迹的突出普遍价值

一、海上丝绸之路南京史迹的历史

从南京的城市发展历史来看，迄今它所保存下来的与“海上丝绸之路”直接有关的历史遗迹主要是属于“六朝”和“明代”两个历史时期。那时南京作为都城的城市地位得到确认和强化，成为各个朝代中央政权以国家力量来组织、实施与国外的海上交流的核心地。这种海上交流性质有别于沿海港口城市以贸易导向而进行的交流互动。因此，留存至今的海上丝绸之路南京史迹，承载和见证了这两个时期由国家力量主导的中国与世界相关国家经济、政治、文化、技术、思想、宗教交往互动的历史。当然，这种由国家主导的文化交流同样也促进了民间“海上丝绸之路”的发展与繁荣。

（一）六朝时期南京与海上丝绸之路

公元3世纪初到6世纪末，中国南方城市南京先后有东吴、东晋、宋、齐、梁、陈六个朝代。东吴时期名为建业，西晋初年改称建邺，晋愍帝司马邺即位后为避讳，改名建康，在此建立都城，史称六朝[①]（222—589）。

1. 六朝时期南京在海上丝绸之路的地位和影响

六朝时期，海上丝绸之路得到拓展，今南京也于这一时期因作为各朝都城而在“海上丝绸之路”的地位日益凸显，推动了海上交通的兴盛。六朝时期的中国南方政权尤其重视海洋体系的建构、海上交通的推进、海上交流的展开，借助于通江达海的区位优势和南方地区深厚的造船和航海技术优势，东亚、东南亚甚至波斯、罗马等国都通过海路与南京诸政权发生联系，大约经过300多年，“海上丝绸之路”从汉代的南海合浦、广州一带向北延伸到东海乃至长江下游的南京，真正开辟了中国的海洋时代，奠定了东吴建业（今江苏南京）、东晋及南朝的建康（今江苏南京）在“海上丝绸之路”中的地位。

六朝时期从海上来到南京的外国使臣达到60多批次，涉及国家有位于海上丝绸之路“东海航线”的高句丽国、百济国、新罗国、倭国等以及“南海航线”的扶南国、林邑国、师子国、天竺国、诃罗单国、波斯国、婆达国等。此外，还有不少的南亚及东南亚地区的高僧、商舶经海路到达南京。在此过程中，南京通过长江与“海上丝绸之路”相联系，成为沟通“东海航线”与“南海航线”的核心城市，同时也引领了人们对“海上丝绸之路”的认知由传统的南海区域向东海和黄海区域延伸，为此后延续至今的中国与东亚国家之间的文化交流奠定了基础，并沟通了南海航线与东海航线之间的文化互动。

作为六朝都城的南京，是当时中国海外开拓和交往的始发点和中心地，是技术、思想、礼制等经由海路对外传播的中心，亦是海外诸国由海上丝绸之路与中国进行经贸、文化、宗教交流的的终端和在中国境内二次传播影响的中心所在。

六朝时期，南亚的佛教传播至中国甚至东亚，南京成为中国南方乃至东亚地区重要的佛教文化传播中心。在南京六朝墓葬里发现了部分来自印度的佛像，推测为沿海路而来。在这个阶段，除了佛教，六朝的瓷器、瓦当、铜镜、制度

---

① 因唐朝人许嵩在《建康实录》一书记载了这六个朝代而得名，北宋的司马光撰写《资治通鉴》以此六朝作为正统编年纪事，后人将此六个朝代并称六朝。

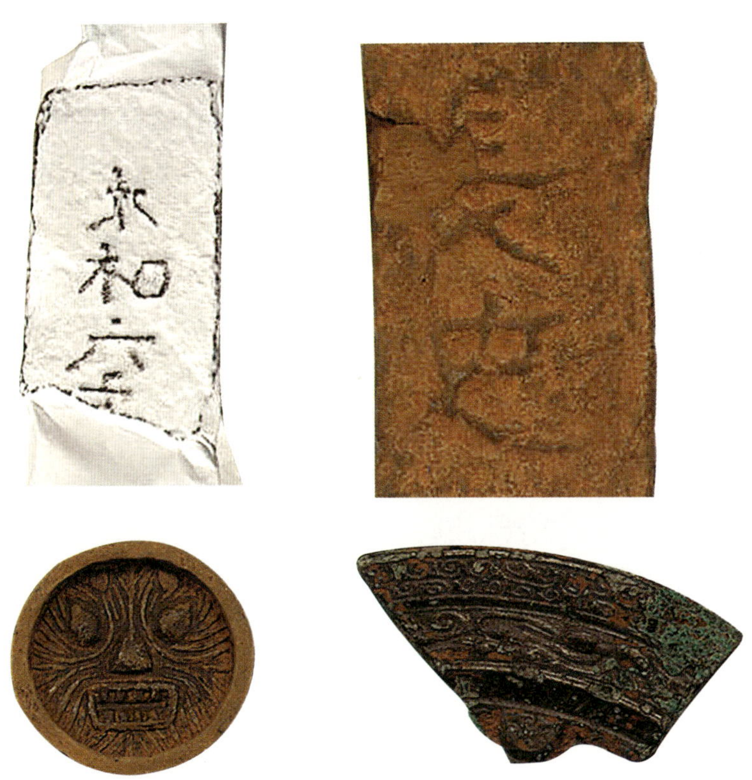

图 198　石头城遗址出土六朝时期文物

图 199　石头城遗址出土人面纹瓦当残件一

图 200　石头城遗址出土人面纹瓦当残件二

文化等，也从南京传到了朝鲜半岛和日本列岛。

六朝时期，中国文化对朝鲜半岛和日本的文化产生了深远影响，包括在思想、建筑、艺术、书法、绘画等方面都大面积传播到东亚其他国家，而南京是带来这种影响的主要城市，且在这一过程中，海上交通是主要的传播途径和通道，大量的通过“东海航线”对东亚朝鲜半岛、日本列岛国家之间文化交流的物证，也反映了海上丝绸之路在贸易往来的基础上，文化交流内涵的深度扩展。与此同时，从海上带来的商品、思想、艺术等通过作为都城的南京，向中国的沿江地带和内陆地区传播。南京实际上发挥了延伸海上丝绸之路在中国内地的作用。

2. 六朝时期海上丝绸之路南京史迹的意义和价值

六朝时期南京遗留下来与海上丝绸之路有关的史迹主要有六朝都城遗址（石头城遗址；东吴、东晋、南朝都城遗迹）、道场寺遗迹①。

六朝时期的海上丝绸之路南京史迹，反映了公元 3 至 6 世纪中国在都城文明的核心凝聚和扩散作用下，开展的对海外世界的了解和认知活动，以及在海路开拓和航海技术发展方面的积极努力。这一时期，海上丝绸之路从汉代的零星、断续状态，发展到了与东亚国家之间形成的连续和固定的航线，为文化交流和传播奠定了基础。同时，与东亚和南洋国家之间的使节、僧侣等人员的交流往来，也使得这一时期的南京成为海上丝绸之路“东海航线”与“南海航线”之间、海上丝绸之路与陆上丝绸之路之间的连接枢纽之一。这一时期的都城遗址和航海活动的文献记载以及相关出土文物，都反映了海上丝绸之路的东端，已从汉代的南海海湾向东部沿海甚至长江河口城市延伸发展。

南京作为六朝都城开始成为“海上丝绸之路”的重要策源地和目的地，同时也成为唯一一个把“海上丝绸之路”的“东海航线”和“南海航线”集于一身的古都城市，见证了“海上丝绸之路”推动与东亚、南亚乃至西亚地区之间的跨国文化交流和使节互通活动，这在保存至今的南朝梁武帝时萧绎绘制的《职贡图》上有生动的反映。

---

① 遗迹介绍和分析见上篇相关章节。

六朝时期的南京还是最早见证“海上丝绸之路”与“陆上丝绸之路”互相牵手的城市。公元399年，高僧法显从长安出发去天竺（今印度），他穿越艰险的“陆上丝绸之路”河西段、葱岭段等，在今尼泊尔、巴基斯坦、印度等国境内学习梵文梵语，考察佛教圣迹，求取佛典经书，公元412年，从师子国（今斯里兰卡）乘商舶从“海上丝绸之路”返回中国，于公元413年最终到达当时的东晋首都建康（今江苏南京），在道场寺住了五年。法显在道场寺同佛陀跋陀罗、宝云等译出《摩诃僧祇律》40卷、《僧祇比丘戒本》1卷、《僧祇比丘尼戒本》1卷、《大般泥洹经》6卷、《杂藏经》1卷等梵本佛经，并撰写完成把“陆上丝绸之路”与“海上丝绸之路”集于一书的《佛国记》，他无畏的精神和拥有“陆上丝绸之路”与“海上丝绸之路”双重探险经历的事迹都保存于这部空前的作品中。法显及其《佛国记》也成为展现六朝时期海上丝绸之路南京史迹价值的重要内容。

（二）明代南京与海上丝绸之路

公元14世纪中期至17世纪中期，南京作为中国大统一的明王朝都城，有53年作为首都（1368—1421），220多年作为留都（1421—1644）。

1. 明代南京在海上丝绸之路上的地位和影响

明代南京与海上丝绸之路发生关联以郑和下西洋（1405—1433）的结束为标志，大致可分为两个阶段。

（1）明代早期（1368—1433），尤其是南京作为首都的洪武、建文和永乐年间，实行睦邻友好的和平外交政策和“朝贡贸易”[①]，推动了“海上丝绸之路”的进一步延伸，海上交往一度进入繁盛期。明王朝在这一阶段多次派遣使臣远航海外各国，海外使团也不断来到南京朝贡，当时皇帝在南京皇宫中接待过近百次经海上丝绸之路来“入贡”的外国使臣。而永乐三年（1405）正式开始的以“郑和下西洋”为代表的大航海活动则把与南京甚至中国有关的“海上丝绸之路”推向了高峰。

① “朝贡贸易”是一种由政府统制的对外商业交往形式，即政府特许前来进贡的外国贡船附带一定数量的商货，在政府指定的地点与中国交易。

公元15世纪前后，南京成为明代“郑和下西洋”大航海活动的决策地、“宝船”的建造地、航海的始发地，有着世界航海事业中心城市的地位。保存至今的明代《郑和航海图》原名就叫《自宝船厂开船从龙江关出水直抵外国诸番国》。郑和七下西洋，开拓了当时最远、最多的海上航线，成为海上丝绸之路的巅峰。

这一时期的南京作为“郑和下西洋”这一史无前例航海壮举的策源地和始发港，见证了以国家力量组织的空前规模和巨大影响的海外交往。在郑和下西洋的航海活动中，通过赏赐和贸易促进了文化传播和海外商贸的大流通，中国的丝绸、瓷器等发达的手工业品及其生产技术、传统医药知识、历法、衣冠礼仪、茶叶等被带往亚非一些国家。中国的度量衡制度和典章制度等等，也是郑和下西洋期间带去的。域外的香料、木材、珍稀动植物等，则被郑和船队广泛输入中国。在这一过程中，南京作为中心城市和集散地，在通过海上丝绸之路往来的海外各国中积累了较高的声誉。

（2）明代中后期（1434—1644），在以“郑和下西洋”为代表的大航海活动结束之后，由于南京从首都降格为留都，丧失了“朝贡贸易”中心城市的地位，加上官方“下西洋”航海活动的停止和海禁的影响，南京在海上丝绸之路上的地位和影响逐步下降，进入低谷期。

这一阶段欧洲人相继进行全球性海上扩张活动，特别是地理大发现，开启了大航海时代，开辟了世界性海洋贸易新时代。西欧商人的海上扩张，改变了传统海上丝绸之路以和平贸易为基调的特性，海上贸易活动常常伴随着战争硝烟和武装抢劫。明代后期，有来自意大利的传教士利玛窦、曾德昭等在南京活动的记载，《利玛窦札记》中就有关于南京的丰富记录，这些传教士就是跟着欧洲人的商船抵达中国来到南京的。

2. 明代海上丝绸之路南京史迹的意义和价值

明代南京遗留下来的与海上丝绸之路有关的史迹除了见证航海活动决策和朝贡贸易、接待外国来使的明代都城遗址（明故宫遗址；南京城墙遗址）外，主要还有郑和及其下西洋活动在南京留下的诸多遗迹，包括宝船厂遗址、郑和府邸旧址、天妃宫、大报恩寺遗址、静海寺、净觉寺、郑和墓、浡泥国王墓、洪保墓[1]。

明代的海上丝绸之路南京史迹，见证了中国“海上丝绸之路”为世界航海事业与海上和平事业所做的突出贡献。明代早期南京的“郑和下西洋”壮举，推动了海上丝绸之路的全方位发展，其航海规模之大、参与人数之多、海上航行路线之长、对海丝沿线国家和民族影响之大，都达到了古代中国乃至当时世界上远洋航行的鼎盛水平。以郑和为代表的船队历时28年的航海活动始终秉持的“和平”理念代表着中华文明的核心理念，南京的“郑和下西洋”海上丝绸之路遗迹也成为这种先进海洋文明理念的直接见证。此外，郑和航海活动的随行者撰写了《西洋番国志》《瀛涯胜览》《星槎胜览》等典籍与南京郑和下西洋的遗迹一起，对研究“海上丝绸之路”和了解“海上丝绸之路”遗产都具有珍贵的历史价值。

（三）海上丝绸之路南京史迹的整体价值分析

公元3—6世纪和15世纪前后，南京是东南沿海的文化重心和都城文明的集中体现地。在海上丝绸之路的航线开拓和发展中，由于其江海交汇的独特地理位置和突出的都城地位，在整个网络体系中具有重要的节点地位，是整个海上丝绸之路城市和港口体系中的重要组成部分，对“海上丝绸之路”的线路延伸及其内涵发展做出了巨大贡献。

迄今，南京仍是中国重要的具有航海意义和作用的重要港口城市之一。南京在六朝和明代参与海上丝绸之路的对外政治、经济、文化交流中，扮演了对外作为辐射核心和对内作为文化转接的重要角色。通过海上丝绸之路，它对3—6世纪的朝鲜半岛和日本列岛的国家产生了重大的影响，包括了城市规划、建筑、技术、物质文化和精神文化等各个层面；通过海上丝绸之路，它对15世纪前后东南亚国家产生的影响也包括了从物质、制度到精神信仰等各个层面。直到今天，这些文化影响和传统，还在继续发挥作用，尤其是如佛教、伊斯兰教以及像妈祖信仰和郑和传说等相关民间信仰。这些文化传统和影响，不仅在南京具有真实而丰富的见证，而且与海外国家的文化遗产相互呼应，反映了海上丝

---

① 遗迹介绍和分析见上篇相关章节。

绸之路在这两个重要时期的文化交流状况，也体现了中国独特的海洋文明发展模式和历史影响。

二、海上丝绸之路南京史迹突出普遍价值

根据联合国教科文组织世界遗产委员会公布的《实施<世界遗产公约>操作指南》（2015 年 7 月 8 日）中的规定，海上丝绸之路南京史迹符合列入世界文化遗产的三条标准（标准Ⅱ、Ⅲ和Ⅵ），其突出普遍价值（Outstanding Universal Value，简称 OUV）可以从这三个方面分别进行分析。

（一）符合标准Ⅱ

在一段时期内或世界某一文化区域内人类价值观的重要交流，对建筑、技术、古迹艺术、城镇规划或景观设计的发展产生重大影响。

南京作为公元 3—6 世纪的中国南方六朝都城，通过海上丝绸之路的东海航线，与朝鲜半岛和日本列岛上的东亚国家保持了密切的友好往来。这一时期也是海上丝绸之路的形成发展时期，随着航线的拓展，中国与这些国家之间的文化交流得以深入展开，南京作为都城所在，在城市规划、建筑技艺、佛教艺术、儒学思想、书写文字、服饰礼仪等各个方面都对朝鲜半岛和日本列岛国家产生了重要影响①。

1. 公元 3—6 世纪的六朝政权，为了建立与朝鲜半岛和日本列岛国家的友好往来，形成了以建康为起点的海上丝绸之路的东海航线，为拓展和加强中国与东亚国家之间的文化交流奠定了基础。

公元 232 年，孙吴政权为了与辽东公孙氏政权联合，开辟了由长江口直抵辽东半岛与朝鲜半岛的航路。公元 333 年东晋政权为了与东北地区的慕容氏政权沟通，也派遣王齐、徐孟等率船队，从建康出长江入海，沿黄渤海航行到达辽东半岛。

从公元 4 世纪中叶的东晋到公元 5 世纪 20 年代以后的南朝时期，中国与朝鲜半岛上的高句丽、百济以及日本列岛的倭国都建立和保持了友好往来，并

① 参见贺云翱：《中国南朝都城与百济文化》，《百济与中国文化交流》文集，韩国圆光大学编印，2010 年。

且形成了固定的海上航路。这几条航路都是从都城建康出发，循东海、黄海北上。沿高句丽的航线是绕越山东半岛、渡渤海海峡到达辽东半岛南端，沿南岸西驶，沿朝鲜半岛西岸南下，抵达高句丽的政治中心区域，即今天的平壤地区。沿百济的航路，则是在山东半岛成山角附近转向东驶，横越黄海，直趋朝鲜半岛西海岸江华湾沿岸，抵达百济。这条线路也是与日本列岛沟通的中间站。由江华湾顺朝鲜半岛西岸南下，经对马岛纵越朝鲜海峡，经日本九州北岸和关门海峡入濑户内海，就到达当时日本通往海外的最主要港口——难波津。

海上丝绸之路的航线，从西汉以来，主要港口都局限于南海的北部湾至珠江口一带（如徐闻、合浦、番禺）。至六朝时期，由于定都于长江入海口附近、江海交汇处的南京城，使得海上丝绸之路由南海向东海和黄海一线拓展延伸，为此后延续至今的中国与东亚国家之间的文化交流奠定了基础，并沟通了南海线与东海线之间的文化互动，也为隋唐宋元时期江海交汇之地的贸易港口如扬州的兴起开启了先河。

2. 公元 3—6 世纪南京城的都城规划和建筑艺术，对朝鲜半岛和日本等东亚国家产生了重要影响。

公元 3—6 世纪的南京作为中国南方政权的都城，东晋、南朝时期还被认为是中华文明“正朔”所在，因此成为重要的对外交流的中心，尤其是成为海上丝绸之路的核心城市。其地位类似汉唐时期陆上丝绸之路的核心城市长安（今西安）与洛阳。六朝时期，作为都城的南京城内专门设有显仁馆等招待外国使节的馆舍；南朝梁武帝时萧绎所绘的《职贡图》，真实地记述了当时波斯、百济、狼牙修国等使臣来南朝都城建康访问的情况。此时的南京城作为中原正统文化的保存地，以其华夏都城文明的魅力，吸引着周围国家纷纷前来吸取先进文明的滋养，这种文化交流和传播，深刻地影响了东亚国家的都城规划和建筑艺术。

中国南朝的都城规划和宫室制度，对东亚国家产生了重要影响。中国学者郭湖生认为日本平城京的宫室体制，受南朝建康城的宫室制度影响，采取了骈列制，即礼仪性的大朝殿廷与处理政务的议事处及枢要部门各为一组，在宫城内平行并列。同时平城宫“内里”（禁内）的情况也是接近南朝建康体制，而

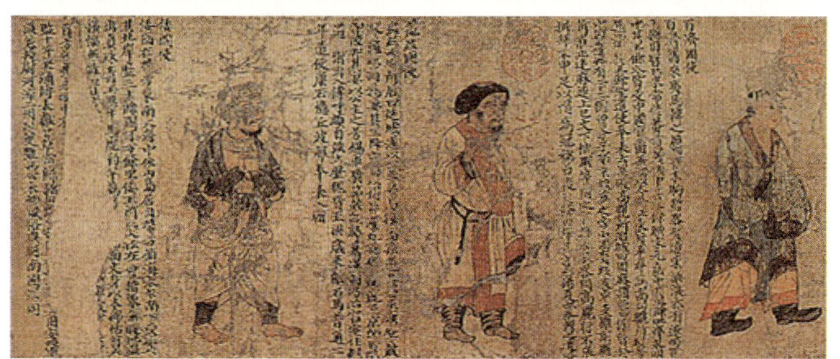

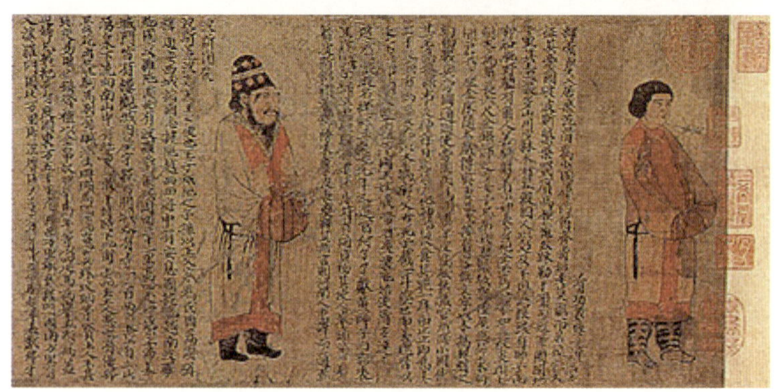

图 201　南朝梁武帝时萧绎所绘《职贡图》（部分）

不同于尚书省迁出宫外的隋唐宫室制度[①]。日本学者盐泽裕仁在对六朝建康城中如石头城这类防卫体系的研究中，也指出南朝的这种城市平面规划形态，在高句丽平壤、百济公州和扶余中都有类似体现[②]。

在建筑艺术方面，这些国家也受到了六朝时期都城的影响。如韩国扶余的定林寺遗址，不仅在名称上与南京钟山定林寺完全相同，而且出土了大量单瓣莲花纹瓦当，与南京的南朝瓦当相当接近。中国学者贺云翱在对六朝瓦当的研究中，提出存在以六朝都城为代表的单瓣莲花纹瓦当系统，影响了东亚的百济、新罗等国，并进而影响到了日本飞鸟时代的瓦当系统[③]。而韩国风纳土城出土的兽面纹瓦当，在造型和表现手法上，也非常接近南京出土的东晋时期的兽面纹[④]。韩国公州的百济武宁王墓，与东晋南京地区的墓葬形制和结构有着惊人的相似，中国学者王仲殊认为可能有一批来自南朝的工匠，被派往百济传授工艺，参与或指导了该墓的建设[⑤]。

图 202　韩国扶余百济定林寺遗址出土莲花纹瓦当

图 203　南京出土莲花纹瓦当

① 郭湖生：《魏晋南北朝至隋唐宫室制度沿革——兼论日本平城京的宫室制度》，《东南文化》1990 年第 1 期。

② （日）盐泽裕仁：《六朝建康的城市防卫体系试探》，《东南文化》2001 年第 1 期。

③ 贺云翱：《“六朝瓦当”研究回顾及对若干问题的探讨》，《东南文化》2011 年第 2 期。

④ 贺云翱：《“六朝瓦当”研究回顾及对若干问题的探讨》，《东南文化》2011 年第 2 期。

⑤ 王仲殊：《东晋南北朝时代中国与海东诸国的关系》，《考古》1989 年第 11 期。

图 204　南朝莲花纹椽当

图 205　百济武宁王墓室侧壁和后壁上的火焰形壁龛和六瓣莲花模印花纹砖

此外如韩国著名的皇龙寺和兴隆寺，均按南朝寺庙形式建造，寺中的佛像雕刻，更是富有南朝艺术风格。日本著名佛教艺术考古学家吉村怜曾说过："从文化上来说，6 世纪的南朝宛如君临东亚世界的太阳，围绕着它的北朝、高句丽、百济、新罗、日本等周围各国，都不过是大大小小的行星，像接受阳光似地吸取从南朝放射出来的卓越的文化。"

综上，海上丝绸之路南京史迹在 3—6 世纪的文化、艺术、建筑的积淀，反映了历史上南京与外界交流频繁，文化辐射力广至整个东亚文化圈，展示了南京通过海上与其他国家的文化交流与文明互鉴，集中反映在中日朝建筑形制和艺术上有其相似性。

（二）符合标准 Ⅲ

能为延续至今或业已消逝的文明或文化传统提供独特的或至少是特殊的见证。

从公元前 2 世纪以来的秦汉时代开始，在国家力量主导和安排下组织开展的地理探险活动，就已经陆续展开，如秦始皇时代的徐福东渡，西汉的张骞凿空西域，汉使出使南海等。而从公元前 1 世纪汉代南海交通开始，直到公元 15 世纪明代郑和七下西洋达到顶峰，这条海上丝绸之路的发展和完善，见证了古代中国东方式的大航海传统。这是一种以国家力量主导的，在和平外交思想指导下，通过海外航行和开拓，以朝贡贸易为主要形式，进行的广泛、深入的政治、经济和文化交流，进而不断推动民间形态的经济、宗教、技术及其他文化方面的交流活动。南京作为六朝时期的都城和明代早期的首都，都参与和见证了这一文化传统的形成和成熟。

1. 公元3—6世纪六朝政权派遣使臣，对海上丝绸之路南海航线的探索和开拓，初步积累了相关的地理知识。

公元230年，东吴孙权在定都南京后派遣将军卫温、诸葛直等出海寻找夷洲及亶洲，夷洲即今天的台湾岛，而亶洲是秦代徐福东渡的日本列岛。其后，又派遣朱应、康泰出使东南亚，历时一二十年。返国后，朱应和康泰将航行与访问的所见所闻分撰成《扶南异物志》和《吴时外国传》。东吴的丹阳（郡治也在南京）太守万震写成的《南州异物志》，比较系统地描述了海上丝绸之路所必经的东南亚及南亚地区一些国家的风土和物产。这些都丰富了当时人对南洋国家的认识和了解。

其中《吴时外国传》是世界上第一部介绍“海上丝绸之路”重要国家柬埔寨（时称“扶南”）的著作，也是我国古代记述南海诸国最早的一部专著。有学者认为东吴孙权委派的朱应、康泰出访南海诸国，其意义不亚于两汉时期张骞、班超之通西域[①]，这从另一个侧面见证了南京在“海上丝绸之路”发展中的特殊地位。

2. 公元3—6世纪六朝时期在航海知识和技术上获得了充实和提高，远洋航线进一步开辟。

这一时期，以南京为中心的海上丝绸之路的发展和实践，能够证明当时我国南方地区航海人员已经掌握了在南海上航行的风帆驭风技术，能够利用信风和潮汐洋流，并且懂得利用北斗星、北极星来引导船舶安全航行。航海图的绘制和海路指南也获得了发展。航路记载上也已标明有航海地名、海上方位、航行距离以及辨认陆标地形等要素。这一时期，由于航海知识和技术的发展，除了形成从南京出发到达朝鲜半岛和日本列岛国家之间的固定航路，刘宋时期还开辟了南京抵达阿拉伯海与波斯湾航路，南齐时期推动广州取代了汉代的徐闻、

① 陈佳荣:《朱应、康泰出使扶南和〈吴时外国传〉考略》，《中央民族学院学报》1978年第4期。

合浦传统航海地位而成为南洋远航港口。

3. 公元3—6世纪中国的海外开拓，促进了中国与海外各国的政治、经济、技术和文化交流。

这一时期沿海岸地区各国使节纷纷前来，到达建康，受到了居住于六朝都城内的不同王朝统治者的友好接待，为不同国家和民族间的进一步的广泛交流奠定了良好基础。东晋时期百济派至建康的使节前后达15次。百济国王的更换，以得到东晋皇帝的认可和册封为荣。东晋和南朝时期高句丽派遣使节到达建康都城访问也前后不下三十次。五世纪期间日本倭王派遣使节访问建康亦有十余次。南朝国家与南海诸国使节的交流往来，在南朝梁武帝时萧绎所创作的《职贡图》中可以得到鲜明的佐证。

政治上的互遣使节，友好往来，为商贸往来、技术交流和文化共享开辟了道路。南朝曾派遣四名丝织和裁缝女工，名叫汉织、吴织、兄媛、弟媛，到日本传授技艺，对日本丝织业的发展，起到了很大的作用[①]；百济使臣多次向南朝的皇帝上表请求博士、经义、工匠、画师等，百济的佛教亦由东晋传入，东晋、南朝的诗书、史籍、佛教经义以及工匠、画师等跟随着来到建康的使臣输入百济，并通过百济为媒介，继续向日本传播扩散；高句丽也通过南朝输入了各种典章制度、礼乐器物等。

与南海诸国的交往和贸易更见繁盛，交州以南诸国和天竺、康居（今中亚阿姆河以北、咸海与巴尔喀什湖之间）等国的使节、商人不断由海上丝路前来中国六朝都城及南部海港，出现了“四海流通，万国交会”“舟舶继路，商使交属”的活跃景象。当时的进出口商品中，出口的多为丝织品、陶瓷、金银器、漆器等；进口的有香料、异果、珍珠、琉璃、珊瑚、琥珀、水晶、珠玑、金刚石、郁金、苏台、象牙、犀角、吉贝、斑布、兜鍪等。南京出土的东晋墓葬中常见有胡人形象，说明当时有外国人居住在建康城内。南京象山7号墓出土了一件嵌金刚石的金指环[②]，推测为当时南亚地区的舶来品。南京象山1号墓中出土

① （日）木宫泰彦：《日本书纪·雄略记》，《中日交通史》上卷，山西人民出版社，2015年。
② 南京市博物馆：《南京象山5号、6号、7号墓清理简报》，《文物》1972年第11期。

的一件鹦鹉螺杯[①]，当是来自东南亚国家的珍贵酒器。此外南京地区大型墓葬中还经常发现一些珊瑚、琥珀、绿松石等装饰品，以及各种来自罗马、波斯的玻璃器，来自波斯的萨珊银币等，反映了当时南京与各国贸易往来的兴盛。

图 206　南京出土六朝时期来自其他海洋国家的物品
1：鹦鹉螺杯；2：金刚指环；3：罗马玻璃杯；4.5：波斯萨珊王朝银币

① 南京市文物保管委员会：《南京人台山东晋兴之夫妇墓发掘报告》，《文物》1965 年第 6 期。在发掘报告中，发掘者鉴于这件镶铜蚌饰出土于男棺头部左侧，因而推测可能是冠或盔饰。后来经研究，发现这是一件鹦鹉螺杯。

4. 公元 15 世纪初期明王朝组织的郑和七下西洋航海壮举，使南京再次成为海上丝绸之路的东端始发港，同时将西端港口拓展到了非洲东岸，见证了海上丝绸之路由单向向多向、由线状到网状的嬗变过程，是海上丝绸之路南海航线拓展的极限和顶峰，也拉开了世界大航海探索时代的壮阔序幕。

从1405年到1433年，郑和先后七次率船队远航，每次航行的线路基本一致，船队曾由南京龙江关（今下关）出发，先到太仓刘家港，由刘家港出长江口入海，先后到达 30 多个国家，最远到达非洲东海岸和红海沿岸港口。

在郑和七下西洋之后，西方的大航海浪潮也开始不断涌动。迪亚士发现好望角，哥伦布的美洲冒险，达伽马绕过好望角发现通往印度的新航路，麦哲伦完成第一次环球航行，这些大航海活动前后继起，影响日益深远。而“郑和下西洋”作为东方的大航海活动，第一次连续性地直接贯通了中国经南海、印度洋、红海直至非洲东岸的航线，结束了此前中国与非洲之间的联系由阿拉伯人中转的航海历史。这不仅开启了世界大航海活动的新篇章，而且对于东西方之间贸易通道的沟通和连接，以及促进世界范围内的航海、贸易体系及文化交流路线的最终形成，都具有筚路蓝缕的开创之功。

5. 郑和下西洋的航海壮举见证了公元 15 世纪前后中国达到世界领先水平的航海设施和技术，增进了中国人的海洋知识和对海外各国的了解。

在宋元时期航海技术大发展的基础上，郑和下西洋的船舶建造和航行技术都达到了当时木帆船时代的巅峰水平①。郑和的船队中不仅有适应江海两用的沙船船型，也有适应水深浪急的广阔海域的福船船型，更有规模巨大的“宝船”，根据南京宝船厂考古发掘出土的大舵杆，以及南京洪保墓中出土的“寿藏铭”记载，已经可以确认郑和的宝船可达到“五千料”的规模，是真正意义上的“巨舶”。在南京宝船厂遗址，不仅有巨大的如“六作塘”这样的船坞遗址，而且还出土了各种航船构件和造船工具、材料。②

---

① 魏巍：《古代航海技术与郑和下西洋》，《中国水运》2005 年第 9 期。

② 南京市博物馆：《宝船厂遗址—南京明宝船厂六作塘考古报告》，文物出版社，2006 年。

明政府为了保证下西洋所需的船只，从全国各地造船厂调集来最优秀的造船工匠，集中在南京宝船厂，并且形成严密的组织和分工。造船的全过程，从材料的验收直至交船，以及造船的定型化、构件及用料的标准化等，都有一套完整的工艺和管理制度。同时为了保证所需木料，不仅在南京朝阳门外设有专门种植木材的园地，还从海外输入大量优质木材。因此当时的南京不仅是郑和下西洋的决策地，也是船队的大本营和出发地。在《郑和航海图》中就清晰地标示了船队是从南京的龙江关出水，从这里走向世界的。

美国历史学家斯塔夫里阿诺斯写道："它们（指郑和所率的船队——笔者注）与哥伦布的小旗舰——宽 25 尺、长 120 尺的'圣马利亚号'相比，是名副其实的浮动宫殿，而'圣马利亚号'比哥伦布的另外两艘船'平塔号'和'尼娜号'要大一倍。"[①]可见郑和的船队的规格之高，规模之巨，与西方大航海时代中的船队相比也可谓遥遥领先。

图 207　郑和宝船与哥伦布渔船的对比[②]

① 转引自王建润《世界航海史的辉煌篇章》，《从龙江关走向世界——郑和与下关》，南京市下关区人民政府，政协南京市下关区委员会编。

② 卢嘉锡总主编，席龙飞、杨熺、唐锡仁主编《中国科学技术史》（交通卷），科学出版社，2004 年。

从航海技术上来说，郑和下西洋的船队也达到了世界领先水平。一方面，其航海时对季风洋流的利用，已经达到堪称精湛的程度，不仅保证了海上航行的安全，而且大大提高了航速，缩短了航程。郑和下西洋的时间，除了第六次之外，都在两年左右，如此庞大的船队和遥远的航程，能够达到这种速度，正是由于合理地利用季风洋流的变化规律，并且配合以先进的航行技术如牵星术、水罗盘的使用，而且也体现了船队在编队技术和通讯联络方面的完善。

郑和下西洋的宝贵实践，也大大丰富了中国人的地理知识。在船队中担任幕僚、通译的费信、马欢、巩珍等所著的《星槎胜览》《瀛涯胜览》《西洋番国志》等书中，共出现亚非地名约 300 个，许多是首次在中国出现。书中对沿途各国的政治、经济、社会、民情风俗等都作了详细介绍，其中巩珍还是南京人。《郑和航海图》作为当时适应航海需要编制的航路指南，在图中标明航线所经亚洲各国的方位、航道远近、深度以及航行的方向、牵星高度；并一一注明何处有礁石浅滩，具有很高的使用价值，而且是近代西方地理学流传以前最精确的一幅亚非地图。英国科学史家李约瑟对其精确性给予了很高的评价，称之为“一幅真正的航海图”。

图 208　随同郑和下西洋的三位使者完成的三部著作（《星槎胜览》《瀛涯胜览》《西洋番国志》）

6. 郑和下西洋是古代中国对海外国家的“朝贡体系”发展到顶峰的体现，促进了中国传统的政治文化和典章制度的传播，并以和平外交和文化交流的形式，提升了中国与南海诸国的文化共享水平。

郑和下西洋，是一种和平的外交活动，它以“朝贡体系”为表现，以一套尊重中华文明为中心的礼仪制度为维系，传播了中国高度成熟发达的政治文化和典章制度，对东南亚国家产生了深远的影响。

郑和访问东南亚时，通过“颁赐冠服”，主持“施恩封泽”等仪式，直接或间接地帮助各国建立健全国家制度、礼仪制度、法律制度。如永乐七年(1409)，郑和奉命赐满剌加首领双台银印冠带袍服，建碑封城，使其建立满剌加国。接受郑和颁赐冠带袍服的满剌加首领拜里米苏剌，便由一个“不习衣冠、疏礼义”的部落酋长成为一国之王，其宫廷百官的服饰制度与明廷亦毫无二致。

中华的礼仪制度受到了当时东南亚国家的倾慕，有些东南亚国家使臣还主动要求颁赐。如永乐四年（1406）正月，浡泥国使臣生阿烈伯成、通事沙扮等访明回国前，就主动请求永乐帝:“远夷之人，仰慕中国衣冠礼仪，乞冠带还国。”[1]

郑和还邀请各国使节到中国访问，明朝政府制定了蕃王朝贡礼、蕃王遣使朝贡礼、蕃国进贺表笺礼等，使来访的外国使节接受中华礼仪的熏陶。永乐二十一年（1423）九月，郑和邀请包括东南亚的满剌加、苏门答剌在内的亚非16个国家的1200余名“生居绝域”的使节随船队访问明朝。由于郑和船队的努力，东南亚不少国家出于对中华风物的仰慕，除派使臣来华朝贡之外，浡泥、满剌加、苏禄、古麻剌朗4个国家的11位国王还亲自率领庞大使团访问明朝。明廷隆重接待了上述4国的多位国王及其使团，赐给仪仗及宫廷所用贵重用品。其中访明的三位国王——浡泥国王麻那惹加那乃、苏禄国东王巴都葛巴答剌、古麻剌朗国王斡剌义亦敦奔因病逝于中国，明成祖按中国礼制分别谥号“恭顺”“恭定”“康靖”，并以礼厚葬[2]。

此外，郑和还向海外诸国颁赐历法，引导其学习、遵循。永乐十五年(1417)，郑和第五次下西洋时，明成祖命郑和将《大统历》赐予占城国王占巴的赖。宣德元年（1426）明宣宗又派行人前往占城颁赐《大统历》。从此，占城普遍采用明朝的《大统历》，这是当时比较精确的历法，对占城社会生活和农业生产

① 《明实录·太宗实录》卷五〇，上海书店出版社，2017年。

② 梁向明:《郑和下西洋对东南亚诸国的影响》，云南民族大学学报（哲学社会科学版），2005年第5期。

的发展具有积极意义。

郑和船队还通过赏赐、贸易等方式向东南亚国家输出中国铜钱，使原来使用贝币的东南亚国家使用中国铜钱，有利于当地的商品流通。马来西亚学者赵洪泽说："在发展南洋经济贸易、改善生活方面，郑和做出了突出的贡献，使南洋各国各地都信任中国的度量衡制度和政府组织等等，都是郑和下西洋期间从中国带出来而在南洋流通、通行的。"①

7. 郑和下西洋通过赏赐和贸易，使大规模的远洋贸易达到了一个新高潮，促进了海内外货物的大流通，不仅中国的丝绸、陶器等发达的工业制品、手工制品及其生产技术被带到了亚非国家，而且域外的香料、珍稀动植物、木材等也源源不断输入中国。这种广泛的商贸往来，丰富了各国人民的物质文化生活。

丝绸和瓷器是中国对外贸易往来中的大宗商品。大量精美的丝绸产品传入东南亚国家，改变了他们的衣着服饰习惯，受到了广泛欢迎，反过来也促进了国内丝织业的发展，官办织造局也应运而生，作为京师的南京开设有织造局，南京是当时全国重要的丝绸、织锦制品的生产和储存、集散中心。明代的《一统路程图记》记载了"镇江经旧港、花筵港、荷叶港、私盐港……共五十里至龙潭驿；再经瓜埠巡司，水陆并二十里至六合县；……六十里至吴城，六十里至昌邑，六十里至凤凰滩，十里至江西城南昌府南浦驿"。该路长江段约990里，鄱阳湖和赣江段370里，加上苏州至镇江段400里，总计约1760里。江西有彭蠡驿（今湖口县）、匡庐驿（今星子县）、团山驿控运河贸易中转地。鄱阳湖转至大庾岭（梅关驿）沿北江入广州。通过内河沿途外销至日本、琉球和朝鲜半岛，南下至广州外销。广州直至晚清才生产丝绸，主要作为外销中转地。江浙一带是历史上规模最大、水平最高的丝绸生产基地。郑和出海时都会携带大量丝绸赠送沿岸列国②。

---

①（马来西亚）赵泽洪:《马中关系与三宝》，南京郑和研究会编《走向海洋的中国人》，海潮出版社，1996年。

② 如巩珍《西洋番国志》中收录永乐十八年（1420）十二月初十日敕书一件，敕书言"太监杨庆等往西洋忽鲁谟斯等国公干，合用各色纻丝纱锦等物，并给赐各番王人等纻丝等件。敕至，即令各该卫衙门照依原定数目支给。仍令各门官仔细点检放出，毋得丝毫透漏"等。

中国的瓷器也受到了广泛欢迎，不仅作为日用的饮食器具，而且还被当做珍贵的礼器。“如缅甸常将中国瓷罐埋在地下，或送往佛庙供奉。菲律宾居民将青花瓷当做尊贵的用具，过节时才从窖藏取出。青花瓷也被嵌置室内，以供观赏。……在（马来西亚）沙捞越和肯尼亚沿海，都可见到风格独特的柱墓，竖立在墓葬前高达 5 米的四角、六角或八角形柱子上刻有花纹，并镶有中国青花瓷。大量外销的青花瓷器，在暹罗、菲律宾卡拉塔甘和沙捞越的曼拉诺人中间，又是最重要的陪葬品”[①]。

郑和下西洋还使中外之间已经存在的香料贸易达到了巅峰，加上药用植物的广泛交流，不仅丰富了中国的饮食文化，也带动了中国与东南亚的医药文化交流。郑和下西洋时期，不仅有目的地进行香料朝贡贸易，扩大香料品种和规模，而且还亲自带领随从入山采集，推动了当地香料经济，在实现物资交流和地域产业经济分工上都有重要意义。当时有大量的香料运抵南京，纳入国库，统治者不得不想出用香料做赐物和俸禄的办法来加以消耗[②]。

郑和船队为南洋诸国带去了中国生产的人参、麝香、大黄、肉桂、茯苓、姜等重要物品，丰富了南洋本土药物，从南洋则带回了燕窝等药材。郑和船队上配备的医务人员，为南洋各地居民防病治病，传授了先进的中国医药知识，也促进了中国与东南亚的医药文化交流。郑和下西洋引入的珍稀植物在南京保存较多，有静海寺的西府海棠、白云寺的詹匐花，报恩寺、天界寺的五谷树，天妃宫、弘济寺、报恩寺、高座寺、灵谷寺内的娑罗树等。明代药学家李时珍在写作《本草纲目》的时候，还专门访问静海寺，了解和研究郑和船队带回的外国药物和植物种类，并保存在这里。此外，从国外输入的大量优质硬木，还影响到了明式家具的制造和工艺[③]。

8. 海上丝绸之路南京史迹见证了南京与各国的友好交往，形成了多元文化交汇碰撞、共生发展的优良传统。

---

① 沈福伟：《中西文化交流史》，上海人民出版社，1985 年。

② 严小青、惠富平：《郑和下西洋与明代香料朝贡贸易》，《江海学刊》2008 年第 1 期。

③ 赵新图：《郑和下西洋对明式家具的影响》，《科教文汇》（上旬刊）2009 年第 11 期。

中国的儒学传统、南方沿海的妈祖信仰和通过海上丝绸之路进入的南亚地区传入的佛教、阿拉伯世界带入的伊斯兰教以及欧洲传教士带来的天主教等，这些不同文化不仅在南京和谐共生，各自生根，并在完成本土化之后，使南京成为再度辐射传播的中心。如南京佛教在六朝时期就有“南朝四百八十寺”的盛况，南京不仅是南方佛寺的圣地，而且有大批通过海道而来的外国僧人在这里从事佛经翻译工作，为佛教进一步向广大的内陆腹地乃至东亚其他国家的传播奠定了坚实的基础。元代在南京还设有专门的伊斯兰教的汉文译著中心。净觉寺在明代伊斯兰教传播中也具有地区中心地位。明末以来，天主教在南京的传播也是极为可观和深入。可以说，在南京的多元宗教和信仰的文化传统中，体现了中国文化传统中宝贵的海洋文化精神，也是中国文化通过海上丝绸之路与世界文化交流的窗口之一，其格局和意义对于海上丝路发挥了重大作用。

9. 海上丝绸之路南京史迹均不同程度地见证了公元 3—6 世纪，特别是公元 15 世纪前后中国在立都南方时期举全国之力而开辟的航海盛举。

海上丝绸之路早在秦汉之际形成，此后上迄三国，下至明初，中国通过这条千年海路与世界各国持续发生着经贸、文化、技术、政治、宗教等方面的联系，期间的交流往来有高潮亦有低谷。南京在此过程中作用不容低估。明初郑和的远航，是海上丝绸之路发展史上最宏大的航行，见证了最为广泛的政治、文化、经济交流，产生了世界性的影响，大大地拓展了海上丝绸之路的航线，延长了航程，使得中国与世界的贸易往来量、文化交流度和影响力都达到了前所未有的高度。明代南京海上丝绸之路遗迹是这一辉煌的直接见证，是当时东方农耕帝国时代里中国人探索世界、追求未知的内在愿景的宏观展演和有力呈现，造就了海上丝绸之路最后的辉煌，是海上丝绸之路发展到最高巅峰的直接见证。

综上，海上丝绸之路南京史迹见证了南京 3—6 世纪和 15 世纪跨海交流的兴盛时期，推动了饮食、医药、宗教、航海、贸易等各方面的本土化发展，尤其是人文和朝贡贸易的交流、国际关系的维持体现了“向海而生、多元共处”的海洋文化精神。

（三）符合标准Ⅵ

与具有突出的普遍意义的事件、生活传统、观点、信仰、艺术或文学作品有直接或有形的联系。

公元3—6世纪的南京为都城，是南传佛教的中心，东吴康僧会从交趾到南京弘法，开启中国南方佛教事业，达摩东渡经过南京和法显赴印度求法自海路返国成就于南京，都是这种佛教文化传播和交流的重要事件体现。在统治者的大力提倡下，佛教传入中国并实现本土化扎根和发展，且进一步成为向海外传播的核心城市。海上丝绸之路的兴起和发展促进了不同文化和群体之间的宗教文化和民间信仰的交流和传播。

公元15世纪前后的明朝，郑和下西洋时期，更是将佛教思想进一步传播发扬，而且还对伊斯兰教在东南亚的传播、中国沿海地区的妈祖信仰的传播都起到了积极作用。此后，南京成为伊斯兰教在中国发展的中心地之一，妈祖信仰得到了中央王朝的最高封赏和认可。尤为突出的是，“郑和下西洋”所展现的对海洋文明的传播，使南洋地区形成了广泛的郑和传说，并且向民间信仰转化。这些宗教传统和信仰，在今天仍然具有重要的地位和作用，具有强大的生命力，体现了海上丝路文化交流和传播的持续影响力。

1. 佛教自汉代传入中国以后，在公元3—6世纪的南方获得了很大发展，大量中外高僧到达建康，相互交流学习，翻译佛经著作。在公元15世纪的明代，佛教也得到继续发展，并有皇家敕建的高规格的佛寺修建。

东吴时期，天竺高僧康僧会从交趾来到都城建业，在此弘法传教，“由是江左大法遂兴”。[①]东晋的法显是我国第一个从陆上丝绸之路出国去印度取经，再由海上丝绸之路回国的高僧。他抵达都城建康之后，与天竺高僧佛陀跋陀罗等一起翻译从天竺带来回的梵文经典，共译出6部63卷，100多万字。法显又把西行求法的经历记录下来，名曰《历游天竺记传》，也就是流传至今的《佛国记》。此书生动地记载了他在航海中以及从师子国——耶婆提（今爪哇）——广州所需的航程和详细情况。记载了许多原始的佛教资料，介绍了印度、斯里兰卡和南海地区的地理、社会、历史等情况，不仅对后来的僧侣西行求法有指导意义，而且也保留了丰富的“海上丝绸之路”史料，亦是南京早期海上丝绸

① （南朝·梁）释慧皎《高僧传》“康僧会”传，上海古籍出版社，2017年。

之路的重要文献遗产。

南朝时期，是佛教向中国传播的极盛时期，中、印两国的佛教徒频繁往来。据记载，来往于中国的僧人，往程可考者大约有十余人，其中三人是扶南（今柬埔寨）来的僧人，他们就是著名的僧伽婆罗、曼陀罗和须菩提高僧。僧伽婆罗和曼陀罗从公元506年开始在建康（南京）传译经论，著名的《阿育王经》就是僧伽婆罗翻译的。曼陀罗译经三部，现存至今的《文殊师利般若波罗蜜经》就译自他手。梁朝时为接待扶南僧人前来译经，特在首都建康设“扶南馆”为译经道场。

作为中国禅宗始祖的达摩祖师，也在南朝梁武帝时期来到建康，于滨江的幕府山一带留下了“一苇渡江”的传说，以及达摩岩、冥坐石、卓锡泉、夹骡峰等跟达摩传说有关的景观。南京的定山寺作为传说中达摩的驻锡地，还留有明代的达摩造像碑，是目前国内时代最早的达摩造像碑，比嵩山少林寺的祖师碑还要早120多年。

此外，宏富壮丽的大报恩寺，也是由大航海家郑和监修，它是利用了下西洋所余金钱百万修建的皇家寺院规制的佛寺，至今仍有遗址及精致的建筑构件保存完好。

2. 郑和作为穆斯林，在下西洋期间，对伊斯兰教在东南亚的广泛传播起到了积极的推动作用。回国担任南京守备时期，他促成了南京的清真寺净觉寺的敕建，使南京成为其后中国伊斯兰教文化和教育发展的中心之一。

郑和下西洋期间，促进了爪哇旧港等地的华人伊斯兰教社区的形成，随后在雅加达的安卓尔、井里汶、杜板、锦石、惹班及爪哇其他地方，也纷纷建立了清真寺。这些清真寺在建筑风格上与中国南方的清真寺十分相似，说明两者之间有密切的联系。郑和还支持马六甲成为一个强大的回教王国，成为东南亚的伊斯兰教传播的主要中心。

郑和与随他航行的马欢、郭崇礼等人都是穆斯林。郑和第七次远航时，还派出马欢等7人从古里前往伊斯兰圣地麦加（天方国）和麦地那，摹绘了麦加大清真寺图，后与麦加、麦地那派出的使者一起返回中国。这些也都是郑和在海外开展的重要伊斯兰活动。

郑和在回到南京之后，也推动了伊斯兰教在南京的发展。经他努力，净觉寺得到皇家敕建。一批伊斯兰教学者于明清时期在南京逐渐展开伊斯兰教汉文译著活动，这使南京成为当时伊斯兰教文化在中国的中心之一，如著名的伊斯兰教学者王岱舆，其先人就是随当时下西洋的贡使而来中国的穆斯林。

3. 郑和下西洋使宋代以来产生的民间的妈祖信仰，通过正式的高级别的官方认可，不仅成为航海者的精神寄托，成为中国海洋文明的重要组成部分，而且作为广泛的妈祖信仰传播到了世界各地，成为被海外华人世界认可的精神体系，至今仍发挥着维系华人社区精神凝聚的作用。

妈祖是受到中国渔民崇拜的海神，而在木船时代移居世界各国的大都是中国沿海的渔民，在他们走向世界各国之时，也将妈祖信仰带到了全世界，因此在全球华侨中，妈祖成了他们他们共同信仰崇拜的神灵。

妈祖又被称为中华民族的海洋保护神。目前全世界的妈祖宫达五千多家，妈祖信徒达 2.5 亿人之多，几乎凡是有华人的地方都有妈祖宫，都信奉妈祖，妈祖成了 90% 海外华人的共同信仰。所有侨居海外的华人社区都有一个共同点，就是他们都以妈祖宫作为同乡会馆或商会，是各国华人的政治文化及社区中心，也是各国华人的精神支柱。妈祖信仰因此成了全球华人的共同信仰。妈祖信仰还广泛盛行于中国东南沿海及东南亚地区。

南京“天妃宫”与古老的妈祖信仰有关，据史料记载，明永乐五年（1407），郑和第一次下西洋顺利回国，为感谢妈祖保佑海上平安，明成祖朱棣加封妈祖为“护国庇民妙灵照应弘仁普济天妃”，赐建南京“天妃宫”，并亲自撰写碑文，立御碑于宫中。其后郑和六次下西洋出航前，都要专程到位于龙江关的天妃宫祭拜妈祖。

在郑和历时 28 年的下西洋活动中，天妃发挥了重要的精神支柱作用。明成祖朱棣以皇帝名义树立的《御制弘仁普济天妃宫之碑》，是我国迄今所有关于天妃的碑石中级别最高的一座。碑文生动地记述了海上航行的艰辛，成为中国航海时代的妈祖信仰的重要证物。南京的天妃宫作为官方兴办的航海人员的祭祀与宗教活动场所，也成为海上丝路有关城市民间文化信仰活动的重要场所，使得这一文化传统得以延续传承。

4. 由于郑和在海外大规模的、长时期的航海开拓，以及礼尚往来的平等态度进行的中外经济文化交流，得到了海外相关国家人民的崇敬，在南洋各地都留下了不少跟郑和相关的遗址，形成了东南亚地区独特的郑和传说，并形成了一种民间信仰活动，例如各地郑和寺庙的兴建活动至今仍在延续。东南亚地区独特的郑和传说，将郑和的故乡南京与跨国的“海上丝路”紧密地结合在一起。

在今爪哇井里汶有座威勒斯·阿茜庙，庙后的墙壁上画着一幅画，内容是一支飘扬着中国明朝郑和大旗的船队。在画像边陈列着“郑和宝船”留下的大铁锚。印尼泗水三保庙的前厅陈列着一支郑和船队的模型，当地许多华侨和爪哇人把它敬作神物，不时前来祈祷。庙内有一根长6米、直径为60厘米的圆木柱，当地居民认为这是郑和船队遗留下来的，为了表示对郑和的敬仰和推崇，人们时常为它献上鲜花。

郑和又称“三保（宝）太监”，为此，泰国有三座三保公庙，还有郑和塔、三宝港和三宝佛公。印尼三宝垄有三宝洞、三宝墩、三宝井、三宝河和三宝圣碑。茂物有三宝井，邦加岛有“郑和脚印”。马六甲有三宝山、三宝井与郑和将军路，槟城和登嘉楼有“郑和脚印”，砂拉越的古晋有郑和元帅路。斯里兰卡南部的加勒有郑和桥，印尼还有“三保矛”和刻有三保大人头像的“三保太监铜钱”等等。

根据学者的研究，东南亚地区郑和寺庙有十几座之多，并且直到当今仍然有关于郑和清真寺兴建的计划在筹备当中[①]。南京作为郑和下西洋的决策地、造船地和始发港，同时也是郑和的长眠之地，它与东南亚各国的郑和传说一起，构成了海上丝绸之路沿线国家、民族之间悠久而绵长的友好交往的宝贵传统。

综上，海上丝绸之路南京史迹是海上丝绸之路兴盛的代表，体现了航海精神的传承与延续，表现出文化包容与和平交往的理念，形成了以南京郑和信仰为依托的南洋及世界郑和文化，较为深刻的地影响了东南亚及其他区域的生活传统。作为文化传播和文明传输的都城，妈祖信仰发展为民间信仰，佛教、伊斯兰教遗存与跨海交流有关，影响力流传至今。

---

① 孔远志、杨康善：《郑和下西洋与东南亚华侨华人》，《华侨华人历史研究》2005年第3期。

第二节 南京航海史及航海技术的发展

一、东吴时期

南京有史记载最早的较具规模的航海活动发生在三国时代的东吴时期，船队多是有组织的使船和兵舰，这一时期也是南京进行海上丝绸之路开拓的初创期。

东汉建安十六年（211），孙权将治所从京口迁往秣陵（今江苏南京）。东汉建安十七年（212），孙权在战国时期楚国金陵邑的城址修建石头城要塞，作为驻军和屯粮之所，以资守御，并取“建功立业”之意改称秣陵为建业（今江苏南京）。吴黄龙元年（229）四月，孙权在武昌（今湖北鄂州）称帝，同年九月迁都建业，开创了南京建都的历史。吴国在南京建都前后为51年（229—280），对造船业和航海交通十分重视，凭借着临海的地理优势和悠久的航海传统不断致力其航海发展，竭力发展经济，开创造船业，训练水师，以水军立国，并派遣使者进行航海活动，与外通好。

（一）东吴时期南京的航海活动

东吴时期较具规模的几次航海活动均是由其政权发起和组织进行的，从某种意义上来说代表的是国家和军队的行为，其策源地和回归地均是作为都城的建业即南京。范文澜《中国通史》认为：“吴以水师立国，有船五千余艘，水军主力在长江，但航海规模也很大。”吴国的航海活动主要集中于其统治地区东南沿海及相连河流区域，在远洋航行方面，已经与海外建立了密切的往来。据史料载，时东吴武装船队出海百余艘，随行将士万余人，东至夷州（今台湾），北上辽东、高句丽（今朝鲜），南下珠崖、儋耳（今海南）和南海诸国（今越南、柬埔寨等东南亚地区），至吴国灭亡时，战船、商船等达5000多艘。

1. 东至夷洲

吴黄龙二年（230），孙权因听说秦代方士徐福率童男童女数千人入海求仙，留居在亶洲和夷州，即在会稽郡所属的东冶（今福州市）的海外，遂“遣将军卫温、诸葛直将甲士万人浮海求夷洲及亶洲”[①]。结果亶洲未寻得，只到了夷州。

①（西晋）陈寿：《三国志·吴书二·吴主传》，中华书局，1973年。

学界认为，夷州就是今天的台湾，而亶洲则是今天日本列岛的一部分。吴丹阳太守沈莹在其撰写的《临海水土异物志》一书中记录了夷洲的风貌："夷州在临海东南，去郡二千里，土地无霜雪，草木不死，四面是山。"其描述与今台湾省北部相似，书中所载夷州土人的风俗习惯等也可从今台湾高山族中找到，说明夷州即台湾。

2. 北上辽东、高句丽

据《三国志 · 吴书二 · 吴主传》《三国志 · 魏书八 · 公孙渊传》《三国志 · 魏书三 · 明帝纪》及裴注[①]记载，吴国曾多次派遣船队由海路前往辽东和割据该地的公孙氏联络。

吴嘉禾元年（232），孙权派将军周贺、校尉裴潜，从海路绕过北方魏国的控制范围与辽东公孙渊进行联络，派出船只多至100艘，这次航海活动的目的主要是在政治上联合公孙渊牵制曹魏的侧背，但同时也进行了通商活动。周贺等人的航海活动成功地完成了吴国同辽东的对接，但回航途中被魏军袭击，周贺牺牲。同年十月，公孙渊派使节沿海路回访吴国。

吴嘉禾二年（233），孙权派太常张弥、执金吾许宴为使者，将军贺达、虞咨、中郎将万泰、校尉裴潜等人率领随行兵士万人（《魏略》载公孙渊表说是七八千人）护送宿舒、孙综从海路回辽东，同时携带金宝珍货，九锡齐备赏赐公孙渊，并封公孙渊为燕王。是年六月，东吴舰队通过海路顺利抵达辽东沓津（今旅顺口）。随后公孙渊受魏国胁迫，加上贪图吴国使团的财物，杀了张弥等人，俘虏了造访的吴水军兵士，随同张弥赴辽东的中史秦旦、张群、杜德、黄疆等人逃亡高句丽。高句丽王即派人护送秦旦等人返回东吴。次年，孙权派遣使者谢宏、中书陈恂等从海路到达高句丽，封高句丽王宫为单于，加赐衣物珍宝。

吴赤乌二年（239），孙权派羊衜、郑胄为督军使者与将军孙怡等率领舰队从海路前往辽东"掳人"。

---

① 南朝宋文帝以陈寿所著《三国志》记事过简，命裴松之为之作补注。

3. 南下珠崖、儋耳和南海诸国

吴黄武五年至黄龙三年（226—231），吕岱平定交州后任刺史期间，遣从事进行了南下的航海活动。《三国志·吴书十五·吕岱传》云："岱既定交州，复进讨九真，斩获以万数。又遣从事南宣国化，暨徼外扶南、林邑、堂明诸王，各遣使奉贡。"

据《梁书》中记载，吴国孙权在位时曾派遣中郎康泰、宣化从事朱应率船队出使南洋，经过及传闻的有"百数十国"，其中包括林邑（今越南中部）和扶南（今柬埔寨、老挝南部、越南南部、泰国东南部一带）。《梁书·卷五十四·诸夷·海南诸国》："南海诸国……及吴孙权时，遣宣化从事朱应、中郎康泰通焉（指南海诸国），其所经及传闻，则有百数十国，固立记传。"同书《扶南传》称："吴时遣中郎康泰、宣化从事朱应使于寻国。"这里的"寻"是指康泰《吴时外国传》所述的扶南国国王范寻，范寻在位时间为公元245—251年。

吴赤乌五年（242）七月，孙权派将军聂友、校尉陆凯率兵三万自海上远征珠崖、儋耳。是年，孙权复置珠崖郡，领徐闻、朱卢、珠官三县，属交州。

（二）东吴时期南京的航海技术

据相关考证和文献记载，东吴时期的造船和航海技术已经非常成熟，不仅能造成类型繁多可供出海航行的各种船只，还发明了分隔舱造船结构技术和多风帆驭风技术。东吴政权多次派遣使者组织武装船队出海远航，为作为都城的建业即南京通过海路进行海外交流及开拓海上丝绸之路打下基础，这些造船和航海技术都发挥了重要作用。

东吴丹阳太守万震[①]著《南州异物志》载，当时航行在南海之上的船舶，"大者长二十余丈（四十六至五十米），高出水三二丈，望之如阁道，载六七百人，物出万斛（千吨）"[②]。据学者考证，当时东吴造船业已经有使用横梁和隔舱

① 史载丹阳太守在黄武初为吕范，至嘉禾三年诸葛恪为丹阳太守。自吕范至诸葛恪中间相隔十余年，未闻他人继范为丹阳太守。疑万震为丹阳太守，在吕范之后诸葛恪之前，正当东吴政权航海活动甚盛之际。而在魏黄初二年（221），孙权就把丹阳郡的治所从宛陵（今安徽宣城）移到了建业。

② （宋）李昉：《太平御览》卷769引万震《南州异物志》，中华书局，2011年。

板形成的分隔舱结构造船，说明其时已发明了原始的水密隔舱。这项技术使得船在航行时，即使有一两个船舱受到破坏进水了，水也不会流入其他船舱中，船也不会马上沉没。进水的船舱可以抓紧时间抽水、堵塞漏洞和进行其他修理，并不影响船的继续航行[①]。

东吴的海船还用上了先进的多帆技术，在多帆桅船上，斜移的帆面各自迎风，后帆不会挡住前帆的受风，大大加快了船速。康泰《吴时外国传》称，这种船自南海乘风航行至大秦只需一月。万震《南州异物志》中也叙述了当时南海航海者的风帆驭风技术，详细说明了帆面悬挂的位置在驭风中的作用及帆面悬挂的样式与受风的关系："其四帆，不正前向，皆使斜移，相聚以取风吹。风后者激而相射，亦并得风力。若急，则随宜增减之。斜张相取风气，而无高危之虑，故行不避迅风激波，所以能疾。"[②]这使我们了解到当时海船的风帆使用技术。海船在驶风航行时，随风向的顺逆不同而采取不同的帆位布置，这种方法现代木帆船还在使用。

二、东晋时期

东晋时期，由于中国北方的战乱，丝绸之路的陆上通道经常受到破坏，海上通道便承担起对外交流的主要职能。这一时期的东晋政权，被认为是中华文明"正朔"所在，在承东吴大力发展海上交通之后，亦继续推进海上交通，使都城建康一度成为各国文化交流方面的主要城市，成为海上丝绸之路由西域至中土的枢纽或终端，以及海上丝绸之路东延的出发地。

西晋永嘉元年（307）八王之乱后，司马睿听从王导建议迁镇到建康（今江苏南京）；建兴五年（317）西晋灭亡后，司马睿在建康重建晋廷，史称东晋[③]。晋朝能在建康重建政权实现复兴，能在诸多政权中保持中央地位，让各

---

① 张法：《东吴与江南美学的四个方面》，《郑州大学学报（哲学社会科学版）》2011 年 04 期。

② （宋）李昉：《太平御览》卷 771 引万震《南州异物志》，中华书局，2011 年。

③ 西晋建兴五年（317）4 月 6 日，司马睿承制改元，即晋王位（尚未称帝），改元建武，东晋建立，史称东晋；次年 4 年 23 日，晋愍帝死于汉国的讣告传到江东，司马睿才于 4 月 26 日即皇位（"上尊号"），改元太兴。

方势力尊崇奉为“正朔”，其中航海业发挥了巨大作用，不仅是通过航海贸易获取大量财富，维持东晋王朝多次北伐的开销，还能通过航海向北方晋藩调运大量物资补给，运送人员往返，可以说航海对东晋王朝来说是决定存亡的重要因素。

（一）东晋时期南京的航海活动

晋朝在中原战乱后，北方晋人和南方晋人的联系基本都是靠航海，加上与西方联系的陆上通道时常被切断，对外交通转向海上，使得东晋时期以都城建康即南京为重要节点的航海活动显得越来越重要。《晋书·五行志》记载，作为都城的南京滨江地带有著名的石头城，而石头城下即为停靠江海船舶的“石头津”，石头城旁的长江江面上有众多商旅船只往来，可见当时南京水运码头的兴盛。

1. 与辽东半岛、朝鲜半岛的往来

（1）东晋王朝建立后，曾通过航海与孤悬在北方的晋地方势力如辽东的慕容氏、北方的代国和段氏等进行往来。东晋政权多次向辽东的晋藩慕容氏运送物资军械，都是通过海上运输实现的；向北方的晋藩代国派遣使臣韩畅欲让代国继续保持晋藩地位，也是从海路经东北完成；向北方幽州派遣刺史和段氏联系也是通过航海进行的。

东晋建武元年（317），司马睿初即王位时，控制今渤海辽东湾北部一带的慕容廆，曾派长史王济航海到建康表拥戴。当时王济要从辽东湾大凌河口出发，经渤海海峡，绕经山东半岛东端，进入长江口，到达建康（今江苏南京）。此后慕容廆经常经海道通使建康。太兴二年（319）十二月，鲜卑宇文部首领宇文悉独官率军攻打慕容部，慕容廆听从裴嶷的建议，大败宇文部军后缴获皇帝玉玺三纽，派遣裴嶷为使者到东晋都城建康贡献玉玺以及战利品；太兴三年（320）三月，裴嶷等人经航海到达建康。

东晋咸和八年（333）五月，前燕政权的慕容廆去世，由第三子慕容皝继位；咸和九年（334）八月，东晋政权为继续与慕容氏政权沟通，派遣王齐、徐孟等率船队，从建康出长江入海，沿黄渤海航行到达辽东半岛，“诏遣侍御史王齐祭辽东公廆，又遣谒者徐孟策拜慕容皝镇军大将军、平州刺史、大单于、辽东公，持节、承制封拜，一如廆故事。船下马石津，皆为慕容仁所留”；咸康元年（335）十月，慕容仁遣王齐等南还，“齐等自海道趣（取）棘城。齐遇风不至。十二月，徐孟等至棘城，慕容皝始受朝命”，王齐，徐孟等沿海路返回建康。[①]

（2）东晋时期，海上丝绸之路东延促成佛教初传朝鲜半岛。东晋宁康二年（374 年，一说宁康元年），印度僧人阿道从东晋到达高句丽，并入丸都城，主持高句丽小兽林王创建的寺庙。东晋太元九年（384），胡僧摩罗难陀自东晋至百济，先至北汉山城（今韩国首尔），后又到当时的南汉山城[②]，以致百济国枕留王亲自出城恭迎。这种影响、传布和酝酿也正是通过以建康为枢纽和出发点的海上丝路及其东延来完成的。

东晋孝武帝时（372—396），建康与朝鲜半岛的遣使往返和文化交流都是通过航海完成的，也为今南京作为海上丝绸之路东延的出发点提供了重要依据。

2. 与南海诸国、天竺之间的往来

东晋时期的建康通过航海活动与南海诸国、天竺有了进一步的往来，但史籍记载较少，其中以《佛国记》中对法显西行求法经海路回到建康的记载最具代表性。

东晋隆安三年（399），法显等僧人从长安出发沿着传统的“陆上丝绸之路”经西域到达天竺，义熙七年（411）从师子国（今斯里兰卡）搭乘商舶取道“海上丝绸之路”归国，并于义熙九年（413）辗转到达建康，成为首个经历陆上、海上“丝绸之路”的僧人。法显由海上回国后，至建康著书立说，于义熙十二年（416）撰成《佛国记》，这是中国历史上第一部关于

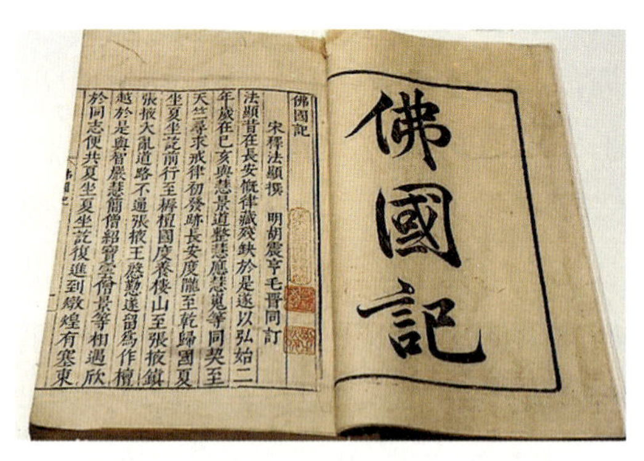
佛國記

佛國記
宋釋法顯撰　明胡震亨毛晉同訂
法顯昔在長安慨律藏殘缺於是遂以弘始二
年歲在己亥與慧景道整慧應慧嵬等同契至
天竺尋求戒律初發跡長安度隴至乾歸國夏
坐夏坐訖前行至耨檀國度養樓山至張掖鎮
張掖大亂道路不通張掖王慇懃遂留爲作檀
越於是與智嚴慧簡僧紹寶雲僧景等相遇欣
於同志便共夏坐夏坐訖復進到燉煌有塞東

图 209　东晋高僧法显所著的《佛国记》

① （北宋）司马光主编：《资治通鉴》，中华书局，2009 年。
② （日）中村元：《百济的佛教》。

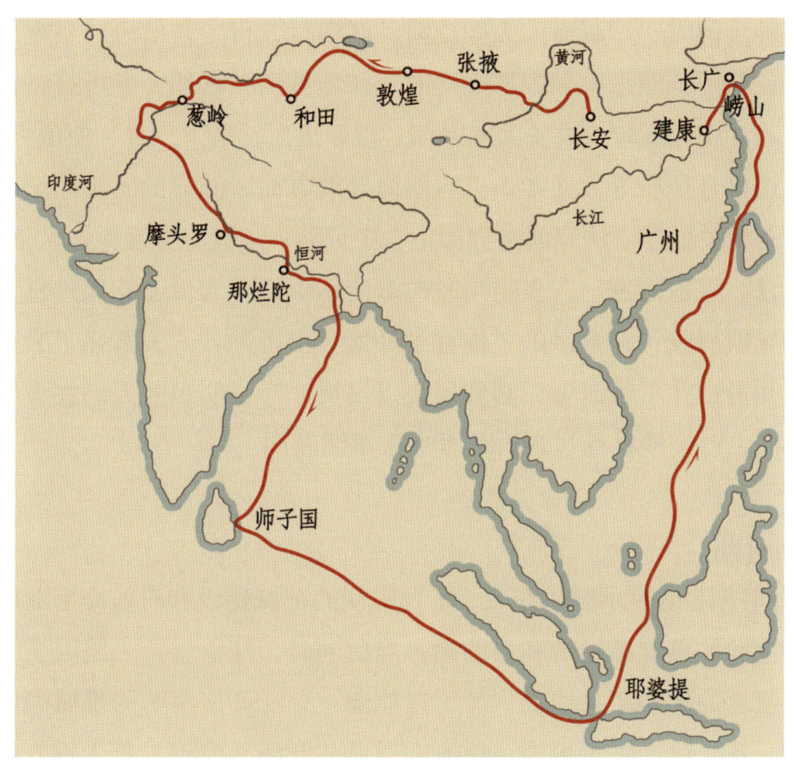

图 210　法显西行求法路线示意图

远洋航行的纪实性文献，记载了东晋时期航海业的部分内容，尤其是自印度经由南海诸国最终回到建康的一些航海活动。

（二）东晋时期南京的航海技术

东晋时期南京的造船和航海技术在承继东吴的基础上有了进一步的发展。据相关文献等记载，当时能建造两千人大船，通常的商船也能乘坐二百到七百人，经常往来于东南亚、南亚、西亚、罗马帝国之间，商人的贸易丝绸通常上千匹，利用对信风的掌握和辨别日月星辰位置等天文知识和经验技术航海。

东晋时期已经能制造四帆海船，这是在双帆基础上有更进一步的发展，使用多帆主要是控制风力和风向，当时称为“调风”，四帆船已经能调风达到连续十五昼夜不解帆地航海。

在利用信风航海方面，法显的《佛国记》在描述由海路回程的情景中就有相关记载，也比较符合所经海域的实际情况：从印度恒河三角洲的多摩梨帝国乘船前往师子国时，“载商人大舶泛海，西南行，得冬初信风，昼夜十四日到师子国”；从师子国乘大舶到耶婆提时，“即载商人大舶，上可有二百余人。后系一小舶，海行艰崄，以备大舶毁坏。得好信风，东下三日，便值大风……”

在利用日月星辰等天文知识进行航海导航方面，法显的《佛国记》和葛洪的著作都有相关描述。法显的《佛国记》中记载：“大海弥漫无边，不识东西，唯望日、月、星宿而进。”表明当时航海活动中航海人员已能通过日月星辰来识别方向导航行驶了；葛洪的《抱朴子外篇·嘉遯》：“夫群迷乎云梦者，必须指南以知道；并乎沧海者，必仰辰极以得反。”说明当时人们在大海中航海迷失了方向，已经懂得通过观看北极星来辨明航向。

三、南朝时期

南朝[①]时期，南京承继了东吴、东晋时期的都城建设和对航海事业的经营，成为航海活动的重要出发地和目的地。与此同时，陆上丝绸之路因受到战乱和北朝政权阻塞的影响不再通畅，使得以建康（今江苏南京）为都城的中国南方政权（宋、齐、梁、陈）更加注重海上通道的开拓，取得了若干重要的进展，海上丝绸之路进入不断发展时期。

这一时期建康与朝鲜半岛、日本列岛以及南海诸国甚至更远地域的航海交往日益增多，使得航海活动一度兴盛，建康城在海上丝绸之路的发展中也取得了独特的地位。关于南朝以建康为代表的海上交通，《南史·夷貊传》有概括的论述：“自晋氏南度，介居江左，北荒西裔，隔碍莫通，至于南徼东边，界壤所接，洎宋元嘉抚运，爰命干戈，象浦之捷，威振冥海。于是鞮译相系，无绝岁时。以洎齐、梁，职贡有序。及侯景之乱，边鄙日蹙。陈氏基命，衰微已甚，救首救尾，身其几何。故西赆南琛，无闻竹素，岂所谓有德则来，无道则去者也！”

（一）南朝时期南京的航海活动

南朝时期，为了加强海上通道的对外联系，都城建康与长江入海口之间的航道相比东吴、东晋时期得到了更多的开发和利用：一方面船只可从建康出发，

① 公元420年，东晋权臣刘裕逼迫晋恭帝司马德文禅位，刘宋建立，此后中国南方地区相继出现了宋、齐、梁、陈四个政权，史称“南朝”（420—589）。

直接由长江入海，向东可通朝鲜半岛、日本列岛，向南可通达南海诸国、南亚地区乃至阿拉伯海与波斯湾；另一方面，外来和返航船只沿海路抵达长江入海口后也可直接溯长江而上抵达建康。

众多僧人通过海路往来于建康与各国之间，弘扬佛法，尤为这一时期航海活动的一大特色。南海诸国、南亚地区的佛教文化通过海路集聚于都城建康，并被中国化，再通过建康与朝鲜半岛、日本列岛之间的海上往来使得佛教文化再次跨海东传。

1. 与朝鲜半岛、日本列岛的往来

南朝时期，建康通过海路与朝鲜半岛的高句丽、百济往来比东吴、东晋时期更为密切。如《梁书》卷五四载："自晋过江，泛海东使，有高句骊、百济，而宋、齐间常通职贡，梁兴，又有加焉。"南朝梁、陈时，与朝鲜半岛的新罗通过海路也有了使节往来，特别是佛教经籍和教义通过海路大量传入，使得新罗佛教获得极大发展。新罗多次派出僧人随船航海前来建康求法，如陈天嘉六年（565），新罗僧人明观学成回国，带回佛教经典1700多卷；陈太建十年（578），新罗僧人圆光法师到陈朝都城建康学习三藏诸典等等。

南朝时期，日本列岛的倭王国在向朝鲜半岛扩张的过程中，与百济结成同盟对抗高句丽和新罗，在南朝宋时频繁遣使通过航海前往建康朝贡，逐渐开辟了从朝鲜半岛南部经百济中转前往建康的航海线路。

3. 与南海诸国、南亚地区的海上联系

南朝时期，建康与南海诸国、南亚地区的海上联系更见繁盛，交州以南诸国和天竺、师子国等南亚地区国家的使节、商人不断由海上丝绸之路前来都城建康及南部海港，出现了"四海流通，万国交会""舟舶继路，商使交属"①的活跃景象。关于南朝与南海诸国的海上交往，《梁书·诸夷列传》中也有一个总的概述："海南诸国，大抵在交州南及西南大海洲上，相去近者三五千里，远者二三万里，其西与西域诸国接。……晋代通中国者盖鲜，故不载史官。及宋、齐，至者有十余国，始为之传。自梁革运，其奉正朔，修贡职，航海岁至，

① （南朝·梁）沈约：《宋书·蛮夷传》，中华书局，1974年。

逾于前代矣。”

南朝齐时的南海海舶，也叫昆仑舶，可沿长江上驶直达建康城下，如《南齐书》中就有相关记载：“世祖（萧赜）在东宫，专断用事，颇不如法，任左右张景真……（张景真）又度丝锦与昆仑舶营货，辄使传令防送过南州津。”①

南朝梁时也有扶南大舶到建康出售舶货，“扶南大舶从西天竺国来，卖碧颇黎镜。面广一尺五寸，重四十斤，内外皎洁。置五色物于其上，向明视之，不见其质。问其价，约钱百万贯。文帝令有司算之，倾府库当之不足。”②

南朝时期，由于统治者尊崇佛教，南海诸国、南亚地区的僧人经常通过海路往来于建康。如南朝宋时的天竺僧人僧伽跋摩从建康搭乘“西域贾人舶”西归③；扶南僧人僧伽婆罗于南朝齐时“随舶至都”（“都”指建康）④；中国禅宗的始祖达摩祖师，也在南朝梁武帝时期经海路来到建康，留下了“一苇渡江”之传说，以及达摩岩、卓锡泉等跟“达摩传说”有关的景观。

（二）南朝时期的航海技术

南朝时期，以南京为中心的航海活动和海上丝绸之路的实践得到发展，航海人员在东吴、东晋时期航海经验的基础上已经掌握了在海上航行的风帆驭风技术，还具备了信风和潮汐洋流等一些基本航海知识，懂得利用北极星来引导船舶安全航行，航海图的绘制和海路指南也获得了发展。

古籍《谈薮》曰：“梁汝南（今河南汝南）周舍，少好学，有才辩。顾谐被使高丽，以海路艰难，问于舍，舍曰，昼则揆日而行，夜则考星而泊。海大便是安流，从风不足为远。”⑤表明南朝梁时已有人懂得利用日月星辰在航海活动中引导船舶辨别方向行驶了。

---

①（南朝·梁）萧子显：《南齐书·荀伯玉传》，中华书局，2017 年。
②（宋）李昉等：《太平广记》引《梁四公记》佚文，中华书局，2003 年。
③（南朝·梁）释慧皎：《高僧传》卷四，上海古籍出版社，2017 年。
④（唐）道宣：《续高僧传》卷一，中华书局，2014 年。
⑤《太平广记》《渊鉴类函》等中国古代类书中均有征引。

四、明代早期

明代早期（1368—1433），南京第一次成为中国南北统一政权的都城①，政治中心的优势相比六朝时期更为显著，与海外各国的海上交往活动在明初实行“海禁”和“朝贡贸易”的政策背景下反而得到了优先发展，海上丝绸之路进入一个全新的发展时期。

洪武元年（1368），朱元璋建立明朝定都应天府（今江苏南京）后，为了维护政权的稳定，实行“海禁”政策防御倭寇侵扰和防止海外与内地的反抗势力勾结作乱，明代早期的帝王不同程度都延续了这一政策，使得民间的航海活动受到官方的严格管控和禁止，海上交往基本由官方垄断，主要是使节往来的官方性质，同海外各国的贸易也采取“朝贡贸易”的形式。这一时期，南京作为都城成为官方航海活动的中心所在，特别是永乐至宣德年间（1405—1433）以郑和下西洋为代表的大规模官方航海活动，将南京的航海事业推向了历史巅峰，极大地拓展了以南京为重要节点的海上丝绸之路。

（一）明代早期南京的航海活动

明代早期，南京的航海活动主要依靠官方组织，使节往来成为重要内容，明王朝为宣扬国威和发展朝贡贸易，多次派遣使臣远航海外各国。如洪武年间（1368—1398），明太祖朱元璋在实行“海禁”政策的同时，不断派遣使节通过航海前往朝鲜半岛、日本列岛（包括琉球）以及南海诸国等地区建立联系。海外使团也不断来到南京朝贡，据《明太祖实录》卷四十七载：“洪武初，海外诸番与中国往来，使臣不绝。”永乐十九年（1421），明成祖朱棣迁都北京，南京成为留都，仅设中央“六部”等机构，但即使如此，永乐年间（1403—1424）仍有不少使团通过航海往来于南京，如日本使团就经常从海上来到南京开展朝贡贸易等相关活动。

这一时期最重要且影响深远的航海活动当属“郑和下西洋”：永乐至宣德年间（1405—1433），明王朝中央政府经过不断酝酿和充分准备，派遣郑和等率领的航海船队下西洋，曾由南京龙江关（今下关）出发，顺长江而下到太仓

① 永乐十九年（1421），明成祖朱棣将都城迁至北京，南京改作留都。

刘家港，从刘家港出长江口入海，然后沿传统的海上丝绸之路南海航线出使东南亚、南亚地区，并将航海活动延伸至西亚波斯湾和非洲东部沿海地区。

表 4 “郑和下西洋”航海活动一览表

次序	时间	主要航海过程	相关文献引文
第一次	永乐三年至永乐五年（1405—1407）	郑和率领船队于永乐三年（1405）六月十五日从南京龙江关出发，经江苏太仓刘家港出海，至福建五虎门抛锚休整，待入冬东北风盛行之时再起航南下，首先到达占城（今越南南部），遍历爪哇（今印度尼西亚爪哇岛）、旧港（印度尼西亚苏门答剌岛巨港）、满剌加（今马来半岛南端马六甲）、锡兰山（今斯里兰卡）、柯枝（今印度科钦）等地，最后抵达古里（今印度卡利卡特），于永乐五年（1407）九月携诸国使者返回南京，历时两年三个月。	（永乐三年）六月，遣中官郑和等赍敕往西洋诸国，并赐诸国王金织文绮彩绢各有差。（《明成祖实录》卷三五） 郑和统领舟师至古里等国。时海寇陈祖义，聚众三佛齐国，劫掠番商，亦来犯我舟师，即有兵阴助，一鼓而殄灭之，至五年回。（《长乐天妃灵应碑记》） 新建南京龙江天妃庙成，遣太常寺少卿朱焯祭告。时太监郑和使古里、满剌加诸国返，言神多感应，故有是命。（《明成祖实录》卷五二）
第二次	永乐五年至永乐七年（1407—1409）	此行主要是送随访的诸国使节回国。郑和等于永乐五年（1407）九月十三日从南京出发，出海至福建长乐太平港后暂驻，入冬后起航南下，到访占城、爪哇、浡泥（今文莱）、满剌加、锡兰山、柯枝、古里、暹罗（今泰国）等地，至永乐七年（1409）夏回国。	（永乐五年）十二月，复命郑和，立即与王景弘、侯显等率船队第二次下西洋，出使爪哇、古里、柯枝等国。（《长乐天妃灵应碑记》） 统领舟师往爪哇、古里、柯枝、暹罗等国，番王各以珍宝、珍禽、异兽贡献，至七年回还。（《长乐天妃灵应碑记》）

（续表）

次序	时间	主要航海过程	相关文献引文
第三次	永乐七年至永乐九年（1409—1411）	郑和等率船队于永乐七年（1409）九月出海，十月至福建长乐太平港停泊，十二月在福建五虎门起航，先到占城，经爪哇、暹罗、满剌加等地，至锡兰山。在锡兰山分成二路，一路由分队前往加异勒（今印度卡异尔）、甘巴里（今印度科摩林角）、阿拨巴丹（今印度西岸的阿麦达巴丹），郑和本人率船队到达柯枝、古里等地，至永乐九年（1411）六月回国。	郑和第二次奉使还，九月复偕王景弘、费信等第三次奉命出使西洋诸国。（《长乐天妃灵应碑记》） 统领舟师，往前各国，道经锡兰山国，其王亚烈苦奈儿，负固不恭，谋害舟师，赖神显应知觉，遂生擒其王，至九年归献。寻蒙恩宥，俾归本国。统领舟师往爪哇、古里、柯枝、暹罗等国，番王各以珍宝、珍禽、异兽贡献，至七年回还。（《长乐天妃灵应碑记》） （永乐九年）六月，郑和使西洋诸国还，献所俘锡兰山国王亚烈苦奈儿并其家属。（《明成祖实录》卷七八）

（续表）

次序	时间	主要航海过程	相关文献引文
第四次	永乐十一年至永乐十三年（1413—1415）	经过前三次下西洋积累的航海经验，从南海到南印度一带的海路已经打通，此次航海进一步探索了南亚以西的远方，访问了波斯湾、红海及东非沿海各地。郑和等率船队于永乐十一年（1413）十一月出发，至永乐十三年（1415）七月回国。这次航行所及的海外国家较前大为增加，计有：满剌加、爪哇、占城、苏门答剌、柯枝、古里、喃渤利（即南巫里）、彭亨（今马来西亚彭京河口）、急兰丹（今马来西亚哥打巴鲁）、加异勒、忽鲁谟斯（今霍尔木兹海峡格什姆岛）、比剌（似今莫桑比克港）、溜山（今马尔代夫群岛）、孙剌（似今莫桑比克的索法拉）、阿丹（今也门的亚丁）、剌撒（今伊萨角）、木骨都束（今摩加迪沙）、不剌哇（今布腊瓦）、麻林等。	永乐十一年癸巳，太宗文皇帝敕正使太监郑和统领宝船，往西洋诸番国，开读赏赐，余以通译番书，亦被使末。随其所至，鲸波浩渺，不知其几千万里……（《瀛涯胜览》） 统领舟师，往忽鲁谟斯等国，其苏门答剌国有伪王苏干，寇侵本国，其王宰奴里阿比丁，遣使赴阙陈诉，就率官兵剿捕。赖神默助，生擒伪王，至十三年回献。是年满剌加国王，亲率妻子朝贡。（《长乐天妃灵应碑记》） （永乐十三年）七月，郑和第四次奉使西洋诸国归还。九月，郑和献所获苏门答剌贼首苏干剌等于行在。兵部尚书方宾言苏干剌大逆不道，宜付法使正其罪，遂命刑部按法诛之。（《明成祖实录》卷九七）

（续表）

次序	时间	主要航海过程	相关文献引文
第五次	永乐十五年至永乐十七年（1417—1419）	此行主要是送忽鲁谟斯诸国及旧港宣慰司返回。郑和率船队于永乐十五年（1417）冬季起航，遍访古里、爪哇、满剌加、占城、锡兰山、木骨都束、溜山、喃渤利、卜剌哇（即不剌哇）、阿丹、苏门答剌、麻林、剌撒（今阿拉伯也门之伊萨角）、忽鲁谟斯、柯枝、南巫里、沙里湾泥（今印度南端东岸）、彭亨、旧港等地，于永乐十七年（1419）七月回国。	统领舟师往西域，其忽鲁谟斯国进狮子、金钱豹、大西马。阿丹国进麒麟，番名祖剌法，并长角马哈兽。木骨都束国进花福鹿，并狮子。卜剌哇国进千里骆驼，并驼鸡。爪哇、古里国，进縻里羔兽。若乃藏山隐海之灵物，沉沙栖陆之伟宝，莫不争先呈献。或遣王男，或遣王叔、王弟，棒金叶表文朝贡。（《长乐天妃灵应碑记》） （永乐十七年）七月，官军自西洋还。上谕行在礼部臣曰：“将士涉历海洋逾十数万里，经数十国，盖亦劳矣。宜赏劳之。”（《明成祖实录》卷一一四）
第六次	永乐十九年至永乐二十年（1421—1422）	郑和等率船队于永乐十九年（1421）正月三十日起航，赶在东北季风之尾南下，到达满剌加、苏门答剌后，分成几路前往各国，所到之地有忽鲁谟斯、阿丹、祖法儿、剌撒、不剌哇、木骨都束、满剌加、甘巴里、暹罗、榜葛剌（今孟加拉国）等，郑和一行于永乐二十年（1422）八月回国，其他分路船队返回时间各不相同。	（永乐十九年）正月，忽鲁谟斯等十六国使臣还，命郑和偕王景弘、马欢等人率船队第六次奉使西洋诸国。（《明成祖实录》卷一百一十七） （永乐二十年）八月，中官郑和等使诸番国还。暹罗，苏门答剌，阿丹等国悉遣使随和贡方物。（《明成祖实录》卷一二三）

（续表）

次序	时间	主要航海过程	相关文献引文
第七次	宣德五年至宣德八年（1430—1433）	郑和等率船队于宣德五年（1430）冬季从南京龙江关启程至江苏太仓刘家港，宣德六年（1431）十二月自福建五虎门起航南下，经占城、爪哇、旧港、满剌加、苏门答剌等地，船队在开赴忽鲁谟斯途中不断派遣分队前往各地访问，于宣德八年（1433）二月返航，船队在王景弘等率领下于宣德八年七月返回南京。	（宣德五年）六月，遣太监郑和等赍诏往谕诸国。（《明宣宗实录》卷六七） 宣德五年（1430）闰十二月六日龙湾开舡，十日到徐山，二十日出附子门，二十一日到刘家门，六年（1431）二月二十六日到长乐港，十一月十二日到福斗山，十二月九日出五虎门，二十四日到占城，七年（1432）正月十一日开舡，二月六日到爪哇，六月十六日开舡，二十七日到旧港，七月一日开舡，八日到满剌加，八月八日开舡，十八日到苏门答剌，十月十日开舡，十一月六日到锡兰山，十日开舡，十八日到古里国，二十二日开船，十二月二十六日到忽鲁谟斯；八年（1433）二月十八日开船回洋，三月十一日到古里，二十日大船回洋，四月六日到苏门搭剌，十二日开船，二十日到满剌加，五月十日回到昆仑洋，二十三日到赤坎，二十六到占城，六月一日开舡，三日到外罗山，九日见南澳山，十日晚望见望郎回山，六月十四日到头洋，十五日到碗碟屿，二十日过大小赤，二十一日进太仓，七月六日到京，二十一日关赐奖衣宝钞。（明祝允明《前闻记》1525年刻本）

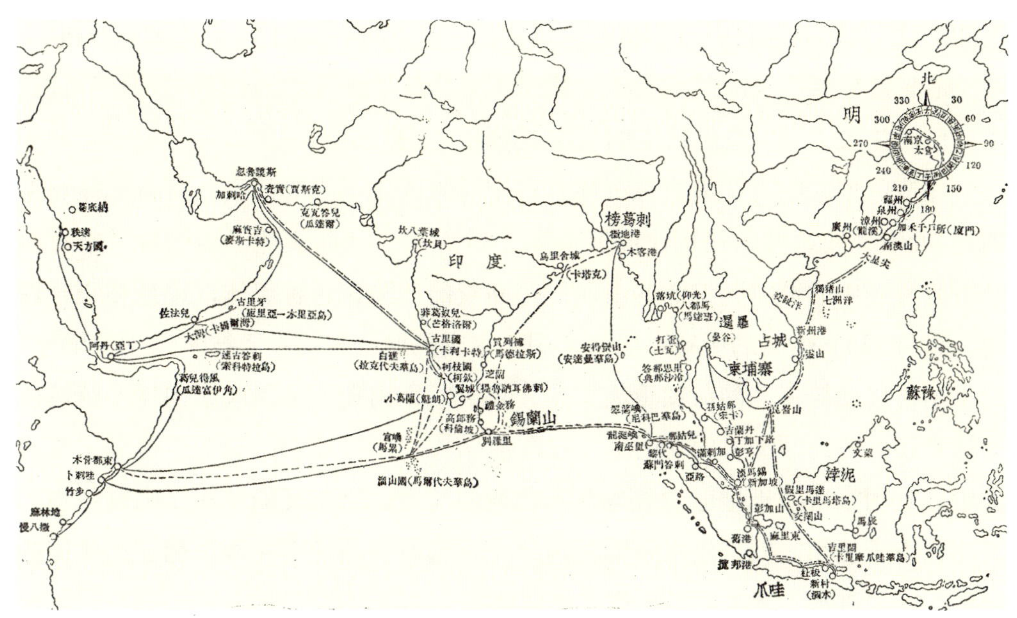

图 211　郑和下西洋航海示意图

（二）明代早期南京的航海技术

明代早期，南京的造船和航海技术在官方的主持下有了较大的提高与进步，一度出现繁盛局面。当时最为先进的造船和航海技术，包括水密隔舱、罗盘、计程法、测探器、牵星板以及线路的记载和海图的绘制等，在郑和下西洋的大规模航海活动得到了全面展现和实践。

1. 造船技术

明代早期，南京城西滨江一带以其优越的地理形势和历史传承，成为国家船舶制造业的中心，先后在此设置了一系列的大小官办船厂，其中负责海船制造的主要为宝船厂，龙江船厂也承担少量任务。

这一时期南京造船技术的提高主要表现在航海船体的增大，如郑和下西洋时所用的巨型宝船，就是由南京的“宝船厂”建造的。郑和的随行翻译马欢所著的《瀛涯胜览》载：“宝船六十三号，大者长四十四丈四尺，阔一十八丈，中者长三十七丈，阔一十五丈。”郑和船队的重要成员巩珍在《西洋番国志》中亦对宝船的巨大有所描述：“体势巍然，巨无与敌，篷帆锚舵，非二三百人，莫能举动。”同时还记载宝船所至西洋诸国“皆于海中停泊”，因“大舡难进”，常“易小舡入港”。如此大型船只，其建造工艺与用料用工，远非一般海船可比，也从侧面体现了当时造船技术的高度成熟和发达程度。

建造巨型宝船需要解决抗沉性、稳定性等问题。当时的设计者将船体宽度加到 56 米，使船体的长宽比值保持到 2.45 左右，从而避免了因船身过窄长而经不起海洋中的惊涛骇浪的冲击而发生断裂的危险，这种船体设计是相当合理的。[①]此外，郑和船队的所有海船还采用了水密隔舱结构的重要技术。“水密隔舱”是中国古代造船工艺的一项重大发明，东吴时期出现的分隔舱结构技术就被认为是水密隔舱的原型，宋元时期水密隔舱结构在中国船舶的制造中得到了普遍应用，它用水密隔板把船舱分成互不相通的舱室，这就使船舱成了水密舱室：其一，由于船舶之间采用水密隔板隔开，在远航时即使有一两个舱室因碰撞或触礁而破损进水，海水也不会流入其他舱室，从而提高了船体的抗沉性；其二，水密隔板与船体板紧密连接，四周密封，增强船体横向强度，能起到加固船体的作用。明代早期南京所造的大中型宝船由于船体较大，对水密隔舱结构技术要求自然极高，如此郑和船队才能在推山倒岳的洪涛巨浪面前，“张帆荡舻，悠然顺适，倏忽千里，云驶星疾。[②]”随着郑和船队的七次远航，郑和宝船上的水密隔舱结构技术传入海外各国，并流传到欧洲，逐渐被世界各地的造船家所汲取。如今，水密隔舱结构已成为现代船舶中一种重要船体结构形式。

2. 地文航海术

地文航海术主要是指舟师以航海图为依据，利用航海罗盘、计程仪、测深仪等航海仪器，按航海图、针路薄所记沿途各地的针路、里程、海水深度、海底底质等导航，确保海舶沿着正常的航线驶抵目的港的过程中所使用到的地面航海技术。[③]

① 陈定樑、龚和玉：《中国海洋开放史》，浙江工商大学出版社，2011 年。

② 出自南京市鼓楼区静海寺内的明代南京天妃宫遗物《御制弘仁普济天妃宫之碑》上的文字记载。

③ 孔远志、郑一钧：《东南亚考察论郑和》，北京大学出版社，2008 年。

（1）海图绘制

《郑和航海图》[①]是明代早期航海技术的一大成果，此图保存于明代茅元仪编撰的《武备志》中，是中国历史上流传至今的最早的远洋航海图。该图以明朝京师（今江苏南京）为起点，从南京的龙江关沿江地带绘起，经太仓刘家港，出长江口至福建五虎门，再沿海岸至占城国，然后一直向前经南洋群岛、马六甲海峡，进入印度洋，以今波斯湾为重点，过非洲东岸诸国。郑和航图遍及西太平洋与印度洋海岸的广大地区，记录的亚洲、非洲地名多达五百多个。

航海图的绘制自右向左、似长卷呈“一”字展开，绘制风格注重写实，沿袭中国传统山水画地图风格，对有关的地形、地物（如山峰、岛礁、寺院、桥梁、建筑物等）采用了对景图式画法，即将山形地貌如实画在海图中，每一关键地方的特征，如山、塔、高大建筑等都绘在图上。具体布局图文配合，因地制宜，以对景写实的图片为主，以文字叙述性的航路指南为辅。

图中记录了从中国至非洲东部的许多航线，明确标明了航向、航程、停泊港口，还对航行途中的碍航物、山峰、岛屿、浅滩、礁岩、险狭水道、水深、底质、港口标志等，都作了明确的提示，显示了明代早期航海者对海外航路的地形水势已有相当熟练的掌握。

① 原名《自宝船厂开船从龙江关出水直抵外国诸番图》，后人多简称为《郑和航海图》。约成于15世纪中叶。原图为自右而左展开的手卷式，茅元仪收入《武备志》卷二百四十后改为书本式，共二十四页，包括茅元仪序一页，图二十页，《过洋牵星图》二页（四幅），空白一页。

浙江镇海
吴淞江口
江苏太仓
钱塘江口
长江
普陀山
崇明岛

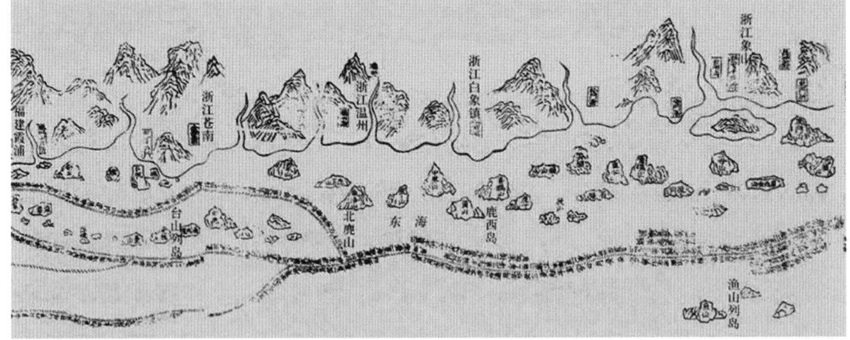
浙江象山
浙江白象镇
浙江温州
浙江苍南
福建霞浦
台山列岛
北麂山
东海
鹿西岛
渔山列岛

太姥山
福建漳州
福建泉州
福建莆田
福建福州
福建连江
福建宁德
厦门
金门岛
湄洲岛
闽江口
澎湖列岛
马祖列岛
东引岛

越南中南部
北仓河口
越南岘港
广东广州
珠江口
香港九龙
五指山
海南海口
西沙群岛
东沙群岛
北部湾

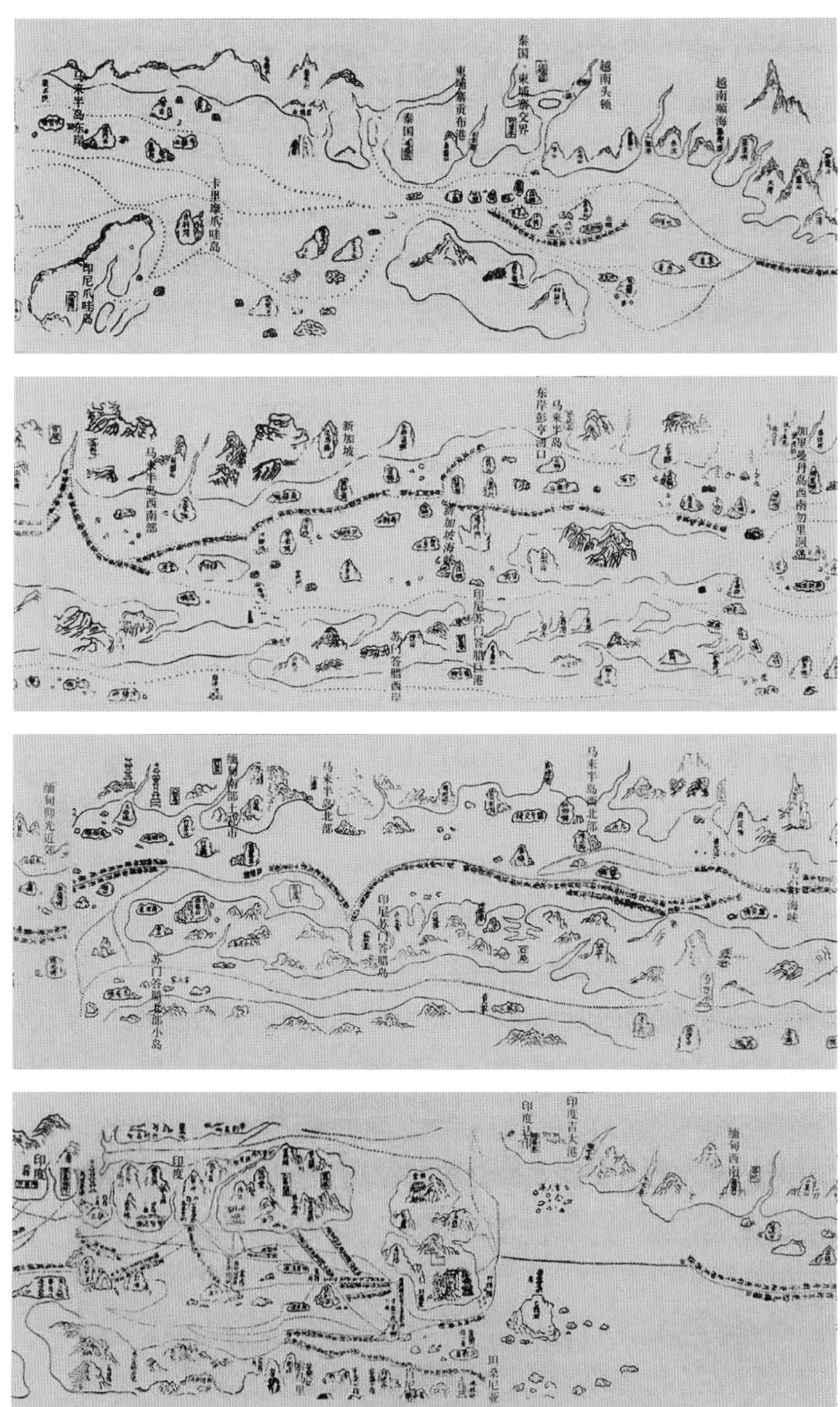
马来半岛东岸
卡里摩爪哇岛
印尼爪哇岛
柬埔寨贡布港
泰国
泰国·柬埔寨交界
越南头顿
新加坡
马来半岛西南部
马来半岛东岸彭亨河口
加里曼丹岛西南勿里洞
新加坡海峡
印尼苏门答腊巨港
苏门答腊西岸
缅甸仰光近郊
缅甸南部土瓦市
马来半岛北部
马来半岛西北部
马六甲海峡
印尼苏门答腊岛
苏门答腊北部小岛
印度
缅甸西南
坦桑尼亚

图 212 《郑和航海图》

（2）航路指南和线路记载

明代早期，指南针在航海中的应用进一步得到发展，主要用于测定针路。如郑和船队所用的航海罗盘，其中指南浮针是一种水罗盘，最迟到北宋时已经在海船上使用的。据船队成员巩珍在《西洋番国志》中的记载，这种罗盘“斫木为盘，书刻干支之字，浮针于水，指向行舟”，也就是使用木制的罗盘上依天干地支刻二十四方位，再以磁针漂浮在水上用以指示方向。[1]当时的航海人员利用磁罗盘导航技术，并将之与惯行航线结合起来形成“针路”[2]，再把针位方向记录下来，就是“罗经针薄”，作为航行的依据。在《郑和航海图》、明黄省曾的《西洋朝贡典录》、明张燮的《东西洋考》、明慎懋赏的《海国广记》，以及明代佚名《顺风相送》和《指南正法》两种海道针经等书中，对郑和下西洋所循针路，均有记载。

郑和船队在航海中记录的针路主要使用“更”“托”“针位”的航海方法，“海行之法，以六十里为更，以托避礁浅，以针位取海道”[3]。“更”是计量单位，

① 当时使用的罗盘有二十四个方向，系用二十四个汉字围环组成。即天干中的八个：甲、乙、丙、丁、庚、辛、壬、癸；十二地支：子、丑、寅、卯、辰、巳、午、未、申、酉、戌、亥；八卦中的四显卦或四维：乾、坤、巽、艮。地支每字的中线刻度即代表十位整度数的，如 30 度、60 度、90 度等等。每个字占有 15 度。实际应用中，可作四十八向。用它测定针路时，如用单一方位，称为“单针”或“丹针”，亦称正针。两字之间称为缝针，每向为 7.5 度，如子癸，癸丑等等。罗盘指针扎于灯芯草上，浮于罗盘内水上。虽有风浪颠簸，也不易脱针，而保证正常指向。

② 海船使用罗盘导航时，每条航线都是由许多针位点连接起来的，这就是“针路”。

③（明）黄省曾：《西洋朝贡典录》，中华书局，2000 年。

用来表示航行时间和航程，“一更”表时间约为 2.4 小时，表航程需要考虑到航行的风速”；“托”是明人测量水地深浅所使用的单位，一般指两臂张开伸直的长度约 5 到 6 尺，即 2 米左右。“更”“托”用于航海计量，也是明代早期航海技术发展的一个标志，它与指南针结合，可以推算船位航速、海域位置与礁险，让航行路线方向更为精确、安全。此外，近海航行时，还可以将陆标与针位等结合起来使用，如《郑和航海图》中提到的“用丹乙针，一更，船乎吴淞江”，即以吴淞江为陆标，用罗盘针位校正航向。

3. 天文航海术

天文航海术主要是指在海上观测天体来决定船舶位置的各种方法。文献记载表明，早在六朝时期，中国的航海活动中已经有人懂得利用日月星辰来识别航行方向了。至明代早期，以“牵星板”测天体高度的天文观察技术在航海中得到了更多的应用，标志着天文航海术进入了以海上天文定位为特点的牵星术阶段，《郑和航海图》中的牵星记载就是当时应用这一技术的重要成果。

（1）牵星术和牵星板

牵星术，乃是当时一种利用天文状况进行测位的航海技术，即在船上利用牵星板来观察某一星辰的高度，借以确定船只所在的地理位置。特别是在深海中，地形水势难以提供有效的识别，无所凭依，因此往往以星辰来确定航位。

明人李诩在《戒庵老人漫笔》中记载：“苏州马怀德牵星板一副，十二片，乌木为之，自小渐大，大者长七寸余。标为一指、二指，以至十二指，俱有细刻，若分寸然。”“又有象牙一块，长二寸，四角皆缺，上有半指、半角、一角、三角等字，颠倒相向，盖周髀算尺也。”

使用牵星板之方法，观测者手臂伸向前方，手持牵星板，使板面与海面垂直，板下端引一定长之绳以固定板与观测者眼睛之间的距离，观测时，使板下边缘与海天交线相合，上边缘与所测天体相接，便得天体离海平面高度，单位是“指”和“角”，一“指”是今天的 1.9°，相当于四角。角可从牵星板刻度读出，或用小象牙块量得。

图 213　古人牵星形象图

（2）《郑和航海图》中的牵星记载

《郑和航海图》中的牵星记载，是研究明代早期牵星术的重要实证史料，其 20 页海图中，有 3 页半载有牵星数据，还有 2 页（4 幅）过洋牵星图。据刘南威等先生研究：《郑和航海图》中有牵星记载的近 70 处，其中直接标在航线上的有 16 处，标在沿岸和岛屿上的有 34 处，标在过洋牵星图上的近 30 处（不包括图说明与图注文中重复的记载）。航线上的牵星记载，有些只标牵星数据，有些还注明针路和更数，表示要观星定位与罗经导航配合使用，如“在华盖星五指内去到北辰星四指，坐斗上山势，坐癸丑针，六十五更，船收葛儿得风，九指二角用丹辛针，一百六十六更，船收都里马新富”；沿岸和岛屿上的牵星记载比较完整，有地点、星名和指角数；过洋牵星图中的牵星数据则直接标注在星座图形的近旁。

以郑和船队为代表的明代早期天文航海术不但体现在众多天体定位数据上，还体现在利用航行过程中观测天体高度的变化进行导航的“过洋牵星图”[①]上。过洋牵星图结构是一水平方框，分为东西南北四边，上北下南，左西右东；框内绘帆船航海上，框外绘牵星使用的星座图形和方位，星座旁有注文，标出星辰的名称和指数，有些还标出地名，牵星使用的那一颗或两颗星，用直线连及框边，以便使用。过洋牵星图中牵星使用的星辰最多，除北辰和华盖外，还

① 《郑和航海图》中的四幅过洋牵星图除第一幅缺图名外，其余均有名称，图名之后有说明。

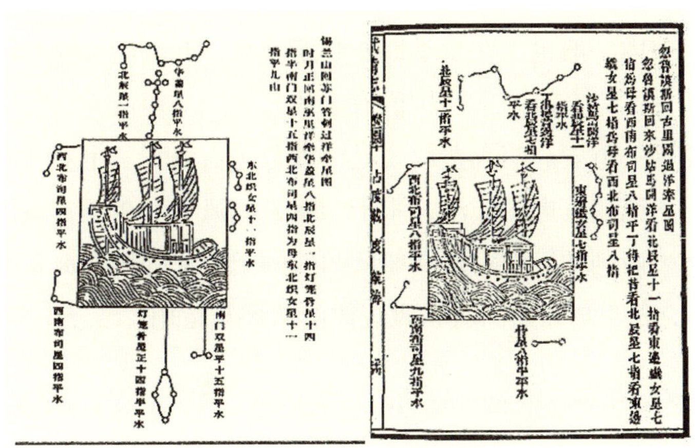

图 214 《郑和航海图》所附的过洋牵星图

有灯笼骨，织女星，西北布司星，西南布司星，南门双星，北斗头双星，西南水平星，七星等。[①]

4. 风帆航海术

利用季风航行是中国古代航海技术先进的标志之一，郑和下西洋就是利用东北季风出航、西南季风返航。据《长乐天妃灵应碑记》记载，郑和船队每次

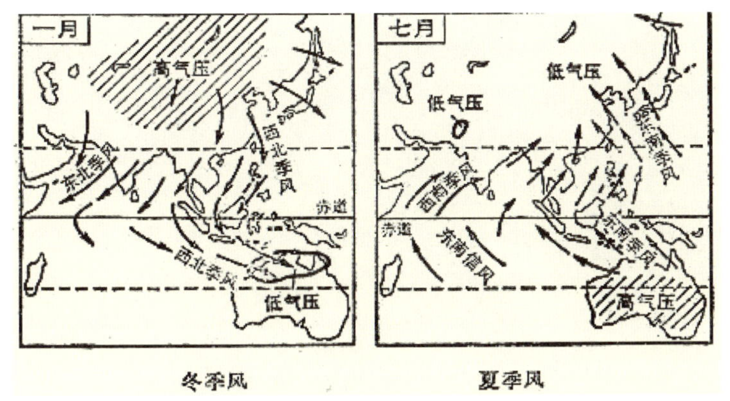

图 215 中国沿海与南洋水域的季风

① 胡仲文、胡晓文：《中国全史》，吉林大学出版社，2011 年。

出航大都选在冬季即 10 月至次年正月，此期间中国沿海与南洋水域盛行东北季风；而返回国内一般也选在夏季即 5 月至 8 月，此期间又逢沿海盛行西南季风。这种航期安排完全避开了阿拉伯海上凶险暴烈的西南大风与巨浪急流，对确保船队安全至关重要。明人费信《星槎胜览 · 占城图》中对郑和船队的出航记载“十二月，福建五虎门开洋，张十二帆，顺风十昼夜至占城国”。明人马欢《瀛涯胜览 · 满剌加》中对郑和船队归航的记载“等候南风正顺，于五月中旬开洋回还”，表明郑和船队对季风规律的掌握与运用，已经十分得心应手了。

第四章

南京海上丝绸之路航线研究

第一节　南京海上丝绸之路相关航线

一、六朝时期

六朝时期，由于中国南方政权皆定都于长江入海口附近、江海交汇处的南京城（东吴称建业，东晋南朝称建康），使得西汉时期开辟的海上丝绸之路由南海向东海和黄海一线拓展延伸，逐渐形成以南京为起点的海上丝绸之路东海航线和南海航线。

（一）东海航线

1. 东吴时期的东海航线

东吴时期，由于中国北方由魏国控制，东吴政权为了联络辽东的公孙氏政权，数次派遣使者率船队探索海路前往辽东，开辟了由都城建业（今江苏南京）直抵辽东半岛与朝鲜半岛的航线：坐船从建业（今江苏南京）出发，沿长江东下，入海后沿东海、黄海海岸向北，绕过山东半岛的成山角进入登州大洋（今威海、烟台北面的海域），然后继续向北经大榭岛（今山东长岛）、乌湖岛（今山东北隍城岛），渡渤海海峡到达辽东半岛南端的沓津（今辽宁旅顺都里镇）等地，继续沿海岸往东可抵达朝鲜半岛西海岸。

2. 东晋南朝时期的东海航线

东晋时期，朝鲜半岛出现了高句丽、百济、新罗三个国家，政局纷争，日本列岛的倭王国也介入其中，一直到东晋后期，建康与朝鲜半岛、日本列岛才恢复了使节往来。

南朝时期，中国南方政权与朝鲜半岛上的高句丽、百济的交往主要是以航海为中介，逐渐形成了建康与朝鲜半岛的两条海上固定航线，它们都是从都城建康（今江苏南京）出发，顺江而下出长江口入海后，循东海、黄海北上：与高句丽的航线是绕越山东半岛、渡渤海海峡到达辽东半岛南端，沿南岸往东行驶，再沿朝鲜半岛西岸南下，抵达高句丽的政治中心区域，即今天的平壤地区；与百济的航线，则是在山东半岛成山角附近转向东驶，横渡黄海，直趋朝鲜半岛西岸江华湾沿岸，抵达百济，这条航线加强了建康与朝鲜半岛南部以及以此为中介的日本列岛之间的航海交往。

南朝时期，由于朝鲜半岛上的高句丽与日本列岛上的倭王国处于敌对状态，使得日本列岛前往中国的传统的辽东航路（黄海北线）为之“壅塞”，而倭国使船也“每致稽滞，以失良风”，因此，不得已另取“道遥百济，装治船舫”的新航线。[①]倭王国为了能够直接与建康交往，开辟了从日本列岛去往中国江南的南道航线（黄海南线）：从朝鲜半岛南端直接横穿黄海，抵达山东半岛沿岸，然后南下访问建康。与去百济的航线一样，其返航路线也是在山东半岛成山角附近转向东驶，横渡黄海，直趋朝鲜半岛西岸中部的瓮津半岛沿海，再沿江华湾顺朝鲜半岛西岸南下，到达朝鲜半岛东南部任那的金海府，再向南经对马岛、壹岐岛渡朝鲜海峡，至日本九州北岸后由穴门（今日本关门海峡）入濑户内海，抵达当时日本通往海外的最主要港口——难波津（今日本大阪）。[②]这条航线以当时朝鲜半岛百济国控制的西海岸为中转，比三国时期魏国开辟的自辽东经带方郡南下的中日之间的黄海北线要近得多，但需要横渡黄海，故而对航海技术的要求更高，是南朝时期倭王国经常遣使往返建康的一条航线。“（倭人）

① （南朝·梁）沈约：《宋书·倭国传》，中华书局，1974 年。

② 孙光圻：《中国古代航海史》，海洋出版社，1989 年。

至六朝及宋，则多从南道，浮海入贡，及通互市之类，而不自北方。”[①]

表5　六朝时期南京的海上丝绸之路东海航线一览表

历史时期	航线
东吴	建业（今江苏南京）——长江出海口——沿东海、黄海海岸向北——山东半岛成山角——渡渤海海峡——辽东半岛南端——继续沿海岸向东——朝鲜半岛西海岸
东晋南朝	建康（今江苏南京）——长江出海口——沿东海、黄海海岸向北——山东半岛成山角——渡渤海海峡——辽东半岛南端——继续沿海岸向东——朝鲜半岛西海岸——沿朝鲜半岛西海岸南下抵达高句丽政治中心区域（今平壤地区）；建康（今江苏南京）——长江出海口——沿东海、黄海海岸向北——山东半岛成山角——转向东驶，横渡黄海——朝鲜半岛西海岸江华湾沿岸——抵达百济；建康（今江苏南京）——长江出海口——沿东海、黄海海岸向北——山东半岛成山角——转向东驶，横渡黄海——朝鲜半岛西岸中部瓮津半岛沿海——由江华湾沿朝鲜半岛西海岸南下——朝鲜半岛东南部任那的金海府——向南经对马岛、壹岐岛渡朝鲜海峡——日本九州北岸和穴门（今日本关门海峡）——濑户内海——难波津（今日本大阪）。

（二）南海航线

六朝时期由南京出发的南海航线虽然没有直接的文字记载，但仍可以从同时期的相关文献记载和考古实证中窥见一二。当时南海航线所经地域，大致由东南亚、南亚一直向西延伸，六朝史料中多次出现的大秦，就是南海航线所能达到的最西地域。鉴于当时的航海条件和航海技术，南海航线应是分段进行的：从南京乘船由长江出海后，沿东海海岸南下，至中国南方的广州等沿海一带，此为往中国南方沿海等地的一段航线；从中国南方的广州等沿海一带出发，沿中南半岛东海岸航行或直航南海，再向西可达印度半岛沿岸，此为往东南亚、南亚地区各国的一段航线，这段航线是文献记载和考古实证较多的海上路段；从印度半岛海岸出发，往西至波斯湾或红海口，沿红海北上可至大秦（今地中

① （元）马端临：《文献通考》，中华书局，1986年。

海区域），此为往西亚地区或大秦的一段航线。

《汉书·地理志》中明确记载了西汉时期从徐闻、合浦启航，沿北部湾折南，经中南半岛东海岸，穿越马六甲海峡，入印度洋，而至黄支国（印度东南部）的南海航线。这条传统的海上丝绸之路南海航线在六朝时期得到延续并有所推进，东吴时期康泰、朱应沿海路出使林邑、扶南等国，东晋时期法显西行从天竺搭乘商船回国，南朝时期南海诸国、天竺等地的使节、商人以及僧人通过海路往来都城建康及南部海岸广州等地，都是经由此航线或在此航线基础上的延伸和发散。

1. 东吴时期的南海航线

三国东吴时期，西域动乱，原来经陆路与中国交往的天竺、大秦等国改走海道东来，《魏略》中记载当时大秦可从海上经交趾至中国东南沿海，然后到达东吴都城建业。

据史料记载，东吴时期的康泰、朱应在出使扶南期间见到了天竺的使节，了解到从扶南去往天竺、大秦的航线："从扶南发投拘利口（古港名，似今马六甲海峡东口，为马来语selat之音译），循海大湾中正西北入历湾（今孟加拉湾）边数国，可一年余到天竺江口（指恒河口），逆水行七千里乃至焉。"[①]"从迦那调洲（今缅甸海岸）西南入大湾，可七八百里，乃到枝扈黎大江口（今恒河口），度江迳西行，极大秦也。"[②]

近年来在南京考古出土的大量东吴人面纹瓦当类似的物品，也出现于宁波、福州等沿海城市，甚至出现在越南境内的古交趾郡治遗址、越南中部的岘港古城等地，它们的传播路径沿着海洋交通线而展布，表明当时东吴都城建业已经和海内外多个海港城市建立了连通关系，从侧面反映了东吴时期海上丝绸之路南海航线已从汉代的南海区域的合浦、广州一带，延伸到东海海岸乃至都城建业一线。

---

①（唐）姚思廉等：《梁书·诸夷传·中天竺国》，中华书局，1973年。

②《水经注·河水一》引康泰《扶南传》。康泰、朱应在出使扶南回国后分别著成了《扶南异物志》（朱应著）、《吴时外国传》（康泰著，亦称《吴时外国志》，包括《扶南记》《扶南传》《扶南土俗》诸篇），其中《扶南异物志》今已完全遗失，《吴时外国传》在《水经注》《艺文类聚》《通典》《太平御览》等书中还零星地保留了若干条。

2. 东晋时期的南海航线

东晋时期海上丝绸之路南海航线最主要的记录是法显所撰写的《佛国记》。据书中记载，法显西行至天竺后通过航海回国总共经历了三次中转，实为当时印度洋和南海之间的三段主要航线：第一段为法显从印度半岛的多摩梨谛国（Tā mralipti，位于恒河入海口）出发，搭乘商船昼夜十四日，到达师子国（今斯里兰卡）；第二段为法显从师子国搭乘商船出发，本欲东渡孟加拉湾，但经过尼科巴群岛时，数遇大风偏离航道，行九十日至耶婆提（Yava dvipa，今印尼地区爪哇或苏门答剌）；第三段为法显从耶婆提搭乘一开往广州的商船回国，遇风暴，数月后飘至东晋的青州长广郡（今山东崂山）登陆，自彭城南下回到建康。

表 6　法显《佛国记》提供的有关海上丝绸之路南海航线的一些启示

事记概述	启示
从今印度恒河口——师子国（今斯里兰卡）——耶婆提（今印尼爪哇）——广州都有商人大舶，除载货物外，尚可载客 200 多人，乘客中几乎都是商人。	此时南亚至东南亚和中国的海上贸易已相当发达，从都城建康出发的商人应该是经常往来于这条航线，并对航程所需的日期已有了一定经验。
冬季风是从大陆向西南海上吹，正好是“顺风相送”，使得从恒河入海口只航行 14 天就到达师子国。	时海船从恒河入海口至师子国已能摆脱传统的沿海岸航行，并知道利用信风形成顺风航线。
法显见商人“以晋地白绢扇供养”竟触景生情，凄然泪下。绢扇既可遮蔽阳光，又能散热，对气候炎热的南亚和东南亚人民来说，是生活必需品。	东晋与师子国的海上航线已有商品贸易往来，除中国的丝绸之外，用丝绸制作的中国工艺品——绢扇，也通过商人之手传入师子国。
从师子国到耶婆提一共航行了 90 天包括途中修船补漏。	修船的具体地点被推测为在今尼科巴群岛和安达曼群岛一带。当时复航后的航线似有两条可供选择：一条是经马六甲海峡到今印尼加里曼丹岛西海岸的耶婆提；一条是循苏门答剌西海岸航行，经巽他海峡到爪哇岛。

法显回国的海上线路应是当时海上丝绸之路南海航线的基本航路，如从师子国出发的商船计划航线应是东渡孟加拉湾，绕过马六甲海峡到达南海区域；从耶婆提出发去往广州的航线，据《佛国记》中记载有商人提到从耶婆提“常行时正可五十日便到广州”，可知东晋时期已经开辟了广州直趋东南亚的航线。此外，《高僧传》中记载东晋时期有五艘天竺商船从海上进入南京附近的长江江面，一直西行到达江陵（今湖北荆州）一带开展贸易，表明当时已形成了天竺至建康的海上航线。

3. 南朝时期的南海航线

南朝时期，印度洋与西太平洋之间的海路交通变得更为频繁。南朝宋元嘉五年（428）师子国国王刹利摩诃致书刘宋朝廷，说两国“虽山海殊隔，而音信时通”[①]，说明当时中国南方沿海一带与锡兰岛之间已经有海上航线并经常保持着联系。南朝齐时的“昆仑舶”、南朝梁时的“扶南大舶”等南海诸国船只皆有载货往来建康的文献记载，《高僧传》《续高僧传》中亦有天竺僧人、扶南僧人随船从建康返回或到建康的记录，这些都从侧面反映了南朝时期的南海航线是可以通达都城建康的。

《梁书 · 诸夷传》提到：“海南诸国……及宋、齐，至者有十余国，始为之传。自梁革运，其奉正朔，修贡职，航海岁至，逾于前代矣。”表明宋、齐时的南海航线上已有十余国的海船往返，到梁代时这条航线上则显得更为繁忙。1975 年，广东省博物馆在西沙群岛考古调查中，在西沙北礁发现了南朝时期沉船上遗留的六耳罐和陶杯[②]，证实了曾有商船从这一海域通过。

二、明代早期

六朝以后，海上丝绸之路经历了隋唐五代十国时期的繁荣发展，至宋元时期逐渐达到鼎盛，在此期间，南京除在五代十国时期曾短暂作为中国南方割据政权南唐的都城外，不再作为国家政治中心，海上丝绸之路在中国长江出海口

① （南朝 · 梁）沈约：《宋书 · 蛮夷传》，中华书局，1974 年。

② 广东省博物馆、广东省海南行政区文化局：《广东省西沙群岛第二次文物调查简报》，《文物》1976 年第 9 期。

的扬州和太仓、东海沿岸的泉州和明州（今浙江宁波）以及南海沿岸的广州等地域兴起，直至朱元璋在应天府（今江苏南京）定都建立明朝后，南京才重新恢复了海上丝绸之路航线上重要节点城市的地位。

明代早期南京的海上丝绸之路航线受“海禁”和“朝贡贸易”等政治因素影响，主要由官方主导航线的开拓和发展，在延续前代的基础上形成了东海航线和南海航线，其中以郑和下西洋期间的南海航线最为发达。

（一）东海航线

1. 与朝鲜半岛之间的航线

明朝建立之初，元朝的残余势力还控制着辽东地区，与朝鲜半岛的高丽王朝主要通过海上航线进行联系。洪武元年（1368）明朝首次派往高丽王朝的偰斯使团，就是从南京取道海路前往的，“斯以去年十一月发金陵，海道艰关，至是乃来”[①]；洪武二年（1369）夏四月一日，明太祖朱元璋又派遣内臣金丽渊护送流民 165 人返回高丽，“即命有司具舟，欲遣使护送东归”[②]，可见此次遣送流民是通过航海去往朝鲜半岛的；洪武四年（1371）九月，高丽入贡，“其高丽海舶至太仓”[③]，表明当时南京与朝鲜半岛之间的海上航线是经由太仓的。据学者研究，洪武初期中国与朝鲜半岛之间的官方往来的具体海上航线大致是由明朝京师（今江苏南京）出发，至太仓出长江口，然后横渡黄海至朝鲜半岛西海岸中部的礼成江口，抵达高丽都城开京（今朝鲜开城）附近。[④]位于长江出海口的太仓，是明代早期海上丝绸之路的重要港口，洪武三年（1370）二月，规定凡是海外商船到达太仓的，“令军卫有司同封籍其数，送赴京师”[⑤]。

洪武七年（1374）五月，高丽遣使臣至南京递交了一份“请陆路由定辽入贡”的奏请表文，明太祖朱元璋批文载明：“朝贡道路，三年一聘，从海道来。”[⑥]据史料记载，高丽王朝在洪武七年（1374）以后遣使往来南京的线路已有所变化，

① （朝鲜）郑麟趾：《高丽史》卷四一，世家四一，恭愍王十八年四月壬辰。
② （朝鲜）郑麟趾：《高丽史》卷四一，世家四一，恭愍王十八年六月丙寅。
③ 《明太祖实录》卷六八，洪武四年九月丁丑，第 1279 页。
④ 陈尚胜：《明朝初期与朝鲜海上交通考》，《中朝关系史论》，齐鲁书社，1997 年。
⑤ 《明太祖实录》卷四九，洪武三年二月甲戌，第 969 页。
⑥ （朝鲜）郑麟趾：《高丽史》卷四四，世家四四，恭愍王二十三年六月壬子。

其时明朝已接管了辽东地区南部，可从朝鲜半岛陆路抵达辽东半岛南端的旅顺口，上述圣旨批文中的“海道”应是指由辽东半岛南部横渡渤海海峡至山东半岛登州登陆的海上航道，然后可经由运河南行到达南京，大大缩短了此前横渡黄海至长江口太仓的海上航线路程。由此可知，洪武七年（1374）以后，中国与朝鲜半岛的遣使往来已由海上航线逐渐转为海陆并进的路线，至永乐十九年（1421）明成祖朱棣迁都北京后，朝鲜半岛的海上朝贡线路就完全被陆上线路取代了。

2. 与日本列岛之间的航线

明代早期中国与日本列岛的海上航线主要有南路航线和南岛航线两条：南路航线是指从宁波[①]抵达日本博多及其他县厅的，东南沿海港口出发，横渡东海，直航经平户岛，抵达日本博多等九州沿海港口；南岛[②]航线是指从东南沿海港口出发，横渡东海，直达琉球的奄美群岛等，再转向北航，经屋久岛、种子岛再从萨摩海岸北上到达博多、难波。这两条航线虽未直达南京，但其行程都是以南京为出发点或目的地。

洪武二年（1369），明太祖朱元璋派杨载携诏书出使日本，杨载一行就是按照传统的赴日南路航线，从南京赴宁波出发后在日本九州上岸的；洪武五年（1372），朱元璋派杨载出使琉球，由南京至福州后出港，走的则是经由琉球群岛的南岛航线；洪武二十年（1387），宁波卫所指挥林贤被捕，经审查他与六年前因谋反案被诛杀的胡惟庸有交集，连带牵扯出前日本使者瑶藏主有资助胡、林谋反的嫌疑，自此朱元璋中止了与日本的一切往来，并全力实行海禁，但与琉球王国的交往在此之外，使得洪武后期南岛航线成为东海航线的主要航线。

建文三年（1401），统一日本南北朝的足利义满将军开始向南京派出遣明使；永乐二年（1404），明朝派遣赵居仁等送日本将军遣明使，受到足利义满的隆重

① 唐代称明州；南宋庆元元年（1195），明州升格为庆元府，元代沿称庆元；明洪武十四年（1381）为避国号讳，朱元璋取采纳鄞县读书人单仲友的建议，取“海定则波宁”之义，将明州改称宁波府。

② 所谓南岛，指的是日本九州岛南端至中国台湾东北部之间的岛屿群，包括现在九州南部的萨南群岛（大隅群岛［屋久岛、种子岛、口永良部岛、马毛岛］、吐噶喇群岛，奄美群岛）和冲绳的琉球群岛（冲绳群岛、宫古群岛、八重山群岛）。

接待，约定了此后日本贡船入明的内容。建文三年（1401）至永乐十九年（1421），日本遣明使及贡船入明的路线大多是沿南路航线往返南京，即从博多出发，经过平户岛至五岛列岛的奈留浦“待风”，然后横渡东海至明朝指定的宁波等港口，再换路至南京。①

（二）南海航线

明代早期，南京与南海诸国的海上联系主要依托使节外交和朝贡贸易进行，在“海禁”政策的影响下，南海航线的发展受到种种限制，如洪武年间明朝政府为南海诸国规定贡道，其中海上航线除吕宋经福建登陆外，其他皆由广东②登陆，再换道前往南京。

这一时期将南海航线延伸至南京并拓展至顶峰的是永乐至宣德年间（1405—1433）郑和下西洋大航海活动。以郑和船队为代表的明代早期航海者在前代“海上丝绸之路”的基础上，经多次远航，将南海航线不断延伸，开辟了东起中国长江下游内河第一大港（南京港），中经东南亚和南亚，然后横越印度洋抵达波斯湾、阿拉伯海、红海以及非洲东海岸的综合性航线网络。

第二节　郑和下西洋航线及主要成就

一、郑和七次下西洋的航线概况

“下西洋”是明代早期人们对从中国经南海前往印度洋航海活动的统称。郑和船队七次下西洋，远航范围非常辽阔，从中国长江下游的南京顺流而下出长江口到东海之滨，经南海入印度洋，抵达西亚、东非的广大海区，其西北方向的航路直通波斯湾、阿拉伯海和红海，这一海区的主要海港忽鲁谟斯、佐法儿、阿丹是郑和船队常往的前进基地；西南方向的航路，沿东非沿岸已经超过赤道，到达南半球海域的麻林（亦作麻林地，一说是肯尼亚的马林迪；一说是坦桑尼亚的基尔瓦·基西瓦尼；还有一说认为是索马里），第六次下西洋时曾远达莫

① （日）伊藤幸司：《入明记からみた东アジアの海域交流——航路、航海技术、航海神信仰、船旅と死について》，东京，汲古书院，2013年。

② （明）李东阳编：《大明会典》，广陵书社，2007年。

桑比克境内的两个港口比剌和孙剌[1]。

郑和下西洋的航线，在多种史籍中都有所记载，其中以马欢《瀛涯胜览》、费信《星槎胜览》和巩珍《西洋番国志》最为重要，原因在于这三部史籍的作者都曾跟随郑和下西洋，是亲历下西洋的当事人所撰。郑和在宣德五年（1431）第七次下西洋驻泊时所刻的《娄东刘家港天妃宫石刻通番事迹记》及《长乐天妃灵应碑记》中记录了此前下西洋活动的大致过程。另有明代后期茅元仪所编的军事著作《武备志》中辑有《郑和航海图》，该图籍制图范围广，实用性强，详尽地绘制了下西洋的航程。这些资料是我们了解郑和下西洋航线的主要依据。

有学者根据相关历史文献对郑和下西洋的航线概况作了一个初步统计，主要航线列表如下：

表7　郑和下西洋主要航线一览表

起点	启程航线数（条）	航线	相关文献引文
南京	1	南京→太仓	宣德五年闰十二月六日（南京）龙湾开船，十日到徐山，打围，二十日出附子门，二十一日到刘家港（今江苏太仓市）。（明祝允明《前闻记》）
太仓	2	太仓→长乐	宣德六年二月二十六日，（由刘家港）到长乐港。（明祝允明《前闻记》）
		太仓→南京	宣德八年六月二十一日进太仓，后程不录，七月六日到京。（明祝允明《前闻记》）
长乐	1	长乐→占城（今越南南部）	自福建长乐县五虎门开船，往西南行，好风十日可至。（巩珍《西洋番国志》）

① 据《明史》记载："又有国曰比剌、曰孙剌，郑和亦尝赍敕往赐，以去中华绝远，二国贡使竟不至。"

（续表）

起点	启程航线数（条）	航线	相关文献引文
占城	6	占城→交栏山	自占城灵山顺风十昼夜，可至交栏山（今印度尼西亚格兰岛）。（费信《星槎胜览》）
		占城→暹罗国	自占城国顺风十昼夜，可至暹罗国（今泰国）。（费信《星槎胜览》）
		占城→爪哇国	自占城国顺风二十昼夜，可至爪哇国。（费信《星槎胜览》）
		占城→真腊国	自占城国顺风三昼夜，可至真腊国（今柬埔寨境内）。（费信《星槎胜览》）
		占城→满剌加国	自占城国向正南，好风船行八日，到龙牙门（今新加坡南之林加群岛），自龙牙山往西行二日，可至满剌加国（今马六甲）。（马欢《瀛涯胜览》）
		占城→外罗山	宣德八年六月一日，（自占城）开船，（行二日），三日到外罗山（今海南岛南端）。（明祝允明《前闻记》）
爪哇国	1	爪哇国→旧港国	自爪哇国顺风八昼夜，可至旧港国（今印度尼西亚巨港）。（费信《星槎胜览》）
旧港国	1	旧港国→满剌加	自旧港国顺风八昼夜，可至满剌加国。（费信《星槎胜览》）
淡洋国	1	淡洋国→满剌加国	自淡洋国（今印度尼西亚苏门答剌岛塔米昂一带）至满剌加三日程。（费信《星槎胜览》）
满剌加	4	满剌加→阿鲁国	自满剌加顺风三昼夜，可至阿鲁国（今苏门答剌岛东岸）。（费信《星槎胜览》）
		满剌加→暹罗	（自满剌加）开船，经吉利门、龙牙门、昆仑山至暹罗。（《郑和航海图》）
		满剌加→苏门答剌	自满剌加国顺风九昼夜，可至苏门答剌国。（费信《星槎胜览》）

（续表）

起点	启程航线数（条）	航线	相关文献引文
满剌加	4	满剌加→占城	宣德八年五月十日，（自满剌加）回到昆仑洋……二十六日到占城。（明祝允明《前闻记》）
苏门答剌	6	苏门答剌→满剌加	宣德八年四月十二日(自苏门答剌)开船(行九日)，二十日到满剌加。（明祝允明《前闻记》）
苏门答剌	6	苏门答剌→龙涎屿	自苏门答剌国西去一昼夜，可至龙涎屿（今苏门答剌西北隅亚齐海上的龙多岛）。（明祝允明《前闻记》）
		苏门答剌→榜葛剌	自苏门答剌国顺风二十昼夜，可至榜葛剌国（今孟加拉国）。（费信《星槎胜览》）
		苏门答剌→南浡里	苏门答剌往正西，好风三昼夜，可至南浡里国（今苏门答剌岛北端之西）。（马欢《瀛涯胜览》）
		苏门答剌→溜山	自苏门答剌国开船，过小帽山（今韦岛）投西北，好风行十日，可至溜山国(今马尔代夫群岛)。(马欢《瀛涯胜览》)
		苏门答剌→锡兰山	自苏门答剌国顺风十二昼夜，可至锡兰国（今斯里兰卡）。（费信《星槎胜览》）
龙涎屿	3	龙涎屿→翠兰屿	自龙涎屿西北行五昼夜，可至翠兰屿（今孟加拉湾东南部尼科巴群岛中的大尼科巴岛）。(费信《星槎胜览》)
		龙涎屿→锡兰山	龙涎屿开船时月用辛戌针，十更，船见翠兰屿。用丹辛针，三十更，船用辛酉针，五十更，船见锡兰山。（《郑和航海图》）
		龙涎屿→乌里舍城（今印度东岸克塔克）	自龙涎屿可航至乌里舍城。（《郑和航海图》）

（续表）

起点	启程航线数（条）	航线	相关文献引文
帽山	1	帽山→锡兰山	自帽山（今苏门答剌岛西北海上之韦岛）南放洋（过翠兰山、莺歌咀山、佛堂山），才到锡兰国马头，名别罗里（今贝鲁瓦拉）。（马欢《瀛涯胜览》）（别罗山有两种说法：一为斯里兰卡东南的别里加姆，一为科伦坡以南的贝鲁瓦拉）
锡兰山	7	锡兰山→溜山国	自锡兰山国别罗里南去顺风七昼夜，可至溜洋国（马尔代夫古国溜山国）。（费信《星槎胜览》）
		锡兰山→卜剌哇	自锡兰山国别罗里南去顺风二十一昼夜，可至卜剌哇国（今索马里布腊瓦一带）。（费信《星槎胜览》）
		锡兰山→小葛兰	自锡兰山国马头别罗里开船，经西北好风行六昼夜，可到小葛兰国。（马欢《瀛涯胜览》）
		锡兰山（千佛堂）→溜山国（官屿）	千佛堂（今斯里兰卡南端栋德勒角）用丹庚针，至官屿（今马累岛）。（《郑和航海图》）
锡兰山	7	锡兰山（高郎务）→溜山国（加平年溜）	高郎务（今斯里兰卡科伦坡）用丹戌针，五十五更，船收加平年溜（今加尔皮尼岛）。（《郑和航海图》）
		锡兰山国→柯枝国	（自锡兰山千佛堂）船收柯枝国（今印度西南部的柯钦一带）。（《郑和航海图》）
		锡兰山国→古里国	自锡兰山国顺风十昼夜，可至古里国（今印度西南部科泽科德一带）。（费信《星槎胜览》）
古里	6	古里国→剌撒	自古里国顺风二十昼夜，可至剌撒国（今东非红海沿岸东南）。（费信《星槎胜览》）
		古里国→忽鲁谟斯	自古里国顺风十昼夜，可至忽鲁谟斯国（今伊朗霍尔木兹岛北岸）。（费信《星槎胜览》）
		古里国→阿丹国	自古里国顺风二十二昼夜，可至阿丹国（今亚丁湾西北岸一带）。（费信《星槎胜览》）

（续表）

起点	启程航线数（条）	航线	相关文献引文
古里	6	古里国→佐法儿	自古里国顺风二十昼夜,可至佐法儿国(即祖法儿,今阿曼的佐法儿一带）。（费信《星槎胜览》）
		古里国→苏门答剌	宣德八年三月二十日,(自古里国)大綜船回洋(行十七日），四月六日到苏门答剌。（明祝允明《前闻记》）
		古里→天方国	自古里国开船，投西南申位，船行三个月，方到天方国（今沙特阿拉伯的麦加城）马头秩达。（马欢《瀛涯胜览》）
小葛兰	2	小葛兰国→木骨都束国	自小葛兰（今印度喀拉拉邦南部濒阿拉伯海的奎隆）顺风二十昼夜，可至木骨都束国（今索马里的摩加迪沙一带）。（费信《星槎胜览》）
		小葛兰国→柯枝国	自小葛兰国开船，沿山投西北，好风行一昼夜，到柯枝国港口。（马欢《瀛涯胜览》）
溜山	7	溜山（官屿）→甘巴里头	官屿用卯针二十九更，船收甘巴里头。（《郑和航海图》）
		溜山（官屿）→小葛兰国	官屿用丹甲针四十五更，船收小葛兰。（《郑和航海图》）
		溜山（官屿）→木骨都束	官屿用庚酉针一百五十更，船收木骨都束。（《郑和航海图》）
		溜山(加平年溜）→柯枝	加平年溜（今加尔皮尼岛）用乙卯针二十五更，船收柯枝国。（《郑和航海图》）
		溜山(加平年溜）→古里国	加平年溜用甲卯针二十八更，船收古里国。（《郑和航海图》）
		溜山(安都里溜）→古里国	安都里溜（今安德罗特岛）用卯针十五更，收古里国。（《郑和航海图》）
		溜山（加加溜）→忽鲁谟斯	加加溜可航至忽鲁谟斯。（《郑和航海图》）

（续表）

起点	启程航线数（条）	航线	相关文献引文
忽鲁谟斯	2	忽鲁谟斯→天方	其国（天方）自忽鲁谟斯四十昼夜可至。（费信《星槎胜览》）
		忽鲁谟斯→古里国	宣德八年二月十八日，（自忽鲁谟斯）开船回洋（行二十三日），到古里。（明祝允明《前闻记》）
莽葛奴儿	2	莽葛奴儿→古里国	莽葛奴儿（今印度西海岸的芒格洛尔）用丹乙针二十八更，船收古里国。（《郑和航海图》）
		莽葛奴儿→加剌哈	莽葛奴儿用丹戌针八十五更，又用辛戌针四十更，船收加剌哈（今阿曼哈德角西北之盖勒哈特故城址）。（《郑和航海图》）
阿者刁	1	阿者刁→加剌哈	阿者刁（今印度西海岸的安吉迪乌岛）用丹戌针一百二更，船收加剌哈。（又）阿者刁用辛戌针一百更，船收加剌哈。（《郑和航海图》）
缠打兀儿	1	缠打兀儿→加剌哈	缠打兀儿（今印度西海岸的果阿）用辛酉针八十七更，船收加剌哈。（《郑和航海图》）
跛儿	2	跛儿→吴实记落	跛儿（今印度西海岸的班果德）入指……在十指山势去到十二指吴实记落（今印度半岛西北之皮蒂亚罗河）。（《郑和航海图》）
		跛儿→都里马新富	跛儿，九指二角丹辛针一百六十六更，船收都里马新富（今波斯湾头之霍拉姆沙赫尔）。（《郑和航海图》）
麻林地	1	麻林地→葛儿得风	麻林地在华盖星五指内，去到北辰星四指头，斗山势坐，癸丑针六十五更，船收葛儿得风（今东非瓜达富伊角）。（《郑和航海图》）

注：此表引自孙光圻《中国古代航海史》。

二、郑和下西洋航线的主要成就

从上述《郑和下西洋主要航线一览表》及各种相关资料的记载中，我们发现郑和下西洋的航线是非常曲折繁复的，这与其需访问众多国家与地区进行各种外交贸易活动有关。据考，郑和船队在多次远航中，有分有合，在前代海上丝绸之路南海航线基础上，不仅开辟了中国至东非部分国家和地区的新航道，还开辟了多条新航线。纵观其航路，长短并举，数量众多，已不仅仅是从中国长江下游及东海经南海至印度洋的单一航线，而是建立了海上丝绸之路上从未有过的多点交叉、综合性远洋航线网络，其航路航程之远、纵横交叉之多都超过前代，达到了中国古代航海史的最高水平。

1. 极大地拓展和延伸了海上丝绸之路南海航线。从东端起点来看，主要有南京、太仓、长乐三个地方的港口，南京的龙江港是位于长江下游的航线最东端，太仓的刘家港是位于长江出海口的重要江海航线连接点，长乐五虎门的太平港是位于东海海滨的重要远洋航线岸口基地；从西端起点来看，主要有印度半岛西海岸的莽葛奴儿、阿者刁、缠打兀儿、踆儿牙等地，西亚波斯湾的忽鲁谟斯以及非洲东海岸的麻林地，这表明西面的航线岸口基地已前移至印度半岛西海岸、波斯湾以及非洲东海岸等印度洋西部的广大海域沿岸。

2. 建立了多点纵横交叉的综合性远洋航线网络。郑和下西洋主要是对南海及印度洋区域诸国及地区进行各种外交访问和贸易活动，船队往往要进行分队航行完成使命和任务，在多次往复的航行过程中，形成了多点辐射的进出航线网。以上述《郑和下西洋主要航线一览表》为例，我们对其频繁往来的六大主要航行枢纽港进出航线数量统计列表如下：

表 8　郑和七下西洋六大枢纽港进出航线数量统计表

枢纽港口	启程航线数（条）	抵达航线数（条）	航线进出数（条）	备注
占城	6	2	8	占城和满剌加、满剌加和苏门答剌之间均为往返同一条航线。
满剌加	4	4	8	
苏门答剌	6	1	7	
锡兰山	7	3	10	
溜山（包括各岛）	7	6	13	
古里国	6	4	10	

从上表中可见，这六大枢纽港主要位于南海西域和北印度洋南域，所辐射的航线遍布南海及印度洋广大海区，特别是溜山及其各岛（今马尔代夫群岛）的航线进出数多达 13 条，表明当时郑和下西洋在印度洋区域的航行重心已向纵深腹域移动。

3. 远洋航线特别是横渡印度洋的海上航线有了突破性的进展。郑和下西洋时横渡印度洋的主要航线至少已增至 7 条：锡兰山至卜剌哇、溜山（官屿）至木骨都束、小葛兰至木骨都束、古里国至阿丹、古里国至剌撒、古里国至佐法儿、古里国至忽鲁谟斯等，这些航线的连续航行时间均在 20 天左右，航程较远①，表明当时郑和船队对远洋航线的开辟能力已大大超越前代，也标志着“海上丝绸之路”航线的发展通过郑和船队的远航已进入鼎盛时期。

① 孙光圻：《中国古代航海史》，海洋出版社，1989 年。

第五章

朝贡贸易

第一节　南京的对外交往和朝贡贸易研究

一、六朝时期

因为魏晋南北朝的特殊历史环境，六朝政权均处于南方，与北方政权经常处于敌对状态，这就使得六朝政权面向西北内陆乃至中亚的陆路交通受到了很大的限制。与此同时，南方地区的东、南两面均濒临大海，推动了六朝时期海上交通的发达。南京作为六朝政权的共同都城，成了六朝对外交往的核心基地。

六朝时期，南方政权为了巩固统治，往往借助外夷前来朝贡营造封建正统气氛。因此，朝贡贸易是当时海上贸易的一大特点。南京作为六朝都城，是朝贡贸易的中心，海上而来的贡品均在此集散转运。海上丝绸之路与南京由此有了直接的联系。

（一）东吴时期南京的海上对外交往与贸易

东吴时期，南京是吴国的都城，当时孙权在此建有石头城。石头城凭江依山，不仅是东吴水军的江防要塞和城防据点，还拱卫着当时南京城最重要的水路交通码头——石头津（还有一种说法“石头津在今外秦淮河清凉门一带”）。据史料记载，石头津作为东吴水军的重要码头，江面上能停泊成千上万的船舶，位于长江和秦淮河的交接处，向外顺江东去可达古代长江的入海口，向内可沿秦淮河进入城内繁华的商户聚集地，是当时南京海上对外交往的重要码头。

据史料记载，东吴在迁都建业（今江苏南京）后，不断派遣使者前往海外进行外交活动，通过海路与东面的夷州、东北面的辽东和高句丽取得了联系，在南面与南海诸国建立了友好往来的关系，同时还开辟了通往天竺、大秦等西域诸国的海上线路。

表9　东吴时期南京通过“海上丝绸之路”对外交往史事一览表

时间	事件	来源文献
黄龙元年(229)	九月，吴大帝孙权迁都建业，因故府不改馆。自此南京开始成为中国著名古都。	《三国志·吴主传》
黄龙二年(230)	遣将军卫温、诸葛直将甲士万人浮海求夷洲（今台湾）、亶洲得夷洲数千人还。	《建康实录·吴太祖下》
嘉禾元年(232)	孙权派将军周贺、校尉裴潜，从海路绕过北方魏国的控制范围与辽东公孙渊进行联络。	《三国志·吴主传》
嘉禾元年(232)	十月，魏辽东太守公孙渊遣校尉宿舒阆中令孙综称藩於权，并献貂马。权大悦，加渊爵位。	《三国志·吴主传》
嘉禾二年(233)	派遣太常张弥、执金吴许晏、将军贺达、中使秦旦、黄疆、张群、杜德等，率领士兵万人，携带金宝珍货，渡海到辽东，联络辽东太守公孙渊……公孙渊将东吴到达辽东的士兵及带去的金银财宝全部吞并，并斩弥、晏、泰、潜等首级，秦旦、黄疆、张群、杜德等乘间逃脱至高句丽，高句丽王派遣使臣护送他们回到建业。	《建康实录·吴太祖下》
嘉禾四年(235)	派遣使者谢宏、中书陈恂到达高句丽，封高句丽王为单于，加赐衣物珍宝。	《建康实录·吴太祖下》

（续表）

时间	事件	来源文献
黄武五年(226)、嘉禾三年至六年(234—237)	孙权黄武五年，有大秦贾人字秦论来到交趾，交趾太守吴邈遣送诣权。权问方土谣俗，论具以事对。时诸葛恪讨丹阳，获黝、歙短人，论见之曰："大秦希见此人。"权以男女各十人，差吏会稽刘咸送论，咸于道物故，论乃径还本国。	《梁书·诸夷传·海南诸国》
赤乌六年(243)	扶南国王范旃遣使献乐人及方物。	《三国志 · 吴主传》
扶南王范旃、范寻在位期间	吴时扶南王范旃遣亲人苏物使其国(天竺)，从扶南发投拘利口，循海大湾中正西北入历湾边数国，可一年余到天竺江口，逆水行七千里乃至焉。天竺王……仍差陈、宋等二人以月支马四匹报旃，遣物等还，积四年方至。其时吴遣中郎康泰使扶南，及见陈、宋等，具问天竺土俗。	《梁书·诸夷传·中天竺国》
赤乌八年至十四年（245—251）	遣宣化从事朱应、中郎康泰通焉（指南海诸国），其所经及传闻，则有百数十国，因立记传。	《梁书·诸夷传·海南诸国》
赤乌八年至十四年（245—251）	从加那调州，乘大海船，张七帆，时风一月余，乃入秦，大秦国也。	康泰《吴时外国传》

这一时期进行的诸多海上对外交往活动带动了海上贸易的发展，其中就包括朝贡贸易。嘉禾元年（232），孙权遣将军周贺、校尉裴潜通使辽东后，公孙渊派使者从海路至建业向孙权进行了一次朝贡，"冬十月，魏辽东太守公孙渊遣校尉宿舒、阆中令孙综称藩於权，并献貂马。权大悦，加渊爵位"①，随后孙权遣使往辽东回赐，却遭到了公孙渊的背叛，双方的朝贡贸易并不算太成功。建业与高句丽通过海路取得联系后也进行了一次较为勉强的贸易往来。嘉禾二年(233)，高句丽王遣使护送辽东使者回建业并向吴王孙权"贡貂皮千枚，

① （西晋）陈寿：《三国志 · 吴书二 · 吴主传第二》，中华书局，1973 年。

鹘鸡皮十具”，孙权“间一年，遣使者谢宏、中书陈恂拜宫为单于，加赐衣物珍宝……宏乃遣咨、固奉诏书赐物与宫。是时宏船小，载马八十匹而还”[①]。黄武五年（226），大秦商人秦论至交趾通商，曾谒见孙权，后随孙权至建业，至诸葛恪讨丹阳期间（234—237）仍在。秦论作为商人很有可能在建业进了贸易活动，后从海上返国，为建业与大秦开展海上贸易提供了可能。建业与南海诸国之间的海上朝贡贸易则比较友好，特别是朱应、康泰出使南海诸国，进一步加强了扶南与建业的海上贸易的关系，双方朝贡贸易不断[②]。且当时扶南海路交通发达，作为海上丝绸之路的重要中转地，也为建业与天竺、大秦进行海上贸易提供了可能。

此外，孙权派将军卫温、诸葛直将甲士万人浮海求亶洲不得，日本各地古坟中出土了许多吴地制造的铜镜，如日本山梨县鸟居原古坟出土的“赤乌元年（238）”对置式神兽镜、兵库县安仓古坟出土的“赤乌七年（244）”对置式神兽镜等。这有可能是佐证吴地与日本列岛之间进行过海上贸易交流的物证。

（二）东晋南朝时期南京的海上对外交往与贸易

东晋南朝时期，建康（今江苏南京）城作为中国南方政权的政治中心，经济文化繁荣，对外交往活跃，它和同时期的罗马城并称为“世界古典文明两大中心”，成为海外诸国的向往之地。这一时期，由于中国北方长期动乱，造成丝绸之路陆上通道阻塞，促使以建康为都城的中国南方政权主要依靠海上丝绸之路开展商贸往来。与此同时，以汉文化为主体的中国南方王朝被认为是当时中华文明的“正朔”所在，吸引着海外诸国不断遣使来其都城建康进献求赐。由此形成了南京历史上朝贡贸易发展的第一个繁荣时期。东晋元帝时，长江直通海外的朝贡可谓“江道万里，通涉五州，朝贡商旅之所来往也”[③]。南朝梁武帝时萧绎所绘的《职贡图》更是直接反映了当时波斯、百济、狼牙修国等海外诸国使臣来都城建康朝贡的盛况。

① （西晋）陈寿，《三国志·吴主传》，中华书局，1973年。

② 东吴史官韦昭的《吴鼓吹曲，章洪德》中对当时东吴和扶南等南海诸国的海上朝贡贸易货物来往有如下描述：章洪德，迈威神。感殊风，怀远邻。平南裔，齐海滨。越裳贡，扶南臣。珍货充庭，所见日新。

③ （唐）房玄龄等：《晋书·贺循传》，中华书局，2014年。

1. 与朝鲜半岛、日本列岛诸国的外交活动和朝贡贸易

东晋南朝时期，建康与朝鲜半岛的高句丽、百济通过海路进行了较为密切的外交和朝贡贸易，“自晋过江，泛海来使，有高句丽、百济，而宋、齐间常通职贡，梁兴又有加焉”[①]。高句丽早在晋成帝咸康二年（336）便遣使至建康入贡[②]，其后多次奉表贡献。南朝时更为频繁，建康的南方王朝中央政权亦有诏献和回赐，如宋文帝于元嘉十六年（439）诏高句丽王琏献马八百匹并给予回赐；百济从晋简文帝咸安二年（372）开始向建康遣使，至南朝时建立稳定的朝贡关系，贡赐往来不断，如梁武帝大同七年（541），百济“累遣使献方物，并请《涅盘》等经义、《毛诗》博士，并工匠、画师等，敕并给之”[③]。此外，朝鲜半岛的另一个国家新罗于南朝梁武帝普通二年（521），也派遣使者随百济使者至建康奉献方物，因“其国小，不能自通使聘。梁普通二年，王姓募名泰，始使随百济奉献方物”[④]。

这一时期日本列岛的倭王国由于与朝鲜半岛的高句丽处于敌对状态，使得其传统沿朝鲜半岛前往中国的海上航线北路断绝，不得不借道百济向建康遣使。据《晋书·安帝纪》和《宋书·倭国传》记载，从晋安帝义熙九年（413）到宋顺帝升明二年（478），先后遣使到建康朝贡的倭王有赞、珍、济、兴、武五王次数达十次之多。倭王屡次遣使至建康奉表献方物，主要在于求得节制朝鲜半岛南部诸国的封号，以获得南方王朝的政治支持，但当时东晋、南朝宋与高句丽、百济亦有朝贡往来，未能满足其要求，倭王国在此后便未再遣使前往建康。

2. 与南海诸国、印度洋诸国的外交活动和朝贡贸易

东晋南朝时期，建康与南海诸国、印度洋诸国的海上交往和朝贡贸易较以往有所增加，其中以林邑和扶南的朝贡最为频繁。

---

① （唐）李延寿：《南史·夷貊传下》，中华书局，2016 年。

② （唐）房玄龄等：《晋书·成帝纪》，中华书局，2014 年。

③ （唐）姚思廉等：《梁书·诸夷列传》，中华书局，1973 年。

④ （唐）李延寿：《南史·夷貊传下》，中华书局，2016 年。

（1）与林邑的海上往来和朝贡贸易

据《晋书》记载，东晋时期林邑分别于晋成帝咸康六年（340）、晋简文帝咸安二年（371）、晋安帝义熙十三年（417）三次遣使至建康贡献驯象等方物。南朝宋时，“南夷林邑国，高祖永初二年（421），林邑王范阳迈遣使贡献……（元嘉）十年（433），阳迈遣使上表献方物……（元嘉）十二、十五、十六、十八年（435.438.439.441），频遣贡献，而寇盗不已，所贡亦陋薄”[①]；元嘉二十三年（446）宋文帝因林邑出兵侵掠日南、九德、交州等郡，派兵攻讨林邑，林邑失败，臣服于宋，此后林邑又数度遣使至建康入贡。南朝齐时，林邑于永明九年（491）遣使至建康贡献，永泰元年（498）林邑国王范诸农来朝，不幸在海上遇风溺死，齐明帝封其子款为假节、都督缘海军事、安南将军、林邑王[②]。南朝梁时，与林邑关系发展至顶峰，林邑分别于天监九年（510）、天监十年（511）、天监十三年（514）、普通七年（526）、大同元年（527）、中大通二年（530）、中大通六年（534）先后七次遣使至建康贡献方物[③]。南朝陈时，林邑于光大二年（568）、太建四年（572）两次遣使至建康贡献方物[④]。据史料记载，林邑在与建康的朝贡贸易中输出的商品有各种香药、珠宝、犀角、象牙、棉花和棉布等。

（2）与扶南的海上往来和朝贡贸易

东晋时期，扶南分别于晋穆帝升平元年（357）、晋孝武帝太元十四年（389）遣使至建康奉表贡献方物[⑤]。南朝宋时，宋文帝元嘉年间，扶南曾三次遣使至建康。南朝齐时，永明二年（484），扶南国王托那伽仙向齐武帝进献“金镂龙王坐像一躯，白檀像一躯，牙塔二躯，古贝（即木棉）二双，琉璃苏钕（音立，食器）二口，玳瑁槟榔桦一枚”，齐武帝回赠的礼物是“绛紫地黄碧绿纹绫各五匹”[⑥]。南朝梁时，扶南在天监二年至太清二年（503—543）四十年间，

①（南朝·梁）沈约：《宋书·夷蛮列传》，中华书局，1974 年。
②（南朝·梁）萧子显：《南齐书》，中华书局，2017 年。
③（唐）姚思廉等：《梁书》，中华书局，1973 年。
④（唐）姚思廉等：《陈书》，中华书局，1974 年。
⑤见《晋书·穆帝纪》《建康实录·晋烈宗孝武皇帝》。
⑥（南朝·梁）萧子显：《南齐书》，中华书局，2017 年。

商使往来建康达十数次之多，并向崇佛的梁武帝赠送珊瑚佛像等佛教物品[1]；梁武帝在大同五年（539）派沙门释云宝随使臣去扶南迎佛法（长一丈二尺），还聘请了不少扶南名僧，并在都城建康建立译经道场——扶南馆（今江苏南京鸡鸣寺后的台城）。南朝陈时，扶南分别于永定三年（559）、太建四年（572）、祯明二年（588）遣使至建康贡献方物。据史料记载，扶南遣使来建康贡献的方物主要有珊瑚佛像、天竺旃檀瑞像、婆罗树叶、火齐珠、苏合、生犀等物品。

除林邑、扶南外，南海及南亚印度洋地区的其他国家在这一时期与建康的海上遣使往来和朝贡贸易也有了一定发展。东晋安帝义熙元年（405），师子国始遣使来“献玉像，经十载乃至”[2]。南朝宋时，诃罗陁国、诃罗单国、婆皇、婆达、阇婆婆达、盘盘国、干陁利国等南海诸国和师子国、天竺的迦毗黎国等南亚印度洋诸国皆有遣使至建康贡献方物并开展朝贡贸易。南朝齐时，林邑、扶南以外的南海诸国及南亚地区诸国与建康的贸易往来受林邑、交州战乱影响有所减少。南朝梁时，建康与南海及南亚印度洋地区国家的海上交往和朝贡贸易进入黄金时期，出现了前所未有的兴盛局面，史载“自梁革运，其奉正朔，修贡职，航海岁至，逾于前代矣”。梁武帝时期，遣使前来朝贡发展贸易的不仅有盘盘国、干陁利国、丹丹国、婆利国、狼牙修国等南海诸国，师子国、中天竺等南亚印度洋地区国家，还有远在西域的波斯国也通过海路遣使至建康献物。[3]南朝陈时，据《陈书》《册府元龟》记载，盘盘国、干陁利国、丹丹国、狼牙修国等南海诸国和天竺等南亚地区国家仍遣使至建康献方物，但朝贡贸易的盛况已大不如前。

这一时期海外诸国遣使由海上至建康，从进献方物逐步发展为朝贡贸易，输入的商品有香料、琉璃、动物制品等奢侈品以及佛教用品，而建康输出的商品主要是丝绸绫缎等织品，其交易格局正是这一时期形成的。这在客观上推动了建康城的兴盛和海上丝绸之路的繁荣发展。

---

①（唐）姚思廉等：《梁书》，中华书局，1973 年。

②（唐）姚思廉等：《梁书·诸夷列传》，中华书局，1973 年。

③《南史》载：“梁中大通二年（530），（萨珊朝波斯）始通江左，遣使献佛牙。”

图 216　南京象山出土东晋玻璃杯

二、明代早期

明代早期，政权初立，积极发展对外交往，对海外各国实行睦邻友好的和平外交政策。洪武二年（1369），朱元璋下令编纂《祖训录》，洪武二十八年（1395）重定更名为《皇明祖训》①后颁布，将朝鲜、日本、大小琉球、安南、真腊、暹罗、占城、苏门答剌、西洋、爪哇、湓亨国、白花国、三佛齐国、浡泥国等 15 个滨海或海中国家列为“不征之国”，告诫后世子孙不得恣意征讨，为明王朝的海上外交政策定下了基调。

这一时期南京作为都城再次成为对外交往的中心，自洪武年间与海外各国建立外交关系之后，明朝与外界的交往从未中断。永乐、宣德年间，开展了以郑和七次下西洋为代表的大规模航海外交活动，使得海上丝绸之路延伸和拓展到了南海、印度洋区域。据研究统计，明洪武年间，明王朝外派使臣 57 次，各国来使达 183 次；永乐年间，出使 61 次，各国来使 318 次，来往使节次数之多，为各朝所罕见。在永乐十九年（1421）迁都北京以前，除少数使节由陆路往来外，明王朝与各国的使节往来主要是围绕南京通过海路进行的。

伴随着官方海上对外交往活动的兴盛，明代早期还实施了较为严厉的“海

① 《皇明祖训》是明太祖朱元璋主持编撰的明朝典籍。内容是为巩固朱明皇权而对其后世子孙的训诫。初名《祖训录》，始纂于洪武二年（1369），六年书成，九年又加修订；二十八年（1395）重定，更名为《皇明祖训》。

禁”政策，限制民间海上交往和贸易。它规定海外国家要与中国有贸易往来，需以“朝贡”形式展开，即派遣使者附载方物入明进行“朝贡”，然后由明朝政府以“赏赐”的方式收购其“贡品”。这使得“朝贡贸易”成为明代早期唯一合法的海上贸易形式。南京作为这一时期明王朝的都城，是当时“朝贡贸易”的主要集散地。洪武年间（1368—1398）是明代早期朝贡贸易体系的建立时期，明王朝主要通过颁布和完善“海禁”政策，限制并最终全面禁止海上私人贸易，以保护官方朝贡贸易市场；永乐至宣德年间（1403—1433）是明代早期朝贡贸易的鼎盛阶段，明王朝在继续实行“海禁”政策的同时扩大官方朝贡贸易的范围，郑和下西洋从某种意义上说，起到了招徕各国朝贡使者、扫清海道的作用，也标志着明代早期的朝贡贸易达到了鼎盛时期。

（一）洪武年间南京的海上外交活动和朝贡贸易

明太祖朱元璋定都南京，其在即位之初就积极遣使前往海外各国开展外交活动，“洪武初，海外诸番与中国往来，商贾便之，凡三十国”[①]。洪武元年（1368）至洪武三年（1370），明太祖先后遣使往高丽、占城、西洋琐里（今印度南部）、爪哇、日本、真腊、暹罗、三佛齐、浡泥诸国建立外交关系，大多数国家在收到明王朝的诏书，得知和平往来的善意后，纷纷派遣使者至南京朝贡。如高丽于洪武二年（1369）遣使随明使至南京奉表贡献方物，西洋国于洪武三年（1370）遣使入贡，暹罗、三佛齐、浡泥于洪武四年（1371）第一次入贡，琐里、爪哇于洪武五年（1372）第一次来朝。

东海方向上，明与日本的海上遣使外交则比较波折，由于此前两国交流一度中断，使双方对彼此政局的形势和变化了解甚少。明太祖在洪武元年（1368）和洪武二年（1369）遣使日本的外交行动均未成功。直至洪武三年（1370）明太祖派赵秩出使日本，日本南朝的怀良亲王才遣使者至南京贡马及方物，此后双方互遣使者。此外明王朝因倭寇侵扰东南沿海多次派使者要求日本官方配合禁剿，日本使团则利用朝贡之机发展贸易。洪武十四年（1381）七月，明太祖以无国书为由拒绝了日本怀良亲王所派的僧人如瑶等人的入贡，加之日本在倭

① 《明实录》，上海书店出版社，2017 年。

寇侵扰问题上的推诿态度，停止了与日本之间的海上遣使外交活动。后又借胡惟庸案中牵扯出的日本使者有借朝贡之机资助谋反嫌疑之事，正式断绝了与日本的外交关系和贸易往来。同时他认为“海外诸夷多诈”，应“绝其往来”，实施“海禁”政策，这使洪武中后期南京的海上外交活动大为减少。值得注意的是，当时与日本相邻的琉球（指大琉球，即今冲绳）建立外交关系后，自洪武五年（1372）明太祖遣使与之双方朝贡与贸易不断，它成为洪武年间与南京海上交往最为频繁的国家。即便在明太祖停止对日外交、加强“海禁”期间，琉球仍然是特批的允许自海上来南京进行朝贡和贸易的国家。为方便朝贡，洪武二十五年（1392），明太祖还特赐福建三十六姓善操舟者与琉球国。

南海方向上，三佛齐位于当时印度洋海域国家入贡的必经之路，又是东南亚地区的物品集散中心，对明朝在这一区域的海上外交和朝贡贸易至关重要。洪武年间的三佛齐受制于爪哇的满者伯夷王国，据《明史》载，洪武十年（1377），爪哇“威服三佛齐而役属之。闻天朝封为国王，与己埒，则大怒，遣人诱朝使，邀杀之。天子亦不能问罪。其国益衰，贡使遂绝”，其后“爪哇已破三佛齐，据其国，已改其名曰旧港，三佛齐遂亡，国中大乱，爪哇亦不能尽有其地。……渐致萧索，商舶鲜至其地”。洪武十三年（1380），三佛齐破国之事才被明太祖所了解并对爪哇国王进行严厉斥责和警告。受三佛齐局势影响，洪武十六年（1383）以后，马六甲海峡及其以西的国家未再至明都南京进行朝贡。

表10　洪武年间（1368—1398）海外主要国家由海路至南京朝贡次数统计表①

时间＼国家	日本	琉球	占城	真腊	暹罗	爪哇	三佛齐	彭亨	百花	浡泥	苏门答剌	西洋琐里
洪武元年（1368）												
洪武二年（1369）			1									

① 表中资料统计来自：郑永常《来自海洋的挑战——明代海贸政策演变研究》，《海交史研究》，2008年。

（续表）

国家 时间	日本	琉球	占城	真腊	暹罗	爪哇	三佛齐	彭亨	百花	浡泥	苏门答剌	西洋琐里
洪武三年（1370）			1			1						1
洪武四年（1371）	1			1	1		1			1		
洪武五年（1372）		1	1									1
洪武六年（1373）			1	1	1		1					
洪武七年（1374）		1			1		1					
洪武八年（1375）	1		1		1	1	1					
洪武九年（1376）	1	1										
洪武十年（1377）			1	1	1	1	1					
洪武十一年（1378）		1	1		1	1	1	1	1			
洪武十二年（1379）	1		1		1	1						
洪武十三年（1380）	2	1	1	1		1						
洪武十四年（1381）					1	1						
洪武十五年（1382）		1	1			1					1	
洪武十六年（1383）		1	1		1							
洪武十七年（1384）		1	1		1							
洪武十八年（1385）		1			1							
洪武十九年（1386）		1	1		1							
洪武二十年（1387）		1	1	1								
洪武二十一年（1388）		1	1	1	1							
洪武二十二年（1389）			1	1	1							
洪武二十三年（1390）		1	1	1	1							
洪武二十四年（1391）		1	1		1							
洪武二十五年（1392）		2										
洪武二十六年（1393）		1			1	1						
洪武二十七年（1394）		1				1						
洪武二十八年（1395）		1			1							

（续表）

国家 时间	日本	琉球	占城	真腊	暹罗	爪哇	三佛齐	彭亨	百花	浡泥	苏门答剌	西洋琐里
洪武二十九年（1396）		1										
洪武三十年（1397）		1	1		1							
洪武三十一年（1398）		1										
朝贡总次数	6	21	19	8	19	10	6	1	1	1	1	2

注：朝鲜半岛的高丽王朝于洪武七年（1374）以后即不再由海路至南京朝贡，改由海陆并进或完全由陆路朝贡，洪武二十五年（1392）李氏朝鲜王朝建立后亦未从海路入贡，故未列入此表。

由上表可知，洪武年间海路至南京朝贡较为稳定、次数较多的五个海外国家分别是位于东海区域的琉球和南海区域的占城、暹罗、真腊和爪哇。为了规范朝贡贸易，防止外国海商冒充贡使进行贸易活动，洪武十六年（1383），明王朝开始对一些海外国家陆续实行朝贡勘合制度，严格限制朝贡国频繁来贡。受此影响，洪武十六年至洪武三十一年（1383—1398）至南京朝贡海外国家大为减少，东海区域仅有琉球，南海区域则主要是中南半岛上的占城、暹罗、真腊三个滨海国家。

洪武年间的朝贡贸易随着海上外交活动的进行和“海禁”政策的实施逐渐成为海外贸易的常态：明王朝在洪武四年（1371）、十四年（1381）、十七年（1384）、二十七年（1394）、三十年（1397）多次对内颁布海禁令，严禁中国商民下海经商进行海外贸易；对外实行朝贡贸易，从而将海外贸易限定于朝贡形式下，由官方垄断。因此海外诸国贡使入贡，常附带有大量的私物，“正贡外，使臣自进并官收买附来货物，俱给价，不堪者令自贸易”①。

海外国家前来朝贡的正贡自然是发生在当时明朝京师（今江苏南京）的皇宫内，而京师会同馆则是海外诸国使团在朝贡和贸易期间的重要场所。据《明

①（明）李东阳编：《大明会典·外夷上》，广陵书社，2007年。

实录》“洪武二十七年（1394）四月”条载“凡蕃国王来朝，先遣礼部官劳于会同馆”，贡使在纳贡领赏后，“许于会同馆开市三日或五日”，因朝鲜、琉球与明王朝关系特别密切，故“不拘期限”，来即开市。

（二）永乐年间南京的海上外交活动和朝贡贸易

永乐年间（1403—1424），明成祖朱棣继续实行“海禁”与“朝贡贸易”相结合的政策，同时积极开展“锐意通四夷”的外交活动，扩大与海外诸国的交往，宣称“今四海一家，正当广示无外，诸国有输诚来贡者听”，“其以土物来市者，悉听其便”[①]。永乐元年（1403）十月又宣布：“自今诸蕃国愿入中国者，听其所愿。”这里甚至表示了各国私商也可直接来中国进行贸易，敞开了海外各国官民来中国访问贸易的大门。

永乐十九年（1421）明成祖迁都北京之前，南京仍是明王朝进行海上外交活动和朝贡贸易的中心。这一期间在东海方向琉球仍然是朝贡往来和贸易最为频繁的国家，与日本则一度恢复了海上使节和贸易往来。在南海方向则多次派郑和下西洋进行大规模的航海外交活动，清除海上通道的各种阻碍，招徕海外各国由海路至南京朝贡，由此形成了史无前例的海上交往壮举和朝贡贸易盛况。

表 11　永乐年间（1403—1420）海外主要国家由海路至南京朝贡次数统计表[②]

国家 时间	日本	琉球	占城	真腊	暹罗	浡泥	苏禄	爪哇	满剌加	苏门答剌	彭亨	南渤利	吕宋	旧港
永乐元年（1403）	1	3	1		1			1						
永乐二年（1404）	1	3	1	1	1			1						
永乐三年（1405）	1	3	1		1	1		2	1	1				
永乐四年（1406）	1	2	1	2	1	1		2						1

① 《明实录》，上海书店出版社，2017 年。

② 表中资料统计来自：郑永常《来自海洋的挑战——明代海贸政策演变研究》，《海交史研究》2008 年。

（续表）

时间＼国家	日本	琉球	占城	真腊	暹罗	浡泥	苏禄	爪哇	满剌加	苏门答剌	彭亨	南渤利	吕宋	旧港
永乐五年（1407）	1	2							1	1				1
永乐六年（1408）	1	2	1		1	1		1						
永乐七年（1409）		2	1		1				1	1				
永乐八年（1410）		2	1		1	1		1		1			1	
永乐九年（1411）		1			1			1	1	1	1	1		
永乐十年（1412）		1	1		1	1			1	1		1		
永乐十一年（1413）		2	1					1	1					
永乐十二年（1414）		1		1							1			
永乐十三年（1415）		3	1					1	1	1		1		
永乐十四年（1416）		1	1			1		1	1	1	1	2		
永乐十五年（1417）		2	1	1	1	1	3							
永乐十六年（1418）		1	1		1			1	1	1		1		
永乐十七年（1419）		1	1	1					1	1		1		
永乐十八年（1420）			1		1		1	1	1	1				
朝贡总次数	6	51	15	6	12	7	4	14	11	11	3	5	1	2

注：1. 此表列举的主要是东海区域及南海区域的国家；

2. 永乐十九年（1421）明成祖朱棣北京迁都，海外诸国朝贡也从南京转至北京进行，但南京仍然是留都和对外交往的重要航海基地，海外来使的贡物有部分就封存在南京内库中，南京的会同馆也继续保留。

1. 东海方向的海上外交和朝贡贸易

与日本的海上外交和朝贡贸易：早在建文三年（1401），统一日本南北朝的足利义满即向南京遣使献方物以求恢复双方的官方交往；永乐元年（1403）足利义满再次遣使至南京向明成祖朱棣称臣纳贡，表示会遵照要求取缔倭寇，希望同明朝建立朝贡贸易关系；永乐二年（1404），明成祖派赵居任等赴日，赠给足利义满镌有“日本国王之印”字样的龟钮金印、冠服和用于朝贡的永乐年号本字勘合符一百道和日字勘合底簿一扇，双方缔结《永乐勘合贸易条约》，重新恢复了朝贡贸易关系。永乐元年至永乐六年（1403—1408）足利义满统治日本时期，日本遣使6次出使明朝，明使到日本共7次，在此期间日本为了更顺利地进行贸易，捣毁了对马、台岐等岛屿上的倭寇老巢，并把俘获的倭寇送至明朝以表诚意。永乐六年（1408）足利义满去世后，其子足利义持继位后不再愿意做明朝的臣属，便中断了与明王朝的海上外交和朝贡贸易关系。

与琉球的海上外交和朝贡贸易：洪武年间的琉球分为中山、山南、山北三国。永乐十四年（1416）中山与山南联合吞并了山北，而从永乐元年至永乐十七年（1403—1419）琉球诸王几乎每年都遣使至明都南京朝贡一到三次，次数频繁，加上明朝的特殊优待政策，使得琉球在与明朝的贸易往来中获利巨大，此后逐渐发展成为东亚和东南亚海上贸易的主要中心之一。

2. 南海方向的海上外交和朝贡贸易

自永乐三年（1405）起，明成祖先后六次派郑和等率船队往南海及更远的“西洋”（即印度洋）方向开展大规模的航海外交活动（郑和第七次下西洋为宣德年间明宣宗所派），开辟海道并清除障碍，招徕南海及印度洋海域诸国遣使至明朝朝贡，把朝贡贸易推向了高潮。

畅通海道清除朝贡障碍：位于苏门答剌东部的旧港国是南海诸国入明朝贡的必经之地，它的安全与否对明朝朝贡贸易的发展至关重要。永乐初年，广东人陈祖义在那里充当头目，“甚是豪横，凡有经过客人船只，辄使劫夺财物。”[①] 永乐五年（1407），郑和首次下西洋回国返航到旧港时，先是遣人招谕陈祖义，招谕不成，则出兵与战，大败之，并生擒陈祖义等三人械送至京诛之，为海外诸国的朝贡扫清了道路。郑和擒获陈租义时得到当地侨领施进卿的帮助，明成

① （明）马欢著，万明校：《瀛涯胜览》，中国旅游出版社，2016年。

祖遂“设旧港宣慰使司，命（施）进卿为宣慰使，赐印诰、冠带、文绮纱罗”①。

与此同时，郑和在下西洋期间还大力发展了与满剌加②的友好关系，疏通了以满剌加为核心的东西方海上交通要道，并以其为依托建立了明朝都城南京至南海及印度洋区域的远洋航路网络。如郑和在满剌加设立停靠补给站，建造仓库，帮助随船入明朝贡的各国使臣打整货物，等待季风，这保证了印度洋区域国家入贡道路的畅通无阻。跟随郑和下西洋的翻译马欢在《瀛涯胜览》中记载：“中国宝船到彼，则立排栅，如城垣，设四门更鼓楼，夜则提铃巡警。内又立重栅，如小城，盖造库藏仓廒，一应钱粮顿在其内，去各国船只回到此处取齐，打整番货，装载船内，等候南风正顺，于五月中旬开洋回还。”

主动扩大朝贡贸易区域：郑和在下西洋活动中，忠实地奉行明成祖的朝贡贸易政策，每到一处，必宣谕皇帝诏书，向各国国王颁赐银印、冠服、礼品等，鼓励他们派遣使者入明朝贡。马欢《瀛涯胜览》、费信《星槎胜览》、巩珍《西洋番国志》，这些跟随郑和远航的人留下的著作中非常详细地记载了他们在所到之地进行的交流、贸易等活动。明清两代学者的著书中所载的郑和使团所经海外地方，多寡不一。如明马欢《瀛涯胜览》记有 20 国；明费信《星槎胜览》前集记有 22 国，后集载有 20 国；《郑和家谱》载 20 国；明巩珍《西洋番国志》载 20 国；明黄省曾《西洋朝贡典录》载 21 国；明严从简《殊域周咨录》载 17 国；明杨一葵《裔乘》载 69 国（朝鲜、日本等国除外）；明罗曰褧《咸宾录》载 53 国（朝鲜、日本等国除外）；明茅元仪《武备志》（四夷传，卷二三五至卷二三六）载 30 国；明查继佐《罪惟录》载 45 国；清傅维鳞《明书》载 29 国；清张廷玉等《明史》载 42 国等。

---

① 出自印尼学者奔牙拉查・翁冈・巴林桐安《端古劳》的附录《三宝垄华人编年史》。

② 满剌加扼守马六甲海峡，位于东西方海上贸易重要的交通路口。在 1402 年以前，那里只是一个小渔村，明人记载：“国无王，止有头目掌管诸事。此地属暹罗所辖，岁输金四十两，否则差人征伐。”明成祖“命正使太监郑和等赍诏敕赐头目双台银印、冠带袍服，建碑封城，遂名满剌加国”。这使其摆脱了暹罗控制，不再给暹罗输贡，成为新兴国家。

表 12　郑和下西洋所到国家（或地区）古今名称对照表（部分）

国名（或地区）	今名称	国名（或地区）	今名称
占城	越南中南部	古兰丹	马来西亚东岸
暹罗	泰国	彭亨	马来西亚南岸
真腊	柬埔寨	榜葛剌	孟加拉国及印度西孟加拉邦
爪哇	印尼爪哇岛	苏禄	菲律宾苏禄群岛
苏门答剌	印尼苏门答剌岛	古里	印度卡利卡特
满剌加	马来西亚马六甲	小葛兰	印度奎隆
旧港	印尼苏门答剌岛巨港	柯枝	印度科钦
阿鲁	印尼苏门答剌岛勿拉湾	甘巴里	印度南端科摩林角
浡泥	加里曼丹岛文莱	阿拨巴丹	印度阿默达巴德
淡马锡	新加坡	加异勒	印度南端
古麻剌朗	菲律宾苏禄岛东北部	天方	阿拉伯麦加
锡兰	斯里兰卡	默德那	沙特麦地那一带
溜山	马尔代夫	木骨都束	索马里摩加迪沙
阿丹	也门共和国亚丁	卜（不）剌哇	索马里布拉瓦
忽鲁谟斯	伊朗霍尔木兹海峡格什姆岛	竹步	索马里南方
剌撒	红海东岸	麻林	有多种说法，一说为坦桑尼亚基尔瓦基西瓦尼
祖法儿	阿曼佐法儿地区		

在郑和等人的努力下，南海及印度洋区域诸国的朝贡使者络绎不绝。除派使臣来华朝贡之外，一些国王也前来访问，如浡泥、满剌加、苏禄、古麻剌朗4个国家的11位国王亲自率领庞大使团由海路至南京访问明朝。其中访明的三位国王——浡泥国王麻那惹加那乃、苏禄国东王巴都葛巴答剌、古麻剌朗国王

斡剌义亦敦奔还因病逝于明，明成祖按中国礼制分别谥号“恭顺”“恭定”“康靖”，并以礼厚葬。今保存于南京的浡泥国王墓便是目前现存的两处海外国王墓地之一。

表 13　郑和下西洋期间四国国王来南京访问情况表

国名	国王	谥法	来华情况	回国年代	文献资料
浡泥	麻那惹加那	恭顺	永乐六年（1408）八月乙未（二十日），浡泥国王麻那惹加那乃率其妃及弟妹男女并陪臣来朝。奉金镂表文及贡龙脑、帽顶、腰带、片脑、鹤顶、玳瑁、犀角、龟筒、金银八宝器诸方物，入朝见上，上嘉牢之。永乐六年（1408）十月乙亥（初一），浡泥国王麻那惹加那乃以疾卒于会同馆。	永乐六年（1408）十月病故于南京	《明太宗实录》
浡泥	遐旺		永乐六年（1408），遐旺受封浡泥国王。遐旺与其叔施里难那那喏等言：本国岁供爪哇片脑四十斤，乞敕爪哇供，请以岁进朝廷。又言今者还国，请遣使臣护送，就留镇一年，以慰国人之望。复乞限年次朝贡，及从许带若干人，上皆从之。朝贡以三年为期，傔从多寡任便。遂敕爪哇国王都马板，令罢浡泥所供片脑。永乐十年（1412）九月丁未（二十五日），浡泥国王遐旺等入朝，贡方物。自王以下，皆赐袭衣。命礼部宴之会同馆，光禄寺旦暮给酒馔。十二月丁丑（初四），遣中官张谦、行人周航护送嗣浡泥国王遐旺等还国。	永乐十一年（1413）二月	《明太宗实录》

（续表）

国名	国王	谥法	来华情况	回国年代	文献资料
满剌加	拜里迷苏剌		永乐九年（1411）七月甲戌（十五日），以满剌加国王拜里迷苏剌来朝，遣中官海寿、礼部郎中黄裳等王宴牢之。九月癸酉（十五日），拜里迷苏剌辞归，赐宴奉天门，别宴王妃陪臣等。	永乐九年（1411）九月	《明太宗实录》
	亦思答儿沙		永乐十七年（1419）九月丙午（初四），亦思罕答尔沙进金缕表文，贡宝石、珊瑚、龙涎香、鹤顶、犀角、象牙、狮子、犀牛、神鹿、天马、骆驼。	永乐十七年（1419）十月	《明太宗实录》
满剌加	西哩麻哈剌者		永乐二十二年（1424）三月丁酉（二十一日），满剌加国王西哩麻哈剌者率其妃及头目来朝贡方物，以父没新嗣位故也。永乐二十二年（1424）四月丁未（初二），满剌加国王西哩麻哈剌者还国，赐宴于玄武门，赐金百两，银五百两，钞三万二千二百七十锭，锦六段，彩缎五十八表里，纱罗各二十二匹，绫四十六匹，绢五百三十六匹，棉布三百九十二匹，织金罗衣十八袭。赐王妃素罗女衣十二袭，绢女衣十七袭，赐其从人衣服有差。	永乐二十二年（1424）四月	《明太宗实录》
			宣德八年（1433）九月丙寅（十七日），满剌加国王西里麻哈剌者率家属来朝，至南京，襄城伯李隆以闻。上以天寒，命隆且令于南京休息，加厚待之，俟春暖来朝，别遣人赍敕劳王，赐王及妃，并头目下至傔从文绮、袭衣、棉布、靴袜、胖袄等物悉备。	宣德九年（1434）	《明太宗实录》

（续表）

国名	国王	谥法	来华情况	回国年代	文献资料
苏禄	西王麻哈剌吒葛剌麻丁 峒王妻叭都葛巴剌卜	恭定	永乐十五年（1417）八月甲申（初一）朔，行在礼部言，权苏禄东国巴都葛叭答剌、权苏禄西国麻哈剌吒葛剌马丁，故权苏禄峒者之妻巴都葛叭剌卜各率其属及随从头目凡三百四十余人，奉金镂表来朝贡，且献珍珠、宝石、玳瑁等物，赐予视满剌加国王。	永乐十五年（1417）九月东王巴都葛吧叭答剌病故于德州	《明太宗实录》
古麻剌朗	干剌义亦敦奔	康靖	永乐十五年（1417）九月戊午（初六），遣太监张谦赍敕往谕古麻剌朗国王干剌义亦郭（敦）奔，并赐之绒锦、纱罗等。	永乐十九年（1421）四月病故于福州	《明太宗实录》

此外，郑和下西洋期间还在满剌加、浡泥、锡兰山、柯枝、古里等海外诸国勒石立碑，也为朝贡往来交往提供了有力的佐证。

表14 郑和下西洋于诸番国勒石立碑一览表[①]

番国名	碑名	御制碑年份	备注
满剌加	《封西山镇国碑》	永乐三年（1405）	建于满剌加（今马来西亚马六甲州）西山（今升旗山），已佚失。
	《封王建国碑》	永乐七年（1409）	建于满剌加（今马来西亚马六甲州），已佚失。
浡泥	《封长宁山镇国碑》	永乐六年（1408）	建于浡泥王国（今加里曼丹岛北部文莱一带），已佚失。

① 引自徐玉虎《参照郑和下西洋于诸番国勒石立碑新考》。

（续表）

番国名	碑名	御制碑年份	备注
锡兰山	《锡兰山国布施佛寺碑》	永乐七年（1409）	始建于加勒一所寺庙里，现保存在斯里兰卡首都科伦坡博物馆内。
柯枝	《封大山镇国碑》	永乐十年（1412）；一说永乐十五年（1417）	建于今印度西南部柯钦，已佚失。
古里	《古里封王碑》	永乐五年（1407）	建于今印度西南岸科泽科德一带，已佚失。

互通有无的朝贡贸易商品往来：郑和下西洋船队每到达一地，除了宣扬明朝国威，邀约各国派使臣前来朝贡外，还将随船所带的中国特产如丝绸、瓷器、茶叶、金、银、铜钱、铁器、农具等物品在当地交易，各国也用本国的特产与他们交易。回程时，将各国的贡品和船队购买或采集而来的各国土特产带回，在带回的这些物品中有大象、长颈鹿等大型动物，有东南亚盛产的香料，也有各种中国稀缺的药物，据考证，风靡至今的营养品——燕窝，就是郑和船队在浡泥国首次发现并带回中国的。[①]明代黄省曾在其著作《西洋朝贡典录》序中载："太宗皇帝（朱棣）……乃大赉西洋，贸采琛异……由是明月之珠，鸦鹘之石，沉南龙速香，麟狮孔翠之奇，梅脑薇露之珍，珊瑚瑶琨之美，皆充舶而归。"据随郑和一起远航的马欢、费信、巩珍等所著的《瀛涯胜览》《星槎胜览》《西洋番国志》记载，各类进口物品有布类、香类、珍宝类、药品类、动物类、五金类、用品类、颜料类、食品类、木料类等。另据《明会典》和《明史》记载，郑和带回的贡物和市易之物计有：五金类 17 种，香类 29 种，珍宝类 23 种，动物类 21 种，布类 51 种，一般用品类 8 种（不含金属品），药品类 22 种（不含香类），颜料类 8 种，食品类 3 种（番盐、糖霜、胡椒），木料类 3 种。[②]

① 范金民、吴恬：《郑和》，南京大学出版社，2011 年。

② 王佳：《说不尽的"海上丝路"》，《北京日报》，2010 年 6 月 18 日。

此外，中国的铜钱也流通到了爪哇，而苏门答剌在这一时期开始采用中国的度量衡。[①]甚至东南亚一些地区建造庙宇和宝塔使用的砖瓦、琉璃也都是郑和下西洋时带过去的。在输出商品方面，丝绸、瓷器是最主要的大宗商品。以丝绸为例，这一时期中国丝绸外传的规模超过历史上的任何时期。据明代各种文献整理而成的“郑和下西洋所到国家和地区传入中国丝绸情况表”也不难发现，郑和船队到达哪里，中国丝绸也就传播到哪里。中国丝绸的大量外传不仅有利于改善当地人们的穿衣问题，也推动了一些国家丝织工业的发展，也促进了中国丝织工业和民族工业的发展。这些不仅表明中外物产正有效流通，也表明此时深层次的文化交流正日益频繁。

表 15　郑和下西洋所到国家和地区传入中国丝绸情况表[②]

国名或地名	今名	丝绸品名	来源文献
占城	越南	系宁丝、绫绢	《瀛涯胜览》
安南	同上	织金文绮、纱罗	《明史·安南传》卷三二一
真腊	柬埔寨	锦缎、丝布	《星槎胜览》
暹罗	泰国	彩帛、锦绮、色绢、缎匹	《明史·外国传》《星槎胜览》
满剌加	马来西亚马六甲	锦绮、纱罗、帛	《明史·满剌加传》
满剌加	马来西亚	色绢	《星槎胜览》
彭坑	马来西亚彭亨	色缎	《星槎胜览》
急兰丹	马来西亚吉兰丹	锦绮、纱罗、彩帛	《明史·急兰丹传》卷三二六
爪哇	印尼爪哇	绒锦、织金文绮、纱罗	《明史·爪哇》
浡泥	加里曼丹、文莱	锦绮、彩币、缯帛	《明史·浡泥》卷三二五
浡泥	加里曼丹、文莱	色缎	《星槎胜览》

① 张国刚、吴莉苇：《中西文化关系史》，高等教育出版社，2007 年。
② 陈炎：《海上丝绸之路与中外文化交流》，北京大学出版社，2002 年。

（续表）

国名或地名	今名	丝绸品名	来源文献
旧港	印尼巨港	五色布绢、色缎	《星槎胜览》
苏门答剌	印尼苏门答剌	色绢	《星槎胜览》
重迦逻	印尼松巴哇岛	花绢	《星槎胜览》
古麻刺朗	菲律宾棉兰老岛	绒锦、苎丝、纱罗、文绮	《明史·古麻刺朗传》卷三二三
合猫里	菲律宾甘马睗省	锦绮、袭衣	《明实录》、《国榷》卷十三
吕宋	菲律宾吕宋	织锦、彩缎、纱罗	《大明统一志》卷九〇
三屿	菲律宾坎当	五彩布绢	《星槎胜览》
麻逸	菲律宾民都洛岛	五彩布绢	《星槎胜览》
苏禄	菲律宾苏禄群岛	五彩布绢	《星槎胜览》
沙瑶	菲律宾棉兰老岛	锦绮	《东西洋考》卷五
榜葛剌	孟加拉	布缎、色绢	《星槎胜览》《明史·榜葛剌》
小呗喃	印度奎隆	色缎	《星槎胜览》
柯枝	印度柯钦	色缎、白丝	《星槎胜览》
古里	印度科泽科德（卡利卡特）	色缎	《星槎胜览》
甘把里	印度科摩抹角	织锦	《皇明四夷考》
锡兰山	斯里兰卡	色缎、色绢	《星槎胜览》
锡兰山	斯里兰卡	苎丝、丝绢	《明史·锡兰山》卷三二六
溜洋	马尔代夫	色缎、色绢	《星槎胜览》
溜山	马尔代夫	织金	《皇明四夷考》
忽鲁谟斯	伊朗阿巴斯港	各色苎丝、纱锦	《西洋番国志》
忽鲁谟斯	伊朗阿巴斯港	锦绮、彩帛、纱罗	《明史·外国传》卷三二六
佐法儿	阿曼、佐法儿	苎丝、色缎、绢	《星槎胜览》

（续表）

国名或地名	今名	丝绸品名	来源文献
阿丹	南也门亚丁	丝帛、色缎	《星槎胜览》
剌撒	北也门萨那	色缎、色绢	《星槎胜览》
木骨都束	索马里摩加迪沙	色缎、色绢	《星槎胜览》
竹步	索马里准博	色缎、色绢	《星槎胜览》
卜剌哇	索马里	缎绢	《星槎胜览》
麻林	肯尼亚马林迪	未提丝绸	即《郑和航海图》中麻木地
米昔儿	埃及	纱罗丝布	《明史・西域传》卷三三二
天方（天房）	沙特阿拉伯麦加	缎匹、色绢	《星槎胜览》

在输入商品方面，除了部分奢侈品和奇珍异宝之外，南海及印度洋区域的香料成为中国市场所需要的最重要的物品。郑和下西洋通过朝贡贸易有力地推动了香料贸易的发展，大量香料沿海路由东南亚输入中国，以致南海方向的海上丝绸之路又被称为海上香料之路。史载："西洋交易，多用广货易回胡椒等物，其贵细者往往满舶，若暹罗产苏木、地闷产檀香，其余香货各国皆有之。"①这些香料通过朝贡贸易每次输入的数量很大，主要是因为明朝在宗教祭祀、熏香医药、饮食调味方面对香料的需求量极大，如宫廷内的太庙、太医院、御膳房就是用香最多的地方。郑和船队下西洋所到达的东南亚、印度洋沿岸、东非诸国在历史上都是香料产地，如印尼马鲁古群岛即称香料群岛，索马里素以香料之角著称，西亚、红海、波斯湾一带则是古代闻名于世的盛产香料之地，有的更是某一种香料的特产地。据《西洋朝贡典录》记载，当时海外诸国用于朝贡贸易的物产中有一半左右是香料，这种繁荣的香料贸易大大增强了明都南京与南海及印度洋区域国家或地区的经济文化交流。

① （明）顾炎武：《天下郡国利病书》，卷九六。

表 16 郑和下西洋所到国家或地区与郑和船队贸易的香料品种[1]

国家 / 地区	出产香料	国家 / 地区	出产香料
占城	伽蓝香、豆蔻	柯枝	胡椒
爪哇	苏木、白檀香、肉豆蔻、荜拨	旧港	黄速香、降真香、沉香、金银香
溜山	降真香、龙涎香	古里	胡椒
暹罗	黄速香、罗褐速香、降真香、沉香、白豆蔻、大风子、血竭、藤结、苏木	祖法儿	乳香、龙涎香
满剌加	黄速香、乌木、打麻儿香	彭坑	黄熟香、沉香、片脑、降香
哑鲁	黄速香、金银香	忽鲁谟斯	龙涎香
苏门答剌	胡椒	天方	蔷薇露、俺八儿香
南浡里	降真香	真腊	沉香、苏木
锡兰山	龙涎香、乳香	淡洋	降香
小呗喃	胡椒	龙牙善提	速香
剌撒	龙涎香、乳香	阿丹	蔷薇露
吉里地闷	檀香	苏禄	降香
浡泥	降香、片脑	竹步	龙涎香、乳香
大呗喃	胡椒	溜洋	龙涎香、乳香
木骨都束	乳香、龙涎香	卜剌哇	没药、乳香、龙涎香

注：据马欢《瀛涯胜览》、黄省曾《西洋朝贡典录》、张燮《东西洋考》整理。

① 严小青、惠富平：《郑和下西洋与明代香料朝贡贸易》，《江海学刊》2008 年第 1 期。

第二节　南京在明代朝贡贸易体系中的地位

《通典》记载："自古至周，天下封建，故盛朝聘之礼，重宾主之仪。"在天下封建、诸侯朝聘、四夷朝贡等的思想体制里，宾礼一直是国家礼制的重要组成部分。明初政权初定，为维护统治，继承"厚往薄来"的朝贡体制。明朝贡贸易完全为官方所主导，而南京作为明代的首都和留都其政治意义不言而喻。设置在南京的多个中央机构如礼部、兵部、鸿胪寺、四夷馆等或参与或协助了朝贡贸易，可以说朝贡贸易的实质核心和管理体系都与南京有直接的关系。

朝贡贸易作为官方支持的外交、贸易活动，贡使往来都需要勘合以辨真伪。朝贡勘合始于明洪武十年（1377），由礼部发放。勘合由各国、明朝内府及布政司收储，详细记录朝贡国国主、使臣姓名、年月、方物等。此举主要是为了防备倭寇，保护朝贡贸易。洪武十六年（1383）的《新刻明政统宗》记载："十月，上给北番勘合。上以海外诸国进贡，信息往来真伪难辨，遂命礼部置勘合文簿发诸国，往来俱布政司凭信稽考，以杜奸诈之弊。但遇入贡咨文，具于所经各布政司比对，勘合相同，然后发遣。于是暹罗、占城、琉球等五十九国俱给勘合文册。"

获得勘合的国家，贡使根据明廷规定的贡期，或两年一贡，或三年一贡，由规定好的贡道，在设有市舶司或相关机构的口岸登岸，再由驿道或运河等抵达京师入贡。以日本为例，永乐元年（1403）十月、永乐二年（1404）十月、永乐三年（1405）十一月、永乐五年（1407）五月、永乐六年（1408）五月、永乐六年（1408）十二月、永乐八年（1410）四月，日本共有7次38艘贡船到达南京进行朝贡。

在朝觐和管带方面，明太祖制定了基本原则："西洋诸国，素称远番，涉海而来，难计岁月。其朝贡无论疏数，厚往薄来可也。"贡使抵达南京后，被安置于兵部所属会同馆。按《洪武京城图志》所录南京楼馆图，会同馆在皇城之西，再往西为乌蛮驿。会同馆是接待外藩的重要场所，乌蛮驿是商人居住贸易的处所，按明代朝贡制度，贡使在礼部规定时间内将部分特产在驿馆开市交易，所以乌蛮驿又称乌蛮市。会同馆常设医士、馆夫、马匹、粮食等以供接待。

永乐之后，会同馆分南北馆，分工也有所不同。辽东各部、撒马尔罕等由北馆负责，迤北瓦剌、朝鲜、日本、安南等国使臣人等还是在南京会同馆安顿。

安置使臣食宿之后，则是鸿胪寺司宾、司仪负责“辨其等而教其拜跪之节，”和“陈设引奏礼仪”。万历《大明会典》记载：“四夷朝贡人员，进番字文书，俱本寺官接至西陛、授内官捧进。”“凡外夷进贡方物。本寺官引至御前。俟礼部官奏过、赞叩头、毕。举案至东陛、授内官捧进凡赏赐外夷人员衣服、彩段等件。本寺官举案。引至御前。俟礼部官奏过、赞叩头、毕。仍举案引出给散。”

朝觐之日，使臣被引入明故宫朝拜皇帝，上贡贡品，皇帝随后回赐。

户部管理天下财政市易，其广盈库和内承运库专门接收外国进贡的金银、缨玉、象牙、香料、木材等。

太常寺掌国家礼乐，提督四夷馆，掌译书，也是掌控海外交往的重要机构。

图 217　坤舆万国全图

第六章

比较研究

1994 年，“文化线路遗产”专家会议于西班牙马德里召开，与会者一致认为应将“线路作为我们的文化遗产的一部分”，从而提出了“文化线路”的新概念。1998 年，国际古迹遗址理事会成立了文化线路科学委员会，新型遗产理念即以“交流和对话”为特征的跨地区或跨国家的文化线路作为国际文化遗产保护界所认同。2003 年 3 月，世界遗产委员会委托国际古迹遗址理事会（ICOMOS）修订《实施 <保护世界文化与自然遗产公约> 操作指南》，加入了有关文化线路的内容。2005 年 10 月，在中国西安召开的国际古迹遗址理事会第 15 届大会暨科学研讨会通过了有关《文化线路宪章（草案）》。2008 年，在加拿大召开国际古迹遗址理事会第 16 届大会通过了国际文化线路遗产保护的基础性文件——《文化线路宪章》，“文化线路”作为一种新的大型遗产类型被正式纳入了《世界遗产名录》的范畴。世界遗产委员会在《行动指南》中指出，文化线路遗产代表了人们的迁徙和流动，代表了一定时间内国家和地区之间人们的交往，代表了多维度的商品、思想、知识和价值的互惠和持续不断的交流。

第一节　海上丝绸之路与世界遗产名录上的文化线路对比

入选世界遗产名录的文化线路各自有着不同的社会背景和主要功能。其中一类是“朝圣”类文化路线，它们以信仰为寄托，由个人虔诚地前往内心圣地久而久之形成的朝圣路线，主要体现的是人的流动；另一类是贸易类文化路线，它们以通商为核心，以物的到达为目的，人的流动为物资流动服务。在此前提下，几条文化线路随其他相关元素的变动而产生了各不相同的影响范围、历史沿革、文化交流特色等等。

一、夸帕克南 · 安第斯道路系统

夸帕克南 · 安第斯道路系统是美洲现存最复杂、最广阔的前西班牙交通网络，连接阿根廷、玻利维亚、智利、哥伦比亚、厄瓜多尔和秘鲁，穿越了安第斯山中部的热带雨林、河谷和沙漠地带。夸帕克南 · 安第斯道路系统是集通信、贸易和防御为一体的交通网络，道路及其相关结构覆盖 3 万多公里。该路网由

图 218　夸帕克南 · 安第斯道路系统（图片来源：联合国教科文世界遗产中心网站）

西班牙的安第斯人建造，在公元 15 世纪达到了最鼎盛时期。夸帕克南·安第斯道路系统有四条主要路线，137 个组成区域和 308 个相关考古遗址，突出表现了古人在建筑和工程方面的成就。夸帕克南·安第斯道路系统在经济、社会和文化方面具有重要意义，同时路网将城镇、生产和教育中心连接起来。

夸帕克南·安第斯道路系统所处的地理位置地形十分复杂，有高达 6600 米的安第斯山脉，有延长的海岸线，有热带雨林，有山谷和沙漠。道路系统能有这么庞大的规模和上乘的质量足以证明其独一无二的工程技术成就，古人通过桥梁，楼梯，沟渠和鹅卵石铺路等道路施工技术，解决了安第斯道路系统的诸多工程问题。

在几个世纪的时间内，夸帕克南·安第斯道路系统一直被商队、旅行者、信使、军队和普通民众使用，通过夸帕克南·安第斯道路系统人们进行了商贸、文化、政治、军事等方面的交流。可以说，夸帕克南·安第斯道路系统展示了一定时间一定范围内的商品、通讯和文化传统交换的重要过程。借助夸帕克南·安第斯道路系统，安第斯人在 15 世纪创造了一个长达 4200 公里的巨大帝国。夸帕克南·安第斯道路系统是印加帝国鼎盛时期的见证，展示了印加帝国社会、经济、文化的演变，是整个安第斯山脉的延伸和安第斯人强大的象征。

与此相同，海上丝绸之路既是文化线路型遗产，也是系列跨境遗产。海上丝绸之路是一项历经 2000 多年，覆盖大半个地球，体现人类历史活动和东西方文化交流的线路载体，它展示了东西方不同民族、不同文明之间交流互动、共存共荣的历史进程。

二、大运河

中国大运河始建于公元前 486 年，是世界上开凿时间较早、规模最大、线路最长、延续时间最久的运河，自北向南通达海河、黄河、淮河、长江、钱塘江五大水系，是中国古代南北交通的大动脉，对中国乃至世界历史都产生了巨大和深远的影响。自清末改漕运为海运后，大运河地位衰落。

大运河有着自身独特的运河管理传统，漕粮、盐铁、粮仓、税收等共同组成了漕运系统。大运河有效的促进和保证了帝国的南粮北运和北兵南调，解决

图 219　大运河（图片来源：联合国教科文世界遗产中心网站）

了南北粮食供给和区域稳定问题，进一步保证了国家的稳定和统一。同时，大运河促进了民间经济文化交流，大运河沿线的经济和城市得到了极大的发展，运河经济、运河文化等见证了大运河作为农业文明的核心所发挥的决定性作用。

大运河作为工业革命前的重要技术成就，是中国水利工程技术的突出成就。大运河自北向南通达海河、黄河、淮河、长江、钱塘江五大水系，跨越多个城镇，自然地理环境十分复杂。古人通过修建堤坝、堰坝和桥梁方面的施工技术，巧妙地利用自然地理环境的水力技术，以及黏合剂材料构建了延续几个世纪的交通大动脉。

海上丝绸之路与大运河，同样作为延续几个世纪的跨区域文化遗产，展现了中国在特定历史时期政治、经济、文化、社会、军事等方面的历史面貌。大运河主要展现了中国内部广大区域文化的同一性和多样性，是中国南北文明齐头发展的明证。

海上丝绸之路表现了中国政治、经济、文化等是向外延伸的，中国的商贸与物品通过海上丝绸之路到达海外，中国的文化也通过海上丝绸之路传播到海外。同时中国也通过海上丝绸之路积极接纳外来因素，形成新的中国文化。

三、香料之路——内盖夫的沙漠城镇

香料之路又被称为“熏香之路”，是公元前 3 世纪到公元 2 世纪，活跃在约旦、迦南南部和阿拉伯北部的纳巴泰人将阿拉伯半岛也门和阿曼的乳香及没药运送到地中海的世界贸易路线。香料之路起始于南阿拉伯半岛最东端，结束于西奈半岛的北端，总长 2000 多公里。

公元前 3 世纪到公元 2 世纪，纳巴泰人的商队借助骆驼经阿拉伯湾的也门、阿曼向西跋涉，贩运到地中海东岸的加沙港口，再转运欧洲。香料之路沿途有 56 个驿站，2000 多公里的路途跋涉一次要半年。

香料之路沿线有古城、城堡、驿站连接，此外还有剧院、教堂、酒馆、兵站、仓库、水库沟渠、浴池、油作坊、陶器作坊、民宅、墓窟、田园以及橄榄、葡萄压榨池等，其规模十分庞大。香料之路见证了纳巴泰人长达 700 多年的繁华香料商贸，同时也展现了纳巴泰人精巧的城镇规划和建筑水准，其宫殿、庙宇和街道对当时的罗马、犹太王朝的建筑有示范作用。值得注意的是，香料之路沿线的城区有陶制水管和接头、排水道，有雨水井、水池。城外丘陵、河床依稀可见残留的水坝、水渠、水库等古老水利系统，可见当年绿洲农业的盛况。香料之路见证了纳巴泰人凭借其非凡的才智和创造力在条件艰苦的沙漠发展贸易和农业的过程。

图 220　香料之路遗迹（图片来源：联合国教科文世界遗产中心网站）

此外，香料贸易直接推动中世纪欧洲的地理探险，欧洲人不惜冒险前往东方寻求香料黄金海岸和香料群岛。马可·波罗为开拓东方香料之路冒险到了中国，葡萄牙探险家达迦马为香料前往印度，西班牙王室资助葡萄牙探险家麦哲伦环球远航的主要目的是开辟香料群岛航线。寻找香料也是哥伦布跨海远航发现美洲大陆的重要原动力。十字军东征和大批旅行家的东方之行，都受到香料的策动。

海上丝绸之路和香料之路有力地证明了商贸活动对世界经济、社会和文化的重要性，两者作为跨境的道路系统都具有庞大的附属设施，为商贸活动提供了通道，也为文化交流提供了通道。同时，两者都以具体的货品如丝绸和香料被命名，当然这两个道路网络所传播的不仅仅是丝绸和香料，这只是人们约定俗成的名称，但是最具有代表性。海上丝绸之路和香料之路都有力地促进了区域间的交流，促进了具有向心力文明的不断发展，促进了人口的流动。

四、乳香之路

乳香贸易是古代和中世纪最重要的商业活动之一。乳香之路，又称乳香贸易遗址，是阿曼古代和中世纪乳香贸易的场所。乳香贸易遗址还保留与种植乳香树相关的绿洲遗迹。

乳香之路有两条路线，包括海上航线和陆路商道。陆路通道起点是阿拉伯半岛的南部地区临近阿拉伯海的沿岸港口基纳，当时隶属于古也门；终点是地中海岸边巴勒斯坦的加沙。海上航线从阿拉伯半岛南端出发，沿红海北上，一直到埃及和其他地区，此航线完全由阿拉伯商人独占。

作为丝绸（含瓷器、漆器、茶叶等）原产地的中国，其文治教化的外交导向和重农抑商的社会理念，使海上丝绸之路并不像其他贸易类文化路线相对单纯地以通商为核心，而是以充满文治教化色彩的“朝贡贸易”为核心。丝绸、瓷器类物资与香料、白银相比也有很大不同：前者为人类的文化创造，后者则是自然资源。所以，海上丝绸之路对中国而言，承载了更多的政治、文化以及技术等方面的交流和往来的内涵。

正是在这个意义上，具有政治、文化中心性质的城市对于海上丝路的发展

图 221　乳香之路遗迹（图片来源：联合国教科文世界遗产中心网站）

尤为关键。它既是中国对外传播政治文化的源头，是国家级海上外交事业顺利进行的大本营；同时也是外来文化传入中国后的集结地，以及外来文化在国内其他地区进行二次传播的中心。南京，就是海上丝路中这样一个节点城市。它的许多相关遗存①，对于理解海上丝绸之路所特有的历史价值与内涵，具有重要的意义，这正如西安和洛阳之于陆上丝路的意义和内涵一样。

第二节　海上丝绸之路与陆上丝绸之路比较

陆上丝绸之路是目前世界上已知的路线最长、影响最大的文化线路，它指的是起始于古代中国的政治、经济、文化中心——古都长安（今陕西西安）连接亚洲、非洲和欧洲的古代陆上商业贸易路线。

陆上丝绸之路跨越陇山山脉，穿过河西走廊，通过玉门关和阳关，抵达新疆，沿绿洲和帕米尔高原通过中亚、西亚和北非，最终抵达非洲和欧洲，向南延伸到印度次大陆。陆上丝绸之路沟通了中国、印度、希腊三大文明，全长一万多千米。这是一条关于东方与西方之间经济、政治、文化交流的重要通道，促进

① 例如龙江船厂遗址、浡泥国王墓、郑和墓、明成祖御书天妃宫碑、六朝都城遗址、明都城遗址等。

了欧亚大陆不同国家、不同文明之间在商贸、宗教、文化以及民族等方面的交流与融合，为人类社会的共同发展和繁荣做出了卓越贡献。

“丝绸之路：起始段和天山廊道的路网”属陆上丝绸之路东段的重要组成部分，在丝绸之路交通与交流体系中具有独特的起始地位和突出的代表性。它形成于公元前 2 世纪，兴盛于公元 6 至 14 世纪，沿用至 16 世纪，连接了东亚和中亚大陆上中原地区、河西走廊、天山南北与七河地区 4 个地理区域，分布于今中华人民共和国、哈萨克斯坦共和国和吉尔吉斯斯坦共和国境内。沿线遗迹或壮观巍峨，或鬼斧神工，或华丽精美，见证了欧亚大陆在公元前 2 世纪至公元16世纪之间人类文明的进步,以及在这段时间内多元文化并存的鲜明特色。

“丝绸之路：起始段和天山廊道的路网”使东亚古老的华夏文明中心和中亚历史悠久的区域性文明中心建立起长距离的交通联系，在游牧与定居、东亚与中亚等文明交流中具有重要意义，并见证了古代亚欧大陆人类文明与文化发展的主要脉络、若干重要历史阶段以及突出的多元文化特征，是人类进行长距离交通、商贸、文化、宗教、技术以及民族等方面长期交流与融合的文化线路杰出范例。

陆上丝绸之路与海上丝绸之路可以说是同时存在而又互有消长的两条人类文化线路遗产，在物质载体上略有不同。陆上丝绸之路遗迹点主要包括城市文明遗址（包括宫殿遗址、城市遗址、道路遗址等）、宗教文化遗址（石窟遗址）、相关名人墓葬、军事设施遗址（包括烽燧、关隘等）等。海上丝绸之路遗迹点包括海港设施（包括海湾、码头、航标建筑、造船场、仓库、祭祀建筑、贸易管理机构、驿站、桥梁、道路、海防设施、商业街等）、文化交流例证（古遗址、古墓葬、古建筑、石窟寺及石刻、宗教建筑、外国人聚居区及墓葬区、贸易市场等）、外销品生产基地、海神信仰建筑、航线遗存（沉船、地标、灯塔、航标等）等。

陆上丝绸之路与海上丝绸之路同样以朝贡贸易为核心，是联通古代中国与外界的综合性管道。陆上丝绸之路的衰落期，恰好与海上丝绸之路的兴盛期同步。除了航海技术的发展、陆上丝路自然及政治环境变迁等原因外，从一个宏观动态的视角来看，这其实是中国西北草原板块衰落、东南海洋板块崛起的一个反映，也与中国经济文化重心由黄河板块南移长江板块有关。而南京这个南北交汇之地，在中国文化板块运动的起落中，在海上丝绸之路兴起昌盛的历程中都据有重要位置。

图 222　南京在陆海丝绸之路中的枢纽地位

第三节　与海上丝绸之路中国段之外的其他路段比较

一、日本

日本群岛在中国汉代才形成了国家形态。日本史料记载，西汉哀帝年间中国的罗织物和罗织技术已传到日本。《三国志·魏书·乌丸鲜卑东夷传》记载，正始元年（240）带方郡太守弓遵等人“奉诏书印绶诣倭国，拜假倭王。并赍诏赐金、帛、锦罽、刀、镜、采物，倭王因使上表答谢恩诏。其四年，倭王复遣使大夫伊声耆、掖邪狗等八人，上献生口、倭锦、绛青缣、绵衣、帛布、丹木、犲、短弓矢”。此后的十年间，中日共有 6 次使节往来，可见当时中日间的海上交往十分频繁。从倭王所献之物看，此时中国丝织提花技术和刻版印花技术传入日本。

南北朝时期日本为求得自身的发展以及对付高句丽，通过海上丝绸之路与南朝建立了密切的关系。刘宋永初二年（421），仁德天皇派遣使者到建康（今江苏南京）上贡，宋武帝赞誉“万里修贡，远诚宜甄，可赐除授”[①]。又，“元嘉二年（425），又遣司马曹达奉表献方物。赞死，弟珍立，遣使贡献。自称使持节、都督倭、百济、新罗、任那、秦韩、慕韩六国诸军事、安东大将军、倭国王。表求除正，诏除安东将军、倭国王。珍又求除正倭湋等十三人平西、征虏、冠军、辅国将军号，诏并听之。二十年（443），倭国王济遣使奉献，复以为安东将军、倭国王。二十八年（451），加使持节、都督倭、新罗、任那、加罗、秦韩、慕韩六国诸军事，安东将军如故；并除所上二十三人职。济死，世子兴遣使贡献”[②]。“世祖大明六年（462），诏曰：“倭王世子兴，奕世载忠，作藩外海，禀化宁境，恭修贡职。新嗣边业，宜授爵号，可安东将军、倭国王。”[③]“兴死，弟武立，自称使持节、都督倭、百济、新罗、任那、加罗、秦韩、慕韩七国诸军事、安东大将军、倭国王。”[④]由此可见，建康（今江苏南京）作为刘宋都城通过海上丝绸之路与日本发生了频繁的国家交往。海船可由建康出发，入东海北上进入黄海水域，在山东半岛横渡至朝鲜半岛沿海，沿岸南下至日本北九州沿岸。此航线主要利用常年的南北向洋流，可以更加快捷到达目的地。

隋唐时期，日本使节和僧侣往来中国频繁，通过海上丝绸之路引进了大量中国文化。贮藏官府文物的奈良正仓院保存了数量众多的唐代文物。奈良的唐招提寺是日本的佛教律宗的总寺院，完全保留着中国唐代的建筑风格。京都古城建筑仿照了隋唐时期的洛阳城和长安城。日本的文字“假名”也是在这一时期形成的，是以汉字为基础，取汉字的偏旁部首和部分草书制成，创建了一套

①③（南朝・梁）沈约：《宋书・卷九七・列传第五十七・夷蛮》，中华书局，2017 年。
②④（唐）李延寿：《南史・卷七九・列传第六十九・夷貊下》，中华书局，2016 年。

图 223　南京博物院藏“广陵王玺”金印

独特的文字系统。可见，通过海上丝绸之路日本实现了文化、社会等方面一系列的改变。

北宋时期，中日没有正式官方往来，但在海上丝绸之路的影响下有部分私下的官方交流。这一时期活跃在中日之间的大商人孙忠曾携带佛经、锦匹等到日本。此外，宋代中日民间航海活动十分活跃。中国船只从江南两浙地区出发，横渡东海到达日本地区。南宋至元朝时期，中日海上交流剧增。

明代，日本多次派遣使者到中国朝贡。南京作为明朝首都，也多次与日本使者发生联系。此时的日本，已经成为海上丝绸之路东海道的重要节点。通过海上丝绸之路，日本的古都如奈良、京都都不同程度地接受外来文化尤其是中国文化的影响，形成了独具特色的建筑形制。丝绸、茶叶、螺钿、乐器等经由海上丝绸之路进入日本群岛，丰富了人们的生活。

二、朝鲜半岛

春秋战国时代，中国与朝鲜半岛已有航路。《三国志·魏书·乌丸鲜卑东夷传》记载，“侯准既僭号称王，为燕亡人卫满所攻夺。将其左右宫人走入海，居韩地，自号韩王”，“（弁辰）国出铁，韩、濊、倭皆从取之。诸市买皆用铁，如中国用钱”。可见，这些北方朝鲜流民通过黄海至朝鲜半岛，不仅建立了国家，在贸易活动上还与中国本土发生了千丝万缕的联系。同时，黄海海域一直是中朝航海活动的重要海域。

秦代，船队可从登州（今山东蓬莱）出发，沿长山列岛渡渤海海峡，沿辽东半岛南海岸抵达朝鲜半岛。汉元封二年（前109），“天子募罪人击朝鲜。其秋，遣楼船将军杨仆从齐浮渤海。”可见，渤海海域也是中朝航海活动的重要区域。

西晋时期，中朝交流主要是通过海上航道进行。这一时期东亚的海上交通线是朝鲜半岛黄海沿岸，辽东和山东半岛的黄海北部航路，这条航路对中朝双方都十分重要。

5世纪左右，中朝航线从山东半岛的登州、密州、莱州等地横跨黄海，直达朝鲜半岛西海岸。公元676年新罗统一朝鲜半岛后，中朝海上丝绸之路进入全盛时代。据《三国史记》的记载，从公元703年到897年，新罗向唐朝派出的官方使团达89次之多，平均每两年多一点就派一次，有时甚至一年就派两三次。与此同时，唐朝也向新罗派出过18次官方使团，官方交流十分密切。此时，中朝航船已经可以直接由朝鲜半岛西渡黄海，至唐登州文登县赤山浦（今山东文登区斥山镇）一带登岸，然后取陆路转往洛阳和长安，或沿着山东半岛沿岸南下再转行运河，或从长江口直接进入南京、扬州。大量新罗海商、海员、留学生和留学僧前往中国，从事贸易、航海、留学和求法活动，他们在中国沿海地区如山东、江苏、浙江等留下了众多遗迹。

两宋时期，宋廷与辽金长期对峙，使中国南方的大量贸易改走海路，中朝对外贸易也更多地依赖海上丝绸之路。这一时期，中朝的航海技术都较之前代有了很好的发展，造船技术有了非常大的进步，中国指南针在航海活动中的灵活运用，使得中朝间的航海贸易得到了长足的发展。

明洪武年间（1368—1398），明太祖朱元璋在实行“海禁”政策的同时，不断派遣使节通过航海前往朝鲜半岛建立联系。此后，朝鲜派遣使节通过海上丝绸之路到达南京或北京进行朝贡活动。大量朝鲜官员、士大夫、留学生、商人通过海上丝绸之路与中国进行政治、经济、文化交流。朝鲜留学生可以在南京国子监进行学习，洪武年间朝鲜人金涛来华学习后又考中进士，回国后任国相。朝鲜也是明代“勘合贸易”的重要国家，朝鲜国王多次派遣使者通过海上丝绸之路来到中国。

清代，清廷与朝鲜的“人参贸易”进一步发展，中朝两国贸易无论是官方还是私人都较前代有了较大变化，海上丝绸之路的航线增多、运输量大大上升。

三、越南

《汉书·地理志》记载，汉武帝（前140—前87）时，我国海船就携带大批丝绸、黄金，从雷州半岛起航到中南半岛一带换取珍珠、宝石等特产。

林邑国是今越南的一部分。东吴时期康泰、朱应沿海路出使林邑国。东晋时期林邑分别于晋成帝咸康六年（340）、晋简文帝咸安二年（371）、晋安帝义熙十三年（417）三次遣使至建康贡献驯象等方物。南朝宋时，林邑王范阳迈遣使贡献，后林邑又数度遣使至建康入贡。南朝齐时，林邑于永明九年（491）遣使至建康贡献，永泰元年（498）林邑国王范诸农来朝，不幸在海上遇风溺死，齐明帝封其子款为假节、都督缘海军事、安南将军、林邑王。南朝梁时，与林邑关系发展至顶峰，林邑分别于天监九年（510）、天监十年（511）、天监十三年（514），普通七年（526），大同元年（527），中大通二年（530）、中大通六年（534）先后七次遣使至建康贡献方物。南朝陈时，林邑于光大二年（568）、太建四年（572）两次遣使至建康贡献方物。据史料记载，林邑在与南京的朝贡贸易中输出的商品有各种香药、珠宝、犀角、象牙、棉花和棉布等。

宋景德四年（1004），占城（今越南）派遣使奉表入贡。元代，占城归附元朝，海上丝绸之路占城港一直在不断发展。《元史》记载，“自泉州向南登舟海行者，先至占城而后至其国。”

郑和下西洋时期，六次到达占城。占城是海上丝绸之路的贸易中转站之一，同时船队可以在此补给过食物和饮用水。越南人黎崱著《安南志略》，书中记载：“占城国，立国之海滨，中国商舟泛海往来外藩者，皆聚于此，以积新水，为南方第一码头。”《瀛涯胜览》中记载，郑和到占城宣读永乐皇帝的诏书，并对占城国王及其臣下进行赏赐时，占城国王“下象，膝行，匍匐，感沐天恩，奏恩方物”。在朝贡贸易中，中国输出丝绸、瓷器等到越南，不仅促进了越南制陶工艺的进步，也促进了越南商贸活动的发展。而中国也输入了大量越南地区的木材、香料、植物等，加强了两国间的交流，丰富了中国人的生活。

四、印度

《汉书·地理志》记载：“自日南障塞、徐闻、合浦，船行可五月，有都元国。又船行可四月，有邑卢没国。又船行可二十余日，有湛离国。步行可十余日，有夫甘都卢国。自夫甘都卢国，船行可二月余，有黄支国，民俗略与珠厓相类。……自黄支船行可八月，到皮宗。船行可二月，到日南、象林界云。黄支之南，有已程不国，汉之译使自此还矣。”这说明早在西汉时期，中国海船可从徐闻、合浦启航，沿北部湾折南，经中南半岛东海岸，穿越马六甲海峡，入印度洋，而至黄支国（印度东南部）。

以印度东海岸至斯里兰卡一线为界，可以将汉代海上丝绸之路分为东西两段。在东段，汉帝国沿海路向西的探索止于这一线，《汉书·地理志》记载，“黄支之南，有已程不国，汉之译使自此还矣”，其中黄支在今印度东海岸的康契维腊姆，已程不国即斯里兰卡。黄支国“自武帝以来，皆献见”。《后汉书》记载了“后汉桓帝时大秦、天竺皆由此遣使贡献”。当时黄支使者到中国主要是商业性质，“奉献者皆行贾商人，欲通货市买，以献为名”。中国使者或商人则常带着黄金杂物到黄支国购买明珠等货物。

东吴在迁都建业（今江苏南京）后，与天竺建立了友好往来的关系，保持着海上线路的持续交流。

南朝刘宋年间，天竺高僧僧伽跋摩在建康长干寺（今江苏南京大报恩寺）研修佛学，后于元嘉年间（424—453）随西域贾人舶还外国，即乘海船离开南京去外国。

东晋时期的高僧法显于隆安三年（399）由陆上丝绸之路从长安赴天竺（印度）求法。法显又经由海上丝绸之路返国，义熙八年（412），回到都城建康。

中印两国通过海上丝绸之路互通有无，在社会、文化、科技、艺术方面加强了联系。

五、马来西亚（马六甲）

马六甲是马来西亚的一个州，在马来半岛南部，濒临马六甲海峡。马六甲城始建于1403年，曾是马六甲王国的都城。明代郑和七次下西洋，六次驻节马六甲（满剌加国）。

马六甲在汉代至唐代称为哥罗富沙。唐永徽（650—655）中，曾献五色鹦鹉。

明朝使者尹庆于永乐元年（1403）来到马六甲时，满剌加尚未称国，臣属于暹罗。明永乐三年（1406），酋长西利八儿速喇遣使上表，愿为属郡。永乐七年（1410），明成祖命三保太监郑和封西利八儿速喇（即拜里米苏拉）为满喇加王，从此不隶属暹罗。永乐九年（1412），拜里米苏拉继王位，率领妻子和随从540人来朝，进贡麒麟，明成祖赐黄金相玉带、仪仗、鞍马，赐王妃冠服。九月拜里米苏拉王辞行，明成祖赐宴于奉天门，赐黄金相玉带、仪仗、鞍马，并赐黄金一百两、白金五百两、钞四十万贯。此后直到成化末都多次朝贡。满剌加开始成为该地区最重要的港口，吸引来自爪哇、印度、阿拉伯和中国的商人，作为两次季风之间中印贸易的停泊点。

永乐至宣德年间郑和下西洋，曾以马六甲为大本营，进行前哨观察和物资储备等活动。郑和船队开往古里、爪哇等国都先在马六甲停泊；由阿丹、忽鲁谟斯等国回程时，也在马六甲聚集，打点钱粮，入库保存，等候信风驶返中国。

明史记载，满剌加在永乐三年（1405）、五年（1407）、十二年（1414）、十七年（1419），宣德六年（1431），八年（1433），十年（1435），正统十年（1445），景泰六年（1455），天顺三年（1459），成化十年（1474）等多次进贡。贡物包括玛瑙、珍珠、珊瑚树、鹤顶、金母鹤顶、琐服、白苾布、西洋布、撒哈剌、犀角、象牙、玳瑁、鹦鹉、速香、片脑、蔷薇露、苏合油、栀子花、乌爹泥、沉香、金银香、黑熊、黑猿、白麂、火鸡等。

同南京一样，马六甲城拥有大量见证东西方往来与交流的遗迹。至今马六甲还保存不少郑和遗迹，三宝山为郑和船队在马六甲扎营的地点。在山脚至今仍有一间三宝庙及一口相传为郑和下令挖掘的三宝井。

二者最大的不同来自他们在海上丝路中的地位，南京城是东亚的起点城市，马六甲城则更多的是一个中转点。南京城一直处在稳定延续着的中华文明核心体系中，以其丰富的历史文化积淀见证了海上丝路一个长时段的历程。而马六甲城作为交通要冲所在，由于城市文化主体的变迁等多种原因，呈现出更加开放、多元和多变的面貌。这个海上丝绸之路的必经之地，如今更多保留的是后来西方大航海时代的文化遗存。

第四节　南京与其他文化线路上的城市进行比较

一、与“皇家内陆大干线”起点墨西哥城比较

墨西哥城是文化线路遗产“皇家内陆大干线”上的重要城市。“皇家内陆大干线”在16至19世纪时，主要用于运输萨卡特卡斯、瓜纳华托和圣路易斯波托西等地出产的白银及从欧洲进口的水银，因而又被称为“白银大道”。墨西哥城与明南京城一样，虽然不是贸易物资的主要出产地，但却以政治文化中心型城市的身份，在西班牙与美洲社会之间文化、宗教的交流过程中具有重要地位。

皇家内陆大干线促进并巩固了矿业的发展，还培养了社会创造性，建立了与西班牙、美国文化和宗教的联系。它是从墨西哥到圣达菲的西班牙国际皇家干线的一部分，包括5处城市遗址和55处相关的世界遗产遗址，墨西哥城到阿德里安山谷之间的1400公里包括了桥、大庄园、历史城镇、墓地、修道院、山脉、寺庙等。白银是西班牙创造财富的驱动力，符合西班牙政府和当地殖民者开拓城市北部地区矿物的意愿，为工人建立城镇、边界贸易站和教堂十分必要，矿业的发展为此地带来了较为可观的利润，多民族风格城镇的建设，精心设计的建筑反映出西班牙与本地建筑装饰的融合，各个乡村的农业改革主要集中建设教堂式的庄园公寓。人们往返于公路，最初由大量定居于此的赶骡人为其提供便利，以上都有助于形成沿线文化的差异性。最终，白银财富为西班牙和其他欧洲国家带来了经济的发展，并在很长一段时间内引起了通货膨胀。这条干线对来自不同区域的人们缓解社会压力和融合经济发展的影响是巨大的，社会结构的融合反映了人们在某些方面相互交流与交换意识的形成及干线向南边的延伸。

但由于这条道路主要是为了满足采矿业的需要，所以跨文化的交流大多是松散的、不自觉的。此外，以白银为主的贸易往来，几乎没有技术交流的内容。由于商品输出方不具备强大的文化影响力，所以墨西哥城在文化价值的输出方面远不如南京城。

二、与保卫荷兰的最后一道“阿姆斯特丹防线”城市的比较

阿姆斯特丹防线长135公里，建于1883—1920年之间，它是为适应新时代战争并控制城周淹没地带的防御工事。阿姆斯特丹城在荷兰的历史地位举足轻重不言而喻，作为历史上的港口城市，是政治、文化、经济、交通的综合性港口，是荷兰历史的缩影，其城市的发展注重河流的开发与利用，连接莱茵河、北海的两项工程缩短了与外界的距离，直接促进了该城市的商业交流与发展，尤其是推动了该城水路交易的繁荣。阿姆斯特丹城作为货物的转运港口，成功地被称为世界金融中心和欧洲航运中心。

阿姆斯特丹港和南京港均利用其便利的水运资源为发展注入了新动力。阿姆斯特丹的发展注重水运贸易的发展，开通的海上贸易之路通往非洲、美洲、波罗的海，它为构建世界网络贸易奠定了基础。南京港位于中国海上丝绸之路中段，并在沿线港口中扮演着承东启西、连南贯北的重要角色，同时南京优越的港口地位为其提供了丰富的货源，进一步促进了南京港的发展。

三、与“陆上丝绸之路”西安城的比较

西安在陆上丝绸之路中的地位与南京在海上丝绸之路中的地位非常相似。二者都是（或曾经是）所在文化线路的起点，都是朝贡贸易中交通技术的保障与物资支持的大本营，都是本土价值输出的文化源头，也都是外来文化传入的集结地和二次传播的中心。

丝路之东的起点是“古都西安”，西至地中海地区，南达印度次大陆。全长上万千米，中国占据了4000千米，近一半的长度。覆盖三国的丝绸之路，“长安——天山廊道的路网”遗产点包括重点城墙遗迹、商贸城市、交通遗迹、宗教遗迹及相关遗迹五大类。它对各种文明交流起到了促进作用，为商品交换、宗教信仰、科技知识、技术创新、文化传播和文学艺术等其他领域的深度交流提供了便利。因其为跨国的世界遗产项目，文化线路分布在中国、哈萨克斯坦、吉尔吉斯斯坦三个国家，数量达33个遗产组成部分。遗产范围从贸易契约到各个帝国的都城和宫殿建筑群、佛教石窟寺、古道、驿站、关口、烽火台、长城、碉堡、墓地和宗教建筑等。

此条线路最为明显的特色是：西安所处的长安——天山廊道路网规模宏大、存在时间较长、线路遗产点连接密集，便利了文化交流之需求，打通了恶劣地理环境的鸿沟，清晰地阐释了这些地域的文化交流活动，尤其是展示了游牧民族与定居农耕、绿洲、田园文明的密切交流，贯穿于整个公元前2世纪至公元16世纪。这些交流对沿线的城市规划、建筑、信仰、文化、居住、商品贸易、相互关系发挥了巨大影响力。

南京是中国东部地区的核心城市，襟江带湖，具有巨大的水运系统。曾在历史上称都时间较长，六朝时期的南京通过海上丝绸之路的东海线与朝鲜、日本的东亚国家建立了友好密切的关系，文化辐射力、影响力较强，遗留下来的航海遗存至今保存完好。郑和下西洋时期的一系列活动相关的遗迹是航海的有力见证者，宝船厂遗址是专为郑和下西洋打造船只的造船基地，这是当时中国最大规模的造船中心，也是现今保存下来较大的航海海船制造中心是郑和下西洋航海壮举的物质基础。始于南京的郑和下西洋建立了与外界文化、经济、宗教、技术等方面的联系，体现了人类的智慧、勇气与决心，展现了先进的制造技术，突出了人类的创造性，展现了古中国航海帝国造船技术的能力，同时表明了中国与外界保持着良好、稳定的外交关系，是本土输出和文化输入的最有力的见证者，它的源起、繁荣、消失反映了整个帝国时代的文化面貌，是明朝最为主要的交流通道。此番活动不仅反映了本国的经济文化的发展状况，也是了解外界的重要途径，从而有助于本国更好、更强发展。郑和航海技术与造船技术，是一场浩大的技术创新，是工业革命以前伟大的技术成就总结。郑和的航海壮举是早期探索海上奥秘的先驱，是对海上贸易领域和外交贸易领域的一次成功的探索，可以说其在海上丝绸之路的发展中扮演了一个重要的连接角色。

西安与南京不同之处有以下几点：

第一，二者对中外文化交流发生重大影响的路线和路线形态不同，西安主要是“陆上丝路”，南京主要是“海上丝路”。

第二，二者对中外文化交流发生重大影响的时期不同，西安是在汉、唐两个时期，尤其是唐代，南京是在汉、唐之间的3—6世纪及14世纪。此外，同样针对东亚地区，南京在3—6世纪通过海上丝绸之路“东海线”，对朝鲜半岛和日本列岛的国家产生重大影响，而这一时期正是朝鲜和日本民族国家“自觉”和发展的关键阶段，因之奠定了东亚地区直至今日的文化底色。

第三，海上丝路与陆上丝路的特点不同，海上交通自由度和自主性更强，影响范围也更广。此外，远洋航行对科学技术的要求要高许多，所以南京、西安两地与丝路交通相关的各类遗迹的内涵有所不同。

第四，二者的都城时代距离今天远近不同，西安的都城史基本结束于唐代，而南京的都城史虽然断断续续，却截止于明代。所以对丝路沿线国家及中国本土的社会文化的影响也不尽相同。

第五节　南京与其他海上丝绸之路上的部分城市进行比较

一、泉州

泉州古以“四湾十六港”著称于世，又称为“刺桐港”。随着海外交通的日益繁荣，泉州的海上对外贸易活动愈加频繁。

泉州海丝遗迹是由泉州、漳州和莆田三个城市组成的海丝片区。其中泉州的海丝遗迹主要有万寿塔、六胜塔、石湖码头、江口码头和真武庙、洛阳桥、泉州天后宫和德济门遗址、德化窑梅岭遗址、开元寺、清净寺、草庵石刻、伊斯兰教圣墓、清源山、土坑村、九日山摩崖石刻。漳州的海丝遗迹主要有南胜窑址洞口陂沟遗址、东溪窑上虾形封门坑遗址。莆田的海丝遗迹有湄洲妈祖庙。

泉州的六胜塔海丝遗迹是泉州湾比较醒目的海上标志，是海上丝绸之路的一个地理航标，其在海上的引航导向作用不可忽视。泉州的石湖码头遗迹在海上丝绸之路的地位和作用也不仅仅限于卸货，它是外港的时代象征，刻下了历史的烙印，曾经在海外交流与贸易发展中发挥过重要的作用。江口码头所包含的美山、文兴两座码头均始建于宋代，曾经是泉州城区与港区水陆转运的枢纽。江口码头的特殊性在于码头附近发现了石锭、西班牙银币和古船残骸[①]。泉州的洛阳桥是海陆联运、贸易交通的主要设施。泉州丰富的历史遗迹——海上交

① 中国科学院自然科学史研究所、福建省泉州海外交通史博物馆联合试掘组：《泉州法石古船试掘简报和初步探讨》，《自然科学史研究》，1982 年第 2 期。

通设施建设表明其曾经的繁荣。而东邻江口码头的真武庙在海神信仰的发展过程中充当了海上丝绸之路的一个历史见证。

南朝（420—589）时期，印度高僧在泉州译经并从此地乘船回国。

武后时期，泉州因“南海蕃舶”而“岛夷斯杂”，出现了市井十州人的盛况。唐文宗为了保护福建外商，特意出策关怀外商，除了舶脚、收市和进奉外，其他贸易可任意进行流通，不得重率税。

唐中后期，泉州迅速发展成为中国南方的重要港口。泉州成为蕃客往来之地。唐朝廷为此专门在泉州设参军事四人，以管理海外来往的使节和商人。

五代时，泉州在闽国管辖范围内，因此闽王重视海外贸易，“招来海中蛮夷商贾”，泉州的海外交通得到进一步发展。到后期泉州扩大了城市范围，为适应海外交通贸易增辟了道路和货栈。

北宋元祐二年（1087），朝廷下令设立泉州市舶司，标志着泉州港成为官方通商口岸。设司后的泉州，商业和政治地位都得到巨大提升，并很快进入繁荣阶段。与泉州往来通商口岸，主要集中在高丽、日本、琉球等东亚国家，印度尼西亚、菲律宾、越南、柬埔寨、马来群岛等东南亚国家和地区，甚至远至东非各国。

北宋宣和七年（1125），为躲避女真人的入侵，北宋朝廷南迁至杭州，政治重心由中原往南方转移，为泉州发展的铺垫了稳定的政治基础。

宋建炎三年（1129）十二月，南外宗正司移置泉州，大批皇亲贵族来到泉州定居。

宋末元初，泉州港并未遭受战争破坏，元朝政府批准重建福建市舶司（驻地泉州）。

元至元十八年（1281），又规定：凡在泉州进口已在泉州交纳进出口税的货物，运至国内他处只交行商税而已。此时泉州相当于中国海关“总关”，地位超越广州，标志着泉州港海外贸易进入全盛时期。

宋元两代，中国东南地区是亚洲海洋经济最具活力的区域之一，以泉州为中心的航海贸易龙头，与亚洲海域“北洋”“东洋”“西洋”实现了连接与互动，形成了东方世界的海洋经济圈。泉州当时是中外各种商品的集散地，是闽名于世的海内外港口。元朝时，泉州的航线与宋时大致相仿。进出口贸易商品种类较丰富，贸易远至60余个国家。泉州进口香料、珍宝、器具、工业原料、纺织品、金属等；出口丝绸、瓷器、金属、杂器和药物等。

元朝时，由于泉州莆田的亦思巴奚战乱，泉州的海外贸易在明清及以后盛况不再，因受战乱的影响远不止造成贸易的衰落，更是对泉州社会、经济的重重一击，从而抑制了泉州海外贸易和海外交通的发展，并造成其衰退。

洪武七年（1374）正月，罢福建（泉州）、明州（宁波）、广州三市舶司，严海禁以防倭寇。泉州官方海外通商贸易基本停止。

永乐三年（1405），明王朝虽然在泉州设来远驿，但只是接待来泉州进行“勘合贸易”的琉球贡使。

成化十年（1474），将市舶司移至福州，泉州的市舶司进而遭到废置，泉州的外港地位也由此下降。之后的泉州海外贸易繁华消失殆尽。

开元寺作为中国东南沿海的著名佛教寺院，其融合了佛教各种宗派以及其他不同宗教的因素，是海上丝绸之路沿线多元文化共存的罕见实物范例。清净寺是国内仅存的花岗岩与辉绿岩石建造的清真寺，还是现存最早的阿拉伯风格的建筑遗存。清净寺展示了海上丝绸之路的繁荣，既保留了清真寺本身的建筑特色，又体现了其传入中国本土化的完美融合。

伊斯兰教圣墓建于唐初，是最早来华的伊斯兰教徒之物证，是早期体现伊斯兰教在中国传播的物证，也是中华文明与外来文化的历史融合的见证。

德济门发掘了宋元时期的城砖和景教、佛教、伊斯兰教的石刻。德济门遗址还是海上丝绸之路繁荣时期泉州重要的商贸遗存，见证了海上丝绸之路泉州港的繁盛历史。

清源山地处晋江下游，遥望泉州湾。它是中外文化汇聚的场所，是依据民族信仰多元文化发展的产物。在清源山不远处发现了锡氏家族墓地。墓前锡兰国的对狮造型和蛇形图案表明异域文化因素的传入，及在中国本土文化交流的融合与发展。清源洞为道教修仙场所，捐资者为阿拉伯裔蒲氏先世。蒲氏为西亚人，长期从事海上贸易，居广州，迁泉州，是这两地海上丝绸之路文化的见证人。他撰写的《心泉学诗稿》记录了走访清源洞的经历，也间接反映了清源洞的道教、佛教及其他外来文化的文化现象。九日山摩崖石刻记载了航海贸易的管理制度,展现了12—13世纪东南沿海地区的海上丝绸之路的海上贸易活动。

泉州九日山摩崖石刻、清净寺、草庵和开元寺，以及清源山里的老君岩、清源洞石刻等各类宗教遗存，都代表了泉州海上丝绸之路的发展历程，也为泉州海上丝绸之路的文化交流与文化包容提供了实例。更为重要的是，南京的浡泥国王墓和清源山的锡兰侨民墓均体现了外来宗教的中国本土化，体现了15世纪上半叶海上丝绸之路中西文化交流的高峰。外来的皇室和侨民则是海上丝绸之路真实的历史见证。尤其是锡兰侨民墓地的发现，证实了外国侨民在海丝交流区的繁衍生息，并融入本地生活的历史中。在文化交流方面，泉州港汇聚了佛教、伊斯兰教、印度教、摩尼教、景教等外来宗教和以道教为代表的中国本土宗教，中外杂居，多元共处，极大地促进了文化的融合与创新。伴随着航海实践，以妈祖信仰为代表的海神崇拜盛行及海事祭祀活动的常态化使航海活动的文化内涵更为丰富。妈祖文化随着中国船队的远航而传播海外，影响延续至今。与此同时，在传统的东部航线，中国与朝鲜半岛、日本列岛之间，以著名佛教寺院为基地，以佛教文化为中心的人员往来与建筑营造技术的交流尤为活跃，同时也促进了东亚文化圈的航海事业的繁荣。

在航海技术方面，中国人发明的指南针在航海实践中的应用与传播使跨海航行更为便利，开启了“航海新时代”[①]。流行于福建地区用于远洋航行的福船已具备成熟的水密隔舱技术。载重数十吨的中型海船已普遍应用，“巍山如岳，浮动波上”的大船巨舰也并不稀见[②]。而15世纪初，位于明朝首都南京的宝船厂制造的郑和航海的大型船只，其巨大的体量和复杂的结构代表了15世纪世界造船技术的最高水平。

明清时期闽南地区的海商在泉州土坑村一带聚集，掀起了海上贸易。以刘氏家族为主的贸易船队在泉州、宁波、上海、台湾一带开展贸易活动。土坑村是一支由民间组成的海上商业聚落，其中最大的特色是在海上开展的商业贸易

---

① Needham，Joseph. 1971. Science and Civilisation in China. Cambridge University Press.

②（北宋）徐兢：《宣和奉使高丽图经》，商务印书馆，1937年。

活动。这支海商聚落展示了中国东南沿海地区“向海而生”的文化传统，演绎了海上贸易的形态和海上生活。

泉州的土坑村正是在中国民间海上贸易繁荣背景下，海商文化是与中国传统氏族乡绅文化结合的特殊产物。而这一时期的湄洲妈祖庙和天后宫持续兴盛，妈祖信仰进一步在东南亚传播。

随着全国政治经济中心由北方转到南方，北方大量人口也迁移到南方。南京与泉州都人口众多，人均农耕面积小。在生存与发展面前，两个城市都必须充分发挥港口优势，与国内沿江城市、海外各国保持密切的通商贸易关系，以打开更为广阔的国内市场。迫切地外向需求都为两个港口的发展提供了巨大的动力。稳定的政治基础如占据或紧靠统治中心也使得两个港口拥有得天独厚政治环境进而发展海外贸易，官方氛围较浓。两者的不同在于，在朝贡贸易体系下，南京作为国都，其港口的政治地位较高，入贡使团最终到达南京港登岸进行朝拜和上贡。而泉州港更多的是对贸易进行管理。

图 224　福州五代十国闽国刘华墓出土波斯孔雀绿釉陶瓶

图 225　福建博物院藏青釉刻划莲花纹托盘

图 226　闽侯县南屿高歧官山出土青釉博山炉

图 227　福建长乐显应宫出土巡海大臣像

图 228　福建博物院藏五代王延翰铜鎏金狮子炉

二、宁波

宁波居钱塘湾口东南角，渊源于春秋战国时的著名军港。汉代句章港东北迁至甬江、姚江、奉化江交汇的三江口一带。据史料记载，甬江流域最早的港口是句章港，公元前473年，勾践灭吴后，为发展水师，增辟通海门户，在此建设港口码头。句章古城位于现慈城镇乍山村一带，推测句章港码头可能位于现城山渡到半浦渡的姚江边上。

宁波在河海联运中占有优势地位，在对外贸易中扮演着重要的角色。宁波的永丰库是海上丝绸之路的仓储遗存，因地理位置所处河港和海港交汇处，建筑形制和出土文物体现了宁波在海上丝绸之路的特殊性。永丰库见证了宁波海上丝绸之路市舶事务管理及中外海上贸易活动在历史上的活跃期。其中，上林湖越窑遗址、大窑龙泉窑遗址与德化窑梅岭遗址是这一时期中国外销瓷中享有盛誉的青瓷和白瓷的典型代表。

东汉晚期（2—3世纪），舶来品和佛教通过海路传至宁波地区，这是宁波海外贸易的起始。

唐代明州（今浙江宁波）成为中国东南沿海的重要港口城市，是连通朝鲜半岛、日本列岛的东海航线上主要贸易城市之一，大量瓷器、茶叶、丝绸通过明州港输出海外。

唐天宝十一年（752），日本3艘遣唐使船停靠明州。唐长庆元年（821）设明州城，明州的古城门设置也是根据港口和运输的需要而增减。天宝十一年（752）至开成三年（838），共有7艘遣唐使船停靠明州港。明州城对江南文化圈的影响力较为突出，对直航日本的新航路意义重大。在中国近岸海域，由河水和海水混合形成了一股冲淡水性质的沿岸流，沿岸的海流路线随季节不同而不同。浙江沿岸海水向北流，在长江口外与长江水和钱塘江冲淡水汇合，形成一股强大的冲淡水流，向东北直指济州岛方向与对马暖流相接，其中一部分汇入对马暖流进入日本海。此时为夏季，船舶适宜北航。相反，长江流量大减，东海沿岸流也随着减弱，在偏北季风吹送下，长江冲淡水与钱塘江冲淡水汇合，沿浙闽海岸南下，并穿过台湾海峡直接入南海，船舶适宜南行。宁波恰恰处在海流线路交汇区域。这就给帆船时代的船舶航行带来了极大的便利。

宋明州城辟城门十座。东渡门遗址和渔浦门遗址都经考古发掘。渔浦门码头遗址是一处典型的城门遗址。建筑在沉积淤泥之上，揭露出来部分的平面呈L状，石包土心结构。码头采用木桩基础，条石砌筑，石灰粘接。考古工作者推测码头平面应该呈“凸”字结构。根据考古地层并结合古代地方文献资料分析，判断该码头遗址为宋代渔浦门码头遗址的局部。宋代渔浦城门的建筑结构随着时代的变化而变化。由于明州已成为国家对外交通贸易的一个重要港口，原来面临姚江码头的渔浦城门，已不适应交通贸易发展的需要，故在原来的渔浦城门基础上加以拓宽。

北宋淳化二年（991），政府设置“市舶司”，促进了东亚贸易圈的海上贸易繁荣鼎盛，从明州港运出的货物种类丰富，建筑技术、制瓷技术、佛教文化等通过明州东传至朝鲜半岛、日本。

明代实行“海禁”政策后，宁波港仍是中日贸易的重要港口。明代景德年间，日本进行勘合贸易的到达宁波普陀山，明朝官府派出彩船百艘去欢迎，向贡船送酒、水和粮食。日方使节雪舟、策彦与宁波关系特别密切。策彦于明嘉靖十八年（1539）任日本副使入明，嘉靖二十年（1541）归国；嘉靖二十六年（1547）任正使入明，三年后归国，这两次均由宁波港出入。宁波天一阁藏书楼藏书通过海道传入日本，天一阁也收藏了日本学者著作的汉文书籍。清康熙二十四年（1685），清政府实行开放政策，正式在宁波设立浙海关。宁波古城发现了三艘古沉船，其中一艘在战船街北部、和义路瓮城基址南侧。经过多年的城市改造，城区竟能发现三艘古船出土，证明宁波是古代中国对外交通贸易重地和造船业的中心。

宁波天童寺、保国寺与中国佛教主要宗派有着深厚的渊源，对佛教文化在中国的演变和传播起到了重要作用。宁波与日本或东南亚的佛教界保持着密切交流，现存建筑格局及主要建筑基本沿袭了明清旧制，它承载了东亚板块内佛教教义与建筑技艺的深刻交流。

宁波的保国寺和天童寺是宋代具有代表性的佛教建筑，对日本、韩国的建筑技术和佛教艺术产生了重要的影响。保国寺是长江以南最古老的木结构建筑之一，重建后的大殿基于典型的宋代厅堂特征，反映出宋代官式建筑的特性。

是中国长江以南唯一保存下来的宋代木构建筑，是中日文化交流的实例。作为南宋五山之一，日本僧侣曾多次参观天童寺，并模仿其建筑结构，表明其是海上丝绸之路文化交流的最直接见证，体现了海上丝绸之路在东亚文化圈达成了文化共识。

宁波天童寺是佛教文化圣地，展现了汉传佛教传入日本并影响东亚宗教文化的发展历程。宁波是海上丝绸之路连接中日两国的节点，在人文宗教和建筑技艺上承担着传播与交流的使命。而保国寺是中国南方罕见保存的宋代建筑遗存，见证了东亚中日建筑技艺在海上丝绸之路的互鉴与传播。南京港和宁波港在兼具陆海枢纽优势的同时，贯通南北的大运河皆经过或辐射两个城市，可以说两个港口的货流优势非常明显。海上丝路带来的经济文化的交流融合，使得历史上的宁波和南京均成为物资集散中心，南京是丝绸的集散地，而宁波永丰库出土的各地窑口瓷器，深刻说明了宁波是瓷器的集散地。同时，两港还是多元文化的汇集和传播地，佛教、伊斯兰教、天主教都在两地广为传播。

二者最大的区别在于城市职能的不同：南京在海丝史上，作为都城，一般具备主动维系这条线路繁荣的能力，而这种繁荣带来的交流又会给南京城市的影响力予以良好的推动。宁波则因地理位置的优势而成为海上丝路港口城市，

图 229　宁波和义路唐越窑绞胎灵芝纹伏兽脉枕

图 230　宁波和义路出土唐越窑瓜棱执壶

其城市兴衰受海上丝路影响较大。

此外，地理位置不同使得与海上丝路的直接关联不同。南京去海不远，然仍属于沿江城市，与海上丝路的连接有长江的过渡。宁波东临大海，为天然良港，是海上丝绸之路一线的直接端点。

三、广州

广州市古称“番禺城”，历代为岭南地区的政治、经济、文化中心，其南滨珠江，外接南海，数千年来广州港作为河港兼海港，利用江海联运的方式，对内沟通了内陆各地，又对外开辟了东南亚和印度洋沿岸的航线。从广州出发入南海，西行经印度洋、波斯湾，可与西亚、北非诸国联系；南行直通东南亚；东行可至吕宋（即现在的菲律宾）。

广州的海上交通与文化交流形成于秦汉时期；发展于三国、两晋；隋唐时期日趋成熟，达到全盛；经唐末中衰后，宋代为复苏期，持续繁荣；元代为过渡期；明初为官方的对外贸易港口，明中后期随着贡舶贸易逐步被“大航海”商船贸易所替代，广州港的作用随之变化，这个区域的“海上丝绸之路”也由此衰落。

图 231　广州秦造船工场遗址

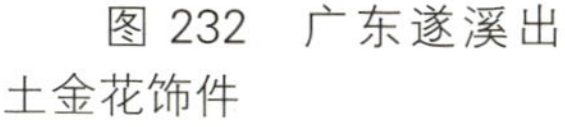

图 232　广东遂溪出土金花饰件

图 233　广东遂溪出土南朝波斯萨珊王朝银币

图 234　广东遂溪出土南朝波斯萨珊王朝银手镯

广州作为南海海上丝绸之路的发祥地，早在秦汉时期海上贸易已经初具规模。1975 年，在广州中山西路发现了广州秦造船工场遗址，截至 2004 年进行过四次局部发掘。在该遗址发现了三座长达百米平行排列的造船台，南侧有大片造船木料场地。广州秦代造船遗址及两汉陶船的发现，证明广州早在秦代就能制造载重达 30 吨的大木船，更是在汉代掌握了造船技术，在海洋领域的开拓为广州海上贸易及文化交流奠定了坚实的基础。据史料记载，广州与外界的海上贸易往来最早在战国时期。日本书刊记载“楚国品物由交趾岭南（两广）署各地所输入”。秦汉之时，广州还是珍贵特产的集散地，是我国重要的海上贸易中转地，特别是在唐朝，广州的海上对外贸易大力发展，并在世界海上贸易口岸享有重要的声誉，一度被称为“通海夷道”，这在《新唐书·地理志》中有记载。海上贸易范围较广，经越南、马来半岛、苏门答剌至印度洋与阿拉伯，扩展到太平洋区域与印度洋区域。广州在当时中国海上贸易中占据较大的比例，尤其海外交流的占比较大。唐时有 4000 余艘的海外船只穿梭在广州，当时广州为最大的陶瓷和丝绸吞吐港，设立了市舶司集中管理海上船舶贸易的运营，从侧面说明了唐朝时广州海上国内外贸易交流的鼎盛及海外贸易航线的扩展。海上贸易制度正是在广州海上贸易繁盛时期逐渐完善，税收的征收与关口的设立是为广州海上贸易、船舶和商务而服务的，说明彼时为广州海上贸易的繁荣时期。追溯中国的海关制度仍可以在该通商口岸的开放与发展中找到答案。广州的海上贸易通道带动了当地贸易、交流、航海、技术、语言、城市的发展，更是一种文明的交融，使得这个通道成为输入输出的海上港口城市，融入了世界各地的文化成果。

广州南越宫文化遗存一直是2000余年来历史、政治、文化中心和交通要道，更是海上丝绸之路历史演进、文化繁荣、民族融合的见证。

南越文王墓出土了两河流域、波斯风格的随葬品，非洲的象牙及东南亚的香料。其随葬品有力的见证了2世纪广州在海上丝绸之路的历史地位。南越文王墓、广州清真先贤古墓和南京浡泥国王墓与海上丝绸之路历史不同时期的著名事件直接相关，是海上丝绸之路贸易与人文交流的重要见证。

广州设有蕃坊，坊设蕃长、都蕃长，管理胡商事务，还可以招徕外商。广州市蕃坊以怀圣寺为中心，南抵惠福西路，东以米市路为界，西至人民路，北到中山六路。现光塔路、大纸巷、蓬莱北、擢甲里、朝天路、仙邻巷、鲜洋街等街巷名，均是唐宋时期“蕃坊”街道的遗称和遗址。广州的船湾遗址、海港设施、海港制度完善和具有外销瓷性质的文化交流遗址表明广州一直重视本地与外商的长期合作、海外交流，较丰富的海上贸易活动为广州的发展做出了贡献。

广州是我国最早形成的沿海对外通商港口城市之一，至唐、宋时期成为中国海外贸易的第一大港，明代海禁政策下为官方朝贡贸易的重要港口城市，曾一度出现外国商使来华贸易“俱在广州”的局面。广州市舶贸易历来受到朝廷重视，唐代首次在广州设置市舶使，宋、明又设市舶司，且长期固定，不像浙、闽等地时有变动。港口贸易的繁荣也促进了经济和文化的发展，使广州成为岭南文化的中心，并在我国伊斯兰教和佛教禅宗的传播上具有重要的地位。7世纪早期，初创于阿拉伯半岛的伊斯兰教伴随着香料贸易经海路东传至中国沿海的广州、泉州等地，开启了中国伊斯兰教建筑的序幕。广州清真先贤古墓是世界上最早的伊斯兰教墓葬之一，见证了伊斯兰教在中国的传播历程，也是除了阿拉伯地区以外较少保存下来的伊斯兰墓葬。地处中国沿海的伊斯兰教墓葬，是至今幸存的伊斯兰教重要历史遗迹，体现了中国沿海地区伊斯兰教的传播与中国伊斯兰教的本土化进程。它是中国文化与外来文化、宗教互动的历史印证，也是海上丝绸之路伊斯兰教传播的宗教见证。

广州的宗教遗存还有光孝寺、怀圣寺光塔等，光孝寺则是佛教沿海路传入并进一步在中国传播的重要见证。怀圣寺是中国最早的清真寺代表性建筑，见证了伊斯兰教传入中国广州的最早的发展历程。作为广州港的地标性建筑，自建港起，便承担着连接珠江及广州水系的作用。

南海神庙及码头是广州历史变迁的地理信息。相较于南海神庙，湄洲神庙是妈祖文化的传播中心，它见证了海上丝绸之路海内外的海神信仰的传播。

广州与南京在海上丝绸之路中最相似的地方就是，二者都是线路上重要的物资集散地，都为中外各地的商贸交流提供了优质的市场条件，同时也是外来文化登陆中国后的重要的集结地和传播地。

广州由于地处华南，面对南海，因此成为海外贸易第一大港，广州对外来文化的传播，其主要辐射区为华南。南京多次作为都城，除商贸交流外更在于它是政治文化交流的中心，影响辐射全国，甚至影响到东亚其他国家。

图 235　广东遂溪出土南朝波斯萨珊王朝银碗

图 236　广东徐闻出土东汉玛瑙琉璃珠饰

图 237　广东高州良德水库出土莲瓣花鸟铜镜

四、扬州

扬州地处长江下游北岸、中国东海岸线中段，约在公元 8 世纪即已发展成为中国南北水路交汇的枢纽、海上丝绸之路的著名港口。海路主要交流方向包括东海航线连通朝鲜半岛、日本列岛等东亚地区，南海航线连通往东南亚和印度洋、波斯湾地区。扬州因其国内漕运和南北物资集散中心的交通地位，在唐代成为海上贸易最重要的港口城市之一。

扬州港的城市地位离不开得天独厚的水利资源。扬州港的贸易市场不仅局限于国内的华南、华北地区，还与国外市场建立了联系。

在汉代江都王刘非主政时期，扬州是海上丝绸之路的重要贸易中心。在《汉书·地理志下》中记载了江都王时期卖给岭南锦帛，岭南则输入黄金等。扬州与岭南之间的贸易往来频繁，它充当了中国内陆与岭南沿海城市的贸易传输地与转运地。约在唐代时，扬州港成为规模最大的海港城市。

扬州港的城市地位在古代出土物中也有证实。在刘非墓中发现了一件裂瓣纹银盒，这件银盒的制造不同于中国传统器物的制造，带有很明显的西亚风格，表明扬州当时与西亚存在着某种联系，通过海上丝绸之路实现了文化传播与外界交流，打开了海路传播的多元化的异国发展市场，拓展了扬州在古代信息闭塞时的新视野。伴随大运河等交通大动脉的发展与兴盛，扬州“海上丝绸之路”在唐代达到鼎盛，成为唐代“交、广、明、扬”四大港口之一，是南北粮草、盐、钱、铁的运输中心和海内外交通的主要口岸，不仅“富甲天下”，而且是中国东南第一大都会，时有“扬一益二”之称。唐代扬州贸易范围广阔，出土的 9—10 世纪的贸易陶瓷品类，与南亚、西亚、东非、北非国家同时期一些著名城市和港口遗址出土的中国外销陶瓷标本的类别非常近似或完全一致。扬州是当时造船技术领先的港口之一，海运十分发达，城内聚集了很多的“商胡”与“番客”。宋元时期，扬州作为海上贸易及文化交流的港口城市的作用依然可观。南宋时由海上丝绸之路来访的阿拉伯人特别是伊斯兰传教士大都直接航行至扬州传教。至明代（14—16 世纪），长江河口日益东移，扬州海外交通的港口地位逐渐衰落。

扬州在海上丝绸之路的历史发展与国家的历史发展一脉相承。隋唐时期，

图 238　扬州万家福二期工地出土巩县窑青花瓷盘

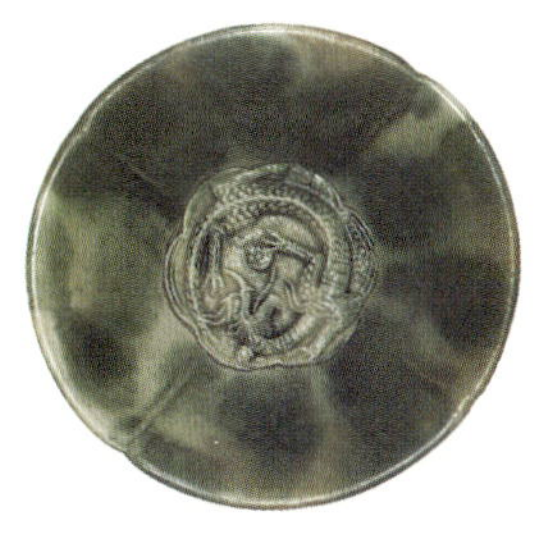

图 239　扬州博物馆藏唐绿釉龙纹葵口盘

图 240　扬州博物馆藏唐马来人陶范

图 241　扬州博物馆藏唐球形镂空串宝金耳坠

图 242　扬州博物馆藏唐船形银锭

图 243　扬州博物馆藏唐海马葡萄纹铜镜

图 244　扬州博物馆藏西亚绿釉陶壶

图 245　江苏高邮郭集大营村出土葵形八卦生肖纹铜镜

国力强盛，国家实行开放政策，四方衣冠纷纷前来。此时正值海上丝绸之路的繁盛期，大运河系统的联通，与陆上丝绸之路的有效连接，这些因素共同推动了扬州海上丝绸之路的发展。

南京与扬州在海上丝绸之路上有着相似的地理位置，都处于江、海交汇之地。在多维度的中外经济、文化传播交往中，二者又都是外来文化进入中国大陆后的扩散传播地，除了正常的商贸交往外，二者同时也是中国的儒学和本土化佛教等“东传”异国的重要城市。

但是必须注意到，二者在海上丝绸之路的发展历程中，城市地位和对海上丝路的功能影响不同。扬州始终作为地方城市，依漕运而兴，其影响最大的时期是在唐代，而南京作为都城，体现国家意志，具备维系和开拓海上丝绸之路的主观能动性和国家影响力。它在 3—6 世纪及 14 世纪时期对海上丝路的作用强大而持久。两座城市对外来的宗教和文化在国内的融合与传播时间及力度也不尽相同。扬州的外来文化多在本地扎根，然后适度传播到周边；而进入南京的异域文化则不仅在本地掀起浪潮，并缘于其政治中心的统摄地位和辐射力而扩散到全国，使得南京成为多元文化交流融合的传播之地，兼容并蓄，影响深远。

五、北海

北海是西南地区的重要出海口，是广西沿海重要港口之一。北海合浦港道湾港阔水深，地理优势较为明显，是海上丝绸之路的天然良港。历史上港口的地理优势和停泊承载力为合浦的海上贸易交流带来了便利，使得合浦成为海上丝绸之路的重要港口。

合浦港是海上丝绸之路重要的始发港。作为海上丝绸之路的港口之一，合浦港已经有几千年历史了。秦始皇时期，秦始皇为了解决军饷运输问题，开凿灵渠。灵渠的开发加快了岭南地区的开发，促进了合浦地区及临港港口的发展。西汉元鼎六年（前 111），汉武帝平定南越，西汉政府设合浦郡，郡治合浦县，并设合浦关负责管理外事和对外贸易。《汉书 · 地理志》记载了合浦港到东南亚等地，“汉武帝曾派商船从广东徐闻和合浦出发，到东南亚和印度半岛等国发展对外贸易”。汉代官方指派“译使”，从合浦、徐闻等地出发，入海进行贸易。其航线经东南亚，远至斯里兰卡。此外，南流江等内江航道使得合浦成为海陆交通枢纽。珠江与长江两大水系沿江的货物可以快速集散到合浦港，再有合浦港出海进入南洋。这是有史可证的最早的海上丝绸之路的记载，也是合浦作为海上丝绸之路始发港的最早记载。西汉桓宽在其《盐铁论》中记载：“蜀郡的货物运到南海交换珠玑、犀、象等珍品，中国的丝绸也由徐闻、合浦、日南等处出口，在海上售与大夏、安息、天竺的商人，然后转卖给大秦（罗马）。”[①]合浦港在汉代成为东南亚和欧洲重要港口之一。

魏晋时期以后，随着地区经济的发展和航海技术的提高，合浦在对外贸易方面的优势逐渐被番禺（广州）代替。三国两晋南北朝时期，战乱纷多，军资设备运输需求较大，合浦港在军事上、贸易上承担着陆上和海上贸易运输重任。

在广西合浦出土了很多汉代玻璃制品，其有别于各式装饰品和实用器具。经科技检测成分分析，出土的玻璃器属于铅钡玻璃和钾玻璃，有别于西方的钾钙玻璃，推断其生产技术是从西方传入的。异域奇石最早也是通过海上丝绸之路引入到中国的大宗舶来品，包括各类玛瑙、珊瑚、水晶、琉璃等，做成玻璃杯、穿珠、玻璃璧、琥珀小狮。它们作为装饰品、半成品、需要加工的原料，为广西合浦人们带来了异域的风采，这些出土物是合浦在海上丝绸之路的实物资料，进一步还原了合浦在海上丝绸之路沿线与外界交流交往的历史场景。

南京作为六朝、明朝首都有接待中外使节的任务，而合浦在汉代是官方核定的港口，也需要代表国家接待进出的中外使节。不同的是合浦港还需要管理海外贸易相关人、物登岸后的一切事宜，如征收关税，执行禁令，防止偷渡走私，边防防务等。此外，南京一直是海上丝绸之路的重要港口，海外贸易一直延续。合浦港在魏晋之后的海外活动就渐渐衰落。

---

① 廖国一、曾作健：《南流江变迁与合浦港的兴衰》，《广西地方志》，2005 年。

图 246　广西贵县出土东汉俑座陶灯

图 247　广西合浦望牛岭 1 号汉墓出土“大”铭金饼

图 248　广西合浦望牛岭 1 号汉墓出土“阮”铭金饼

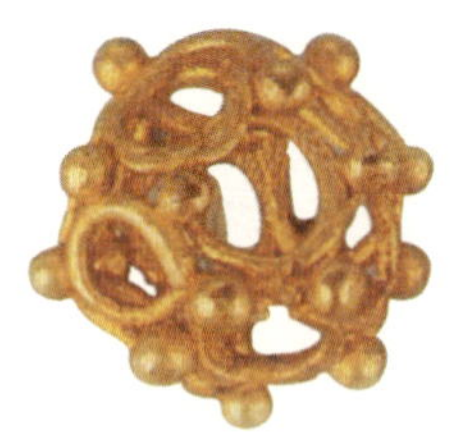

图 249　广西合浦出土东汉球形镂空金饰件

图 250　广西合浦出土汉代橄榄形玛瑙穿珠

图 251　广西合浦出土汉代兽形玛瑙饰件

图 252　广西合浦文昌塔 70 号汉墓出土弦纹玻璃杯

图 253　广西合浦出土汉代琥珀饰件

图 254　广西合浦出土汉代蓝料穿珠

图 255　广西合浦望牛岭 2 号汉墓出土绿色玻璃璧

六、上海

隋朝初年，上海地区出现了首个市镇华亭镇。天宝五年（746），设立青龙镇。当时的“镇”是军事建置，当时华亭、青龙两镇已经有了港口。

唐初为控江襟海设立镇治，即青龙镇（今青浦区东北部），发展港口，供船舶往来停靠。进入宋代后，青龙镇有“江南第一贸易港”的称号。公元1111年，北宋政府在此设市舶提举司，征收关税，管理航运。此后，长江每年大量泥沙径流而下，使长三角海岸线不断向东伸延，陆域不断增加，河道变迁，1265年港口移址于上海镇。

唐朝天宝十载（751）设立华亭县，今天上海地区的境内首次出现县级的独立的行政建置。

五代时期，华亭县的丝纺织手工业很发达，产品行销国内外。此时，上海地区着重发展海外贸易，是这一时期海上丝绸之路的重要港口城市。

随着海上丝绸之路的繁荣发展，上海在宋代逐渐建立自由贸易体系。上海是海上丝绸之路内外转运的转运港口，港口贸易广至各国，繁荣的海上贸易奠定了上海在海上丝绸之路的贸易地位。上海港延续了早在唐五代时期的通商和海舶贸易。

北宋政和三年（1113），政府在华亭县青龙镇设置管理对外贸易的市舶务，为设置在杭州的两浙市舶司属下的分支机构。南宋建炎四年（1130）两浙市舶刘无极建议将华亭县市舶务移青龙镇。绍兴三年（1133），青龙镇单独设立市舶务。青龙镇因为地处南北海路交通的要冲，又有吴淞江、长江沟通内陆，地理位置优越。产品运到青龙镇后，大部分都转口外运，主要销往高丽与日本，宋代《松江府志·名迹志》记载“自杭、苏、湖、常等州月日而至，福、建、漳、泉、明、越、温、台等州岁二三至，广南、日本、新罗岁或一至”。在咸淳三年（1267），上海设立了市舶分司，专门分管商货、收购和外商。

元代初年江南地区的大海商崇明人朱清和嘉定人张瑄替官府筹办海上漕运，且组织海外贸易，其“巨艘大舶，帆交番夷中”，上海地区的海外贸易进一步发展。

明清时期，地处长江口的上海港仍然在海上丝绸之路活动中扮演重要角色，是东北亚的贸易的重要外贸港口，也和东南亚有直接贸易。总之，上海在海上丝绸之路是沟通中西文化的重要窗口，尤其自开放口岸以后一直是海上重要的外商口岸之一，也是海上贸易发展的重要见证港口之一。

2010年，上海考古工作者在此发掘发现了唐宋建筑基址、瓷片堆积及几百件陶瓷器。2012年10月，考古工作者对遗址进行了第二次发掘，发现唐宋房屋基址、水井、灰坑、铸造作坊、砖砌炉灶等建筑遗迹，出土铜、铁、木、陶瓷器等近2000件。上述考古发现尤其是2016年发现的隆平寺塔基遗址和塔底地宫，这些考古发现说明两宋时期青龙镇是一处重要的海上丝绸之路贸易港口。

南京与上海同为长江口港口城市，在海上丝绸之路活动中都扮演了重要角色。在历史时期，南京由于政治因素的影响，官方贸易的比重较大，上海则偏重于私人贸易。在清代以前，南京的海外贸易活动盛于上海。清代以后，由于

图256　上海隆平寺塔基航拍图

图257　上海隆平寺塔基出土唐代瓷片堆CD1

图258　上海隆平寺塔基塔心室夯土层中的木梁结构及地宫

图259　上海隆平寺塔地宫

图 260　上海隆平寺塔地宫开启后

图 261　上海隆平寺塔地宫出土铅贴金阿育王塔

图 262　上海隆平寺塔地宫出土宋代建窑黑釉盏

图 263　上海隆平寺塔地宫出土宋代义窑青白釉菊瓣纹碗

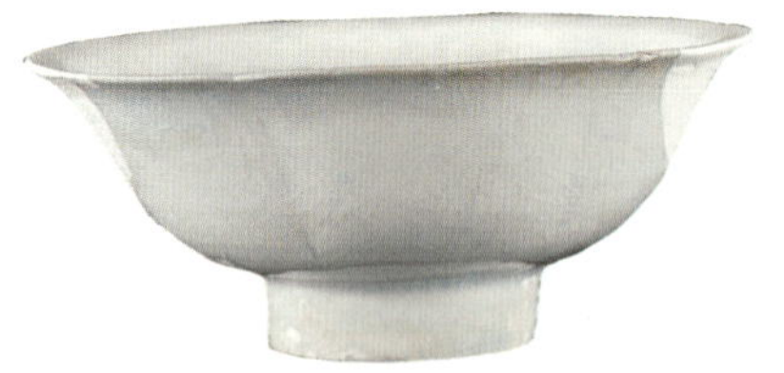

图 264　上海隆平寺塔地宫出土宋代景德镇窑青白瓷碗

图 265　上海隆平寺塔地宫出土宋吉州窑鹧鸪斑纹盏

图 266　上海隆平寺塔地宫出土宋代龙泉窑青釉长颈瓶

图 267　上海隆平寺塔地宫出土水晶念珠

图 268　上海隆平寺塔地宫出土木贴金释迦牟尼涅槃像

图 269　上海隆平寺塔地宫出土铜瓶与舍利

江南经济的发展和长江沿江水文变化等一系列因素，上海的海外贸易活动渐渐超过南京。

七、张家港

张家港地处长江下游，紧靠出海口，一直有着“江尾海头”的地理优势。西晋太康二年（281），政府在张家港地区置暨阳县，县治杨舍镇。东晋时期，张家港黄泗浦地区已发展成市。黄泗浦遗址位于张家港市杨舍镇庆安村与塘桥镇滩里村交界处，是鉴真东渡日本的启航之地。唐宋时期，黄泗浦是长江入海口南岸一个规模较大的贸易港口。唐代中后期，黄泗浦作为苏州丝绸转运长安路线的重要节点。唐代日本遣唐使也经常往返于黄泗浦港，不仅在此停留海舶，改换河船，先至扬州，进而抵达长安，而且在返回日本时，也经常循原路返回至黄泗浦港，从此乘船入海。

唐代鉴真和尚为往日本弘扬佛法，前后五次东渡均未成功，第六次东渡日本时，从扬州取道黄泗浦，在黄泗浦逗留盘桓二十多天后，率众弟子搭乘日本遣唐使返航的船只，扬帆东渡，最终成功抵达日本。从黄泗浦遗址的地望及相关历史文献考证来看，黄泗浦遗址与鉴真第六次成功东渡当有着密切的关联，鉴真等人在此逗留的时间内极有可能修行于离此处不远的尊胜禅院。

唐宋年间，香山和镇山之间有一涧谷流漕，终年涧水不绝，溪流潺潺。如遇大雨，山洪直冲流漕所在东江湾沙，形成水渠。这条水渠后来竟成为闻名中外的“张家港”。至万历四十一年（1613），张氏为经营粮米自备木船 3 条，往返于扬州、高邮之间，数载后获利甚丰。为让木船能停泊到自家门口，再出资募工拓宽此河，并在屋旁河之尽头拓成倒潭 1 只，以便木船调头。此时河面宽 7 丈，底宽 3 丈，重载木船可进出自如，已蔚为大河，但仍无河名。清代康熙二年（1663），江阴县衙拟在澄江门和巫山之间修建马路，勘察丈量到此河时，发现此河无名，于是请大桥镇镇董吴翼之提议起名。吴翼之知道此河乃是张氏祖上所开，后来又是张氏裔孙拓宽，遂提名称“张家港”。

张家港的黄泗浦遗址发掘出唐宋时期的河道，河宽 40 米，深 4.5 米，这具备最大船只的通行条件，体现了黄泗浦曾作为出江口的交通大道，为海上丝绸之路的繁荣发展提供了条件。黄泗浦遗址发现了唐宋房址、灶坑、水井、道路等遗迹，还出土了少量铁器和铜器，其中瓷器的种类较多，这是认识张家港港口贸易频繁和集镇的重要实物资料，也为鉴真第六次东渡日本提供了重要线索。

除了黄泗浦遗址外，张家港还发掘了东山村遗址，它是崧泽文化的墓葬，其反映的文化要素是代表环太湖流域首次高等级的墓葬的发现，体现了其发展进程和社会发展水平，代表等级的器物的发现和墓葬形制的大小有别，说明此时的张家港的文化发展到达了繁盛期。最重要的是，作为重要港口集镇，它是中华文明起源的重要实物资料，也为其他地区的文化发展奠定了基础。而这条文化要道正是通过海上丝绸之路传播和实现的。

图 270　黄泗浦遗址东区考古发掘探方全景照

张家港天然的港湾优势在海上丝绸之路中扮演了重要的角色，发挥港深贴岸的优势同时也为中日文化交流带来了惠利，不仅扩大了佛教文化的传播和文化影响力，还将中国先进的医技、图书带入了日本，通过海上航线促进了中国文化在日本的传播力和影响力。

南京作为历史悠久的古城港口，兼具政治、经济、文化、军事等一系列功能。而张家港是港口型集镇，功能分区较为简单：东区为“东市”，即码头区；中区为老街道区；西区为“西市”。

图 271　黄泗浦遗址唐代古河道 G13

图 272　黄泗浦遗址唐代古河道 G13 出土的开元通宝

图 273　黄泗浦遗址唐代古河道 G13 出土的瓷器

图 274　黄泗浦遗址宋代排水沟（3 号沟）

参考文献

一、古代文献

1.（西汉）司马迁：《史记》，中华书局，1959 年。

2.（东汉）班固：《汉书》，中华书局，1962 年。

3.（西晋）陈寿：《三国志》，中华书局，1973 年。

4.（东晋）法显：《法显传校注》，上海古籍出版社，1985 年。

5.（南朝・宋）范晔：《后汉书》，中华书局，1973 年。

6.（南朝・梁）沈约：《宋书》，中华书局，2017 年。

7.（南朝・梁）萧子显：《南齐书》，中华书局，2017 年。

8.（南朝・梁）释慧皎：《高僧传》，中华书局，1992 年。

9.（唐）房玄龄等：《晋书》，中华书局，1973 年。

10.（唐）姚思廉等：《梁书》，中华书局，1973 年。

11.（唐）姚思廉等：《陈书》，中华书局，1974 年。

12.（唐）许嵩：《建康实录》，中华书局，1986 年。

13.（唐）道宣：《续高僧传》，中华书局，2014 年。

14.（唐）李延寿：《南史》，中华书局，2016 年。

15.（宋）李昉等：《太平广记》，中华书局，2003 年。

16.（宋）李昉：《太平御览》，中华书局，2011 年。

17.（宋）司马光主编：《资治通鉴》，中华书局，2009 年。

18.（宋）徐兢：《宣和奉使高丽图经》，商务印书馆，1937 年。

19.（宋）赵汝适、冯承均校注：《诸番志校注》，中华书局，1956 年。

20.（宋）周去非、杨武泉校注：《岭外代答》，中华书局，1999 年。

21.（元）脱脱：《宋史》，中华书局，1985 年。

22.（元）马端临：《文献通考》，中华书局，1986 年。

23.（明）李时珍：《本草纲目》，中医古籍出版社，1990 年。

24.（明）黄省曾：《西洋朝贡典录》中华书局，2000 年。

25.（明）张燮著、谢方点校：《东西洋考》，中华书局，2000 年。
26.（明）黄省曾：《西洋朝贡典录》，中华书局，2000 年。
27.（明）李东阳编：《大明会典》，广陵书社，2007 年。
28.（明）马欢著、万明校：《瀛涯胜览》，中国旅游出版社，2016 年。
29.《明实录》，上海书店出版社，2017 年。
30.（明）程敏政编：《皇明文衡》，影印版。
31.（清）张廷玉：《明史》，中华书局，2015 年。
32.（清）毕沅：《续资治通鉴》，中华书局，2016 年。
33.（清）魏源：《海国图志》，文物出版社，2017 年。

二、专著

1. 向达：《中西交通史》，中华书局，1934。
2. 贺昌群：《古代西域交通与法显印度巡礼》，湖北人民出版社，1956。
3. 冯承均：《西域南海史地考证译丛》，商务印书馆，1962。
4.（日）三杉隆敏：《探索海上的丝绸之路》，创文社，昭和四十二年（1967）。
5.Needham,Joseph. 1971. Science and Civilisation in China. Cambridge University Press.
6. 郑鹤声、郑一钧：《郑和下西洋资料汇编》，齐鲁书社，1980。
7. 沈福伟：《中西文化交流史》，上海人民出版社，1985。
8. 周一良：《中外文化交流史》，河南人民出版社，1987。
9. 方豪：《中西交通史》，岳麓书社，1987。
10 孙光圻：《中国古代航海史》，海洋出版社，1989。
11. 广东省文物管理委员会等：《南海丝绸之路文物图集》，广东科技出版社，1991。
12. 陈瑞德、刘如仲、傅冰、石瑄：《海上丝绸之路的友好使者·西洋篇》，海洋出版社，1991。
13. 联合国教科文组织海上丝绸之路综合考察泉州国际学术讨论会组织委员会：《中国与海上丝绸之路》，福建人民出版社，1991。
14. 刘弘：《南方丝绸之路文化论》，云南民族出版社，1991。
15. 韩振华：《中国与东南亚关系史研究》，广西人民出版社，1992。
16. 赵超：《汉魏南北朝墓志汇编》，天津古籍出版社，1992。
17. 陈炎：《海上丝绸之路与中外文化交流》，北京大学出版社，1996.3。
18. 中国与海上丝绸之路研究中心等：《海上丝绸之路研究 1. 海上丝绸之路与伊斯兰文化》，

福建教育出版社，1997.10。
19. 冯承均：《中国南洋交通史》，商务印书馆，1998。
20. 中国与海上丝绸之路研究中心等：《海上丝绸之路研究 2. 中国与东南亚》，福建教育出版社，1999.2。
21. 罗宗真：《魏晋南北朝考古》，文物出版社，2001。
22. 黄盛璋：《中外交通与交流史研究》，安徽教育出版社，2002。
23. 李云泉：《朝贡制度史论》，新华出版社，2004。
24. 贺云翱：《六朝瓦当与六朝都城》，文物出版社，2005 年。
25. 南京市下关区人民政府、政协南京市下关区委员会：《从龙江关走向世界—郑和与下关》，南京出版社，2005。
26. 泉州港务局、泉州港口协会：《泉州港与海上丝绸之路：纪念郑和下西洋六百周年论文集》，中国社会科学出版社，2005。
27. 宁波“海上丝绸之路”申报世界文化遗产办公室、宁波市文物保护管理所、宁波市文物考古研究所：《宁波与海上丝绸之路》，科学出版社，2006。
28. 南京市博物馆：《宝船厂遗址—南京明宝船厂六作塘考古报告》，文物出版社，2006。
29. 李庆新：《海上丝绸之路》，五洲传媒出版社，2006.5。
30. 李庆新：《明代海外贸易制度》，社会科学文献出版社，2007。
31. 石云涛：《三至六世纪丝绸之路的变迁》，文化艺术出版社，2007。
32. 云中天：《中国历史上的大航海》，中国三峡出版社，2007。
33. 李冀平、朱学群、王连茂：《泉州文化与海上丝绸之路》，社会科学文献出版社，2007。
34. 赵志刚：《郑和下西洋趣闻轶事》，南京出版社，2009。
35. 陈定樑、龚和玉：《中国海洋开放史》，浙江工商大学出版社，2011。
36. 贺云翱：《百年商埠——南京下关历史溯源》，江苏美术出版社，2011。
37. 韩湖初：《合浦汉代文物谈》，广西师范大学出版社，2011。
38. 林立群：《跨越海洋——“海上丝绸之路与世界文明进程”国际学术论坛文选（2011·中国·宁波）》，浙江大学出版社，2012。
39. 晁中辰：《明代海外贸易研究》，故宫出版社，2012。
40. 席龙飞：《中国造船史》，海洋出版社，2013。
41.（日）伊藤幸司：《入明记からみた东アジアの海域交流——航路、航海技术、航海神信仰、船旅と死について》，东京，汲古书院，2013。
42. 国家文物局：《海上丝绸之路》，文物出版社，2014。

43.（日）桑原骘藏著、杨錬译：《唐宋贸易港研究》，山西人民出版社，2015。

44. 时平：《海峡两岸郑和研究文集》，海洋出版社，2015。

45. 熊昭明：《汉代合浦港考古与海上丝绸之路》，文物出版社，2015。

郑云：《海丝申遗话月港》，厦门大学出版社，2015。

46. 国家文物局、中国古迹遗址保护协会：《中国世界文化遗产 30 周年》，科学出版社，2016。

47.（新加坡）柯木林：《从龙牙门到新加坡——东西海洋文化交汇点》，社会科学文献出版社，2016。

48. 广东省文物局：《广东文化遗产——海上丝绸之路史迹》，中山大学出版社，2016。

49. 刘淼、胡舒扬：《沉船、瓷器与海上丝绸之路》，社会科学文献出版社，2016。

50. 袁钟仁：《广州海上丝绸之路》，广东人民出版社，2016。

51. 董昌明：《郑和下西洋中的海洋学》，科学出版社，2017。

52. 刘迎胜：《从西太平洋到北印度洋——古代中国与亚非海域》，南京大学出版社，2017。

53. 廖国一等：《广西北部湾地区出土汉代文物与海上丝绸之路研究》，科学出版社，2017。

54. 徐晓望：《中国福建海上丝绸之路发展史》，九州出版社，2017。

55. 庄维民：《山东海上丝绸之路历史研究》，齐鲁书社出版，2017。

三、论文

1. 南京市文物保管委员会：《南京人台山东晋兴之夫妇墓发掘报告》，《文物》1965 年 06 期。

2. 南京市博物馆：《南京象山 5 号、6 号、7 号墓清理简报》，《文物》1972 年 11 期。

3. 广东省博物馆、广东省海南行政区文化局：《广东省西沙群岛第二次文物调查简报》，《文物》1976 年 09 期。

4. 鲁海等：《元朝的南粮北运》，《航海》1981 年 05 期。

5. 中国科学院自然科学史研究所、福建省泉州海外交通史博物馆联合试掘组：《泉州法石古船试掘简报和初步探讨》，《自然科学史研究》1983 年 02 期。

6. 王建辉：《“海上丝绸之路”应称为“瓷器之路”》，《求索》1984 年 06 期。

7. 罗宗真：《南京郑和纪念馆》，《上海大学学报（社会科学版）》1985 年 02 期。

8. 韩品峥：《郑和与南京净觉寺》，《文史杂志》1985 年 02 期。

9. 陈炎：《海上“丝绸之路”的历史和贡献》，《文史知识》1985 年 10 期。

11. 贺璋瑢：《张骞与早期的中印关系》，《咸宁师专学报（哲学社会科学版）》，1987 年 03 期。

12. 邓端本：《论明代的市舶管理》，《海交史研究》1988 年 01 期。

13. 王仲殊：《东晋南北朝时代中国与海东诸国的关系》，《考古》1989 年 11 期。
14. 郭湖生：《魏晋南北朝至隋唐宫室制度沿革——兼论日本平城京的宫室制度》，《东南文化》1990 年 1 期。
15. 潘凤英：《中全新世以来长江南京河段的河床变迁》，《南京师大学报（自然科学版）》1990 年 04 期。
16. 陈学文：《明永乐时中国与渤泥国的友好关系》，《宁波大学学报（人文科学版）》1991 年 01 期。
17. 万明:《郑和下西洋与明初海上丝绸之路——兼论郑和远航目的及终止原因》,《海交史研究》,1991 年 02 期。
18. 李洪甫：《连云港与海上丝绸之路》，《文博》1992 年 06 期。
19. 林文勋：《唐宋时期长江航运贸易的发展》，《江苏社会科学》1992 年 06 期。
20. 纪宗安：《试论南方丝绸之路与海上丝绸之路的关系》，《岭南文史》1993 年 01 期。
21. 郑一钧、李成治：《郑和下西洋对我国海洋地理学的贡献》，《传统文化于现代化》1994 年 01 期。
22. 高占福:《“海上丝绸之路与伊斯兰文化”国际学术讨论会述评》,《回族研究》1994 年 02 期。
23. 刘世旭：《“南方丝绸之路”出土海贝与贝币浅论》，《中国钱币》1995 年 01 期。
24. 曾穆：《郑和下西洋在国内外的遗迹和传说》，《中国水运》1995 年 08 期。
25. 米寿江：《南京净觉寺文化》，《世界宗教研究》1996 年 01 期。
26.（马来西亚）赵泽洪：《马中关系与三宝》，南京郑和研究会编《走向海洋的中国人》，海潮出版社，1996 年。
27. 孙光圻：《公元 8 ~ 9 世纪新罗与唐的海上交通》，《海交史研究》1997 年 01 期。
28. 唐嘉弘、张建华：《海上丝绸之路疏证》，《南方文物》1997 年 02 期。
29. 郑乐明：《静海寺——明代的“植物园”》，《紫金岁月》1997 年 04 期。
30. 陈尚胜：《明朝初期与朝鲜海上交通考》，《中朝关系史论》，齐鲁书社，1997 年。
31. 朱亚非、齐廉允：《论郑和的外交成就》，《“郑和与海洋”学术研讨会论文集》1998 年。
32. 金秋鹏：《迄今发现最早的郑和下西洋船队图像资料——< 天妃经 > 卷首插图》，《中国科技史料》2000 年 01 期。
33.（日）盐泽裕仁：《六朝建康的城市防卫体系试探》，《东南文化》2001 年 01 期。
34. 伍庆玲：《朝贡贸易制度论》，《南洋问题研究》2002 年 04 期。
35. 邵磊：《南京出土萨珊卑路斯银币考略》，《江苏省钱币学会会议论文集》2003 年。
36. 何勇强：《吴越国对外贸易机构考索》，《海交史研究》2003 年 01 期。

37. 戴念祖：《“针迷舵失”试探——中国 14 至 15 世纪初航海的地磁影响》，《海交史研究》2003 年 01 期。
38. 张群：《探访郑和遗迹》，《学问》2003 年 02 期。
39. 周伟洲：《西汉长安与南海诸国的交通及往来》，《中国历史地理论丛》2003 年 04 期。
40. 傅朗：《论郑和宝船与册封舟——纪念郑和下西洋六百周年》，《福建师范大学学报（哲学社会科学版）》2004 年 02 期。
41. 卢山、郭湖生：《宋代东南港市研究》，《新建筑》2004 年 05 期。
42. 万明：《郑和下西洋与亚洲国际贸易网的建构》，《吉林大学社会科学学报》2004 年 06 期。
43. 张良君：《郑和下西洋与海上文化传播》，《经济与社会发展》2004 年 06 期。
44. 韩湖初、杨士弘：《关于中国古代“海上丝绸之路”最早始发港研究述评》，《地理科学》2004 年 06 期。
45. 范金民：《郑和下西洋在世界航海史上的地位》，《江苏社会科学》2005 年 01 期。
46. 葛云健、张忍顺《郑和下西洋对季风洋流的认识和利用》，《中国航海》2005 年 01 期。
47. 李兴华：《南京伊斯兰教研究》，《回族研究》2005 年 02 期。
48. 张剑：《记载郑和下西洋的“三书一图”——〈瀛涯胜览〉〈星槎胜览〉〈西洋番国志〉〈郑和航海图〉》，《历史教学》2005 年 02 期。
49. 林浩：《关于宁波“海上丝绸之路”各个时期特点的探讨》，《东方博物》2005 年 02 期。
50. 邵磊、贺云翱：《江苏郑和遗迹考述》，《南方文物》2005 年 03 期。
51. 孔远志、杨康善《郑和下西洋与东南亚华侨华人》，《华侨华人历史研究》2005 年 03 期。
52. 叶文程：《郑和下西洋与明代中国陶瓷的外销》，《南方文物》2005 年 03 期。
53. 赵君尧：《郑和下西洋与 15—16 世纪中西海洋文明模式比较》，《职大学报》2005 年 03 期。
54. 华国荣、祁海宁、骆鹏：《南京明代宝船厂遗址六作塘考古发掘纪要》，《江苏地方志》2005 年 03 期。
55. 廖国一、曾作健：《南流江变迁与合浦港的兴衰》，《广西地方志》，2005 年 03 期。
56. 林翠茹：《制度与调适——郑和下西洋和朝贡体系下的东南亚华侨》，《南方文物》2005 年 04 期。
57. 梁向明：《郑和下西洋对东南亚诸国的影响》，《云南民族大学学报》2005 年 05 期。
58. 洪长倬：《宝船厂遗址查考》，《航海》2005 年 05 期。
59. 刘南威、李竞、李启斌：《记载郑和下西洋使用牵星术的海图》，《地理科学》2005 年 06 期。
60. 魏巍：《古代航海技术与郑和下西洋》，《中国水运》2005 年 09 期。
61.《明成祖 < 御制弘仁普济天妃宫之碑 > 文》，《神州》2006 年 01 期。

62. 陈平平：《郑和下西洋与明代中医药学的走向世界和发展》，《南京晓庄学院学报》2006 年 02 期。
63. 周中坚：《从汉使南航到郑和西航——从比较中看郑和下西洋在中国古代航海史中之地位》，《东南亚》2006 年 01 期。
64. 骆伦良：《谈明朝海上丝绸之路的货币文化特点及启示》，《广西金融研究》2006 年 01 期。
65. 张应龙：《郑和下西洋与满剌加的中国移民》，《学术论坛》2006 年 03 期。
66. 张良君：《论郑和下西洋中的宗教文化传播》，《甘肃社会科学》2006 年 03 期。
67. 黄桂华：《南京城外的外国君主墓》，《民主协商报（文史）》2006 年 6 月 16 日。
68. 黄菊艳：《六朝时期的海上丝绸之路》，《广东档案》2006 年 05 期。
69. 贺云翱：《郑和与金陵大报恩寺关系考》，《东南文化》2007 年 04 期。
70. 陈平平：《郑和下西洋与明代中外农业交流的发展》，《南京晓庄学院学报》2007 年 04 期。
71. 刘孔伏、潘良炽：《郑和下西洋所用船只与宝船辨析》，《历史学研究》2007 年 06 期。
72. 闫明恕：《郑和下西洋与郑和的宗教观》，《铜陵学院学报》2007 年 06 期。
73. 王国奇：《南京明故宫午门勘测简报》，《文物》2007 年 12 期。
74. 唐亚林：《“海上丝绸之路”与中国古代圆形方孔钱在东南亚的传播》，《东南亚从横》2008 年 01 期。
75. 王志高：《六朝建康城遗址考古发掘的回顾与展望》，《南京晓庄学院学报》2008 年 01 期。
76. 严小青、惠富平：《郑和下西洋与明代香料朝贡贸易》，《江海学刊》2008 年 01 期。
77. 杨帆：《“南方丝绸之路”形成的历史背景及其它相关问题》，《中华文化论坛》2008 年 02 期。
78. 卢良志：《中国第一部航海地图集 < 郑和航海图 >》，《国土资源》2008 年 07 期。
79. 唐云俊：《渤泥国王墓地考析》，《东南文化》2009 年 02 期。
80. 潘彪、翟胜丞、祁海宁：《南京大报恩寺遗址出土阿育王塔所用木材的树种鉴定》，《南京林业大学学报（自然科学版）》2009 年 03 期。
81. 杨璞：《郑和下西洋对中医药发展与交流的影响》，《医学博览》2009 年 06 期。
82. 赵新图：《郑和下西洋对明式家具的影响》，《科教文汇》2009 年 11 期。
83. 刘义杰：《明代南京造船厂探微》，《海交史研究》2010 年 01 期。
84.《“南澳一号”——中国海上丝绸之路之谜》，《中国水运》2010 年 06 期。
85. 贺云翱：《中国南朝都城与百济文化》，载《百济与中国文化交流》文集，韩国圆光大学编印，2010 年。
86. 贺云翱：《“六朝瓦当”研究回顾及对若干问题的探讨》，《东南文化》2011 年 02 期。

87. 张学锋：《圆仁 < 入唐记 > 所见晚唐新罗移民在江苏地域的活动》，《淮阴师范学院学报》2011 年 03 期。

88. 陈玉霞、高芬：《古代海上丝绸之路与中外交流》，《兰台世界》2011 年 05 期。

89. 孙光圻：《中国航海历史的徘徊时期——三国、两晋、南北朝（公元 220-589 年）》，《世界海运》2011 年 06 期。

90. 郑宽涛：《南京静海寺郑和下西洋残碑发现始末》，《东方收藏》2011 年 12 期。

91. 王颖竹、马清林、李延祥：《南京报恩寺阿育王塔出土香料溯源研究》，《中国文物科学研究》2012 年 02 期。

92. 贺云翱、邵磊、路侃、王碧顺、袁晓琪、邢华年、周桂龙：《南京石头城遗址 1998—1999 年勘探试掘简报》，《东南文化》2012 年 02 期。

93. 王志高：《洪保生平事迹及坟寺初考》，《考古》，2012 年 05 期。

94. 王志高、陈大海等：《南京市祖堂山明代洪保墓》，《考古》2012 年 05 期。

95. 梁白泉：《试述石城文化——纪念南京石头城建城 1800 年（上）》，《东南文化》2012 年 06 期。

96. 席龙飞：《南京静海寺残碑与郑和宝船》，《国家航海》2013 年 02 期。

97. 郑守一：《海上丝绸之路与韩半岛》，《丝绸之路》2014 年 04 期。

98. 冯立君：《5 ~ 6 世纪中叶高句丽黄海活动与东亚地缘格局》，《朝鲜・韩国历史研究》2015 年 00 期。

100. 李金明：《中国古代海上丝绸之路的发展与变迁》，《新东方》2015 年 01 期。

101. 广茂：《海上丝绸之路与中国五大港口》，《中国绿色画报》2015 年 01 期。

102. 黄纯艳：《宋代海船人员构成及航海方式》，《海交史研究》2015 年 02 期。

103. 蔡薇、刘超、席龙飞：《海上丝绸之路上的中国帆船》，《海交史研究》2015 年 02 期。

104. 魏志江：《论十至十四世纪中韩海上丝绸之路与东亚海域交涉网络的形成》，《江海学刊》2015 年 03 期。

105. 胡正宁、范金民：《郑和下西洋研究二题：基于洪保 < 寿藏铭 > 的考察》，《江苏社会科学》2015 年 05 期。

106. 张学锋：《所谓“中世纪都城”——以东晋南朝建康城为中心》，《社会科学战线》2015 年 08 期。

107. 杨维中：《从佛寺及其所属高僧看东晋时期建康佛教之兴盛》，《佛学研究》，2016 年。

108. 姜波、赵云、丁见祥：《海上丝绸之路的内涵与时空框架》，《中国文物科学研究》2016 年 02 期。

109. 朱文涛:《六朝时期的海上交通与对外造物文化交流述略》,《创意与设计》,2016 年 05 期。
110. 吴小玲:《明清时期北部湾海防及其对海外贸易的影响》,《广西民族大学学报(哲学社会科学版)》2016 年 06 期。
111. 徐丽娟:《六朝时期江南城市贩运贸易述论——以都城建康为中心》,《南方论刊》2016 年 12 期。
112. 丁见祥:《沉船考古与海上丝绸之路》,《中国文物报》2017 年 07 月 14 日。
113. 马啟亮:《16 世纪以前南海丝绸之路上的通使活动》,《世界海运》2017 年 09 期。

后　记

2016年，南京成为“海上丝绸之路·中国史迹”联合申报世界文化遗产城市的一员。为加强南京市海上丝绸之路史迹遗产价值研究，南京市文化和旅游局、南京市海上丝绸之路遗产研究中心与南京大学文化与自然遗产研究所合作编撰本书，旨在阐述南京海上丝绸之路史迹的历史、科学、文化、遗产价值。

本书的编辑与出版得到了南京市文化和旅游局与南京大学的高度重视，金卫东局长和贺云翱教授亲自为本书撰写了热情洋溢的序言，颜一平副局长多次听取汇报并提出具体修改意见，南京市文化和旅游局世界文化遗产管理处、文物保护处以及南京出版社也为本书的编撰提供了大力的支持与帮助。原市文广新局刁仁昌局长十分关心本书的编纂工作，在此一并致以衷心的感谢。

本书由金卫东、贺云翱主编，颜一平副主编，顾苏宁执行主编；吴涓、向左元、陆小芳、韩芳、唐雷、丁亮为编委；陈思妙、吉玉、吴问先、祝越、王艺负责本书的文字撰写、照片与图表编辑工作；贺云翱、顾苏宁、祝越、王艺、丁津津、姜忠杰担任本书的通稿审校与出版工作。南京市海上丝绸之路遗产研究中心提供了部分图片、遗产点文保单位维修情况等资料。

由于本书涉及多学科综合研究，限于作者水平，在编撰过程中谬误与疏漏之处在所难免，希望以此书抛砖引玉，以期引起社会各界对海丝文化遗产的关注，同时祈请方家不吝赐教与指正。